Robert Pfaller

Erwachsenensprache

Über ihr Verschwinden
aus Politik und Kultur

FISCHER

Originalausgabe
Erschienen bei FISCHER Taschenbuch
Frankfurt am Main, Dezember 2017

© 2017 S. Fischer Verlag GmbH, Hedderichstr. 114,
D-60596 Frankfurt am Main

Satz: Pinkuin Satz und Datentechnik, Berlin
Druck und Bindung: CPI books GmbH, Leck
Printed in Germany
ISBN 978-3-596-29877-8

»Man zitiert immer wieder Talleyrands Satz, die Sprache
sei dazu da, die Gedanken des Diplomaten [...] zu verbergen. Aber genau das Gegenteil hiervon ist richtig. Was
jemand willentlich verbergen will, sei es nur vor andern,
sei es vor sich selber, auch was er unbewußt in sich trägt:
die Sprache bringt es an den Tag.«

   Victor Klemperer (1985: 16)

»Sind wir vielleicht voreilig in der Annahme, daß das
Lächeln des Säuglings nicht Verstellung ist?«

   Ludwig Wittgenstein (1980: 141)

»und wie schön ist erst die welt, wenn jeder seine dreck-
schleuder dem spucken aufhebt; wenn da der feind steht
und ich muss ihn nicht beschreiben und nicht hassen
sondern töten oder anders getötet werden. und der feind
will meine frau vögeln oder mein fleisch fressen oder einfach meine knochen brechen und nichts weiter, jedenfalls
nicht einen eindruck machen. in solchen sachen sind wir
jung und kräftig und stossen zu und töten ohne applaus.
und deine sprache kann mir nicht den krebs erregen ich
werde sterben weil ich schlicht und ohne zorn getötet
werde weil ich im weg stehe und weil ich nahrhaft bin.«

   Oswald Wiener ([1969]: LXII)

Inhalt

Vorwort

Ein Erlebnis im Flugzeug auf dem Weg in die USA (noch vor den Präsidentschaftswahlen im November 2016) bildet den Ausgangspunkt der folgenden Überlegungen. Am Beispiel einer Warnung vor sogenannter »adult language« versinnbildlicht es eine gesellschaftliche Entwicklung, in deren Verlauf Erwachsenheit nicht mehr selbstverständlich von erwachsenen Menschen erwartet werden darf. Diese zunächst dem Anschein nach nur das individuelle Leben betreffende Veränderung hat, wie sich zeigen lässt, gravierende Folgen für das gesellschaftliche Zusammenleben und für die Politikfähigkeit der Menschen. Wenn nicht mehr Erwachsenheit – und alles, was dazu gehört – öffentlicher Standard ist, sondern diverse Empfindlichkeiten, Herkünfte oder sonstige Beschaffenheiten, dann ist es den Profiteuren der neoliberalen Umverteilung nicht nur gelungen, die Verlierer in lauter irrelevante, rivalisierende oder verfeindete Untergruppen auseinanderzudividieren. Vielmehr ist es dann auch gelungen, jene Öffentlichkeit zu zerstören, in der solche Gruppen sich auch nur so weit solidarisieren könnten, dass sich erörtern ließe, wie sie trotz aller Divergenzen friedlich und für alle erträglich zusammenleben könnten; wie viel Ungleichheit sie eigentlich dulden möchten; oder gar, was bei allen konfliktuellen Interessen doch zum Vorteil aller Angehörenden dieser Gesellschaft wäre.

In der westlichen Welt zeigt sich gegenwärtig fast überall ein ähnliches Bild wie jenes, das bei den US-amerikanischen Präsidentschaftswahlen so deutlich zum Vorschein kam: In fast allen Ländern beschränken sich die politischen Alternativen auf zwei Optionen: entweder die Fortsetzung einer neoliberalen Freihandels- und Austeritätspolitik, die meist sowohl die eigene Bevölkerung als auch die weit entfernter Länder ins Elend stürzt und all dies mit einer Reihe von scheinbar emanzipatorischen – meist vorwiegend auf der Ebene der Sprache angesiedelten – Mikropolitiken der Rücksicht auf Empfindliche oder Benachteiligte verbrämt; oder eine mehr oder weniger extrem rechte Politik, die genüsslich und obszön auf solche Rücksichten pfeift, stattdessen die wirklichen oder eingebildeten Sorgen der Leute beim möglichst drastischsten Namen nennt, den Freihandel vielleicht ein wenig eindämmt, aber dafür die Finanzmärkte weiter dereguliert und damit mindestens ebenso der weiteren Bereicherung der Allerreichsten Vorschub leistet wie ihre zuvor genannte Konkurrentin. Bezeichnend für diese einander letztlich doch sehr ähnlichen Alternativen ist, dass sie kulturell wie zwei verschiedene Welten auseinanderdriften, zwischen denen kaum noch Verständigung möglich ist: So mussten zum Beispiel die Gegner Donald Trumps erstaunt bemerken, dass vieles, was sie dem republikanischen Kandidaten zum Vorwurf machten – etwa seine Obszönitäten, seine verächtlichen Worte für Frauen und bestimmte ethnische Gruppen oder auch sein fahrlässiger Umgang mit der Wahrheit – in den Augen seiner Anhänger keineswegs ein Mangel, sondern vielmehr ein Argument für ihn war.

Angesichts dieser wenig anmutenden politischen Alternativen und der für sie charakteristischen Verständigungsprobleme und Sprachverwirrungen möchte dieses Buch einen Ausweg skizzieren, indem es eine bestimmte Haltung vorschlägt: Erwachsenheit. Diese Haltung bedeutet, manche Unannehmlichkeiten oder Übel ebenso als notwendige Begleiterscheinungen des Lebens zu erkennen wie die eigenen Möglichkeiten, sie zu ertragen oder zu überwinden. Nur auf diesem Weg lassen sich von diesen Übeln andere unterscheiden, die im sozialen Leben bewältigt werden müssen und für die die Politik zuständig ist.

Pseudopolitik hat in den letzten Jahrzehnten regelmäßig darin bestanden, diese Grenze zu verwischen und anstelle der politischen Probleme vorzugsweise jene zu behandeln, welche erwachsene Menschen durchaus selbst handhaben können. Durch Ermunterung zur Empfindlichkeit hat sie Menschen infantilisiert. Dadurch aber hat sie sie auch entsolidarisiert. Anstatt wie erwachsene Menschen das Allgemeine im Auge zu behalten und sich zusammenzuschließen, wollten die empfindlich Gemachten nur noch ihre eigenen Besorgnisse bevorzugt behandelt oder wertgeschätzt sehen.

Wieder erwachsen zu werden und dementsprechend zu sprechen

beginnen bedeutet vor diesem Hintergrund keine leichte Aufgabe: Vieles, was in der Sache richtig scheint – viele berechtigte Engagements wie Antirassismus oder Antisexismus, Einsatz für minoritäre Positionen aller Art –, ist durch die perfide Funktion, die diese Engagements innerhalb einer neoliberalen Politik innehatten, mit guten Gründen in Verruf geraten. Ihre Parolen sind selbst in den Ohren derjenigen, die sie noch verstehen können, keine fortschrittlichen Aufrufe mehr, sondern erscheinen nur noch geeignet, die untere Hälfte der Gesellschaft weiter zu spalten. Wer heute zum Beispiel »Antirassismus« sagt, kann nicht mehr hoffen, im Sinn eines verallgemeinerungsfähigen humanitären Ideals verstanden zu werden, sondern muss damit rechnen, als jemand wahrgenommen zu werden, der die prekärer lebenden Bevölkerungen städtischer Außenbezirke oder ländlicher Regionen zu deklassieren versucht und ihnen schließlich auch noch das Distinktionskapital solcher Ideale wegnimmt.

Erwachsenheit im Sprechen bedeutet zunächst, solche Doppelbödigkeiten wahrnehmen zu können; nicht kindlich auf dem (gut) Gemeinten zu beharren, sondern Abstand zu sich zu gewinnen und das, was andere tatsächlich verstanden haben, ebenso zu berücksichtigen wie auch das, was Erwachsene hätten verstehen können. Da Erwachsenheit ferner, wie zuvor beschrieben, auch darin besteht, Widerstandskraft gegenüber den notwendigen Übeln des Lebens auszubilden, wird dies auch ein Merkmal erwachsenen Sprechens sein: Wir werden manchmal in Kauf nehmen müssen, ein wenig böse zu sprechen, um nicht unsolidarisch als die einzigen Guten im Unterschied zu anderen dazustehen (man könnte diese Haltung, um dem neoliberalen, postmodernen Jargon ausnahmsweise einmal Genüge zu tun, auch als »critical goodness« bezeichnen); und wir werden ebenso sehr unsere Empfindlichkeit zügeln müssen, um andere nicht für störende Worte sofort zu brandmarken. Dann werden wir bemerken können, dass Sprechen immer eine bestimmte Gespaltenheit aufweist – und zwar so, dass nicht die guten Worte, sondern vielmehr unser Verhältnis zu unseren Worten unser Sprechen charakterisiert.

Nur in dieser Wahrnehmung wechselseitiger Gespaltenheit schließlich werden wir mit anderen sprechen können, ohne uns

sofort von ihnen abzuspalten oder ihnen in Gestalt unserer vermeintlichen Gründe unmittelbar vermeintliche Gegengründe zu
liefern. Nur erwachsenes Sprechen ermöglicht solidarisches Sprechen und Verhalten – in einer Gesellschaft, für die Gleichheit kein
Ding der Unmöglichkeit darstellt.

1. Erwachsenensprache

Vorsicht, Erwachsene!

Vor kurzem fliege ich von Amsterdam aus in die USA. Die Maschine gehört einer europäischen Fluglinie, und sie befindet sich noch über europäischem Boden, als ich mir in der Videothek Michael Hanekes Film »Amour« ansehen möchte – jenen 2012 mit der Goldenen Palme von Cannes ausgezeichneten Film, worin Emmanuelle Riva und Jean-Louis Trintignant alternde Eheleute und deren Leiden nach einem Schlaganfall der Frau darstellen. Bevor der Film beginnt, erhalte ich aber noch eine Warnung: Es werde in diesem Film »adult language« vorkommen, also Erwachsenensprache, die möglicherweise meine Gefühle verletzt. Ich staune.

Denn zunächst ist »Amour« ja alles andere als ein pornographischer oder auch nur betont sexueller Film. Es geht um die verzweifelte, aufopferungsvolle Liebe zwischen alten Leuten. Und da werde ich schon gewarnt? Welche Art von Filmen könnte ich mir ansehen, ohne solche Warnungen zu bekommen? Außerdem handelt es sich um ein Kunstwerk, einen Autorenfilm klassischen Zuschnitts, wie nicht mehr allzu viele produziert werden, für ein wohl schmaler werdendes Publikum. Wer »Amour« ansieht, dürfte darum in der Regel wissen, was ihn erwartet. Wer es aber nicht weiß und vielleicht irrtümlich einen Abenteuerfilm mit amourösen Verwicklungen, eine frivole Burleske oder einen Porno erwartet – muss der wirklich gewarnt werden?

Mein Befremden rührt, wie ich mir nun sage, daher, dass ich eine Grenze zwischen Kulturen überschreite: Ich bin schließlich dabei, von der etwas robusteren, europäischen in die bekanntermaßen zarter besaitete US-amerikanische Kultur überzuwechseln. Und offenbar hat die europäische Fluglinie – in einer Art von Antizipation oder von vorauseilendem Gehorsam, oder um sich gerichtliche Klagen amerikanischer Passagiere auf amerikanischem Boden zu ersparen – sogar schon innerhalb Europas die US-amerikanischen Standards übernommen. Das ärgert mich ein bisschen: Habe ich denn als Europäer in Europa keinen Anspruch auf die mir vertrauten und von mir verteidigten kulturellen Bedingungen und Spielregeln? Muss ich mich hier den puritanischsten US-Amerikanern anpassen?

Andererseits, sage ich mir, überquere ich vielleicht weniger eine Kultur- als eine Zeitgrenze. Was die US-Amerikaner heute schon praktizieren und was uns heute noch seltsam vorkommt, wird schließlich – so wie zum Beispiel die Rauchverbote, die verstärkte Aufmerksamkeit für Hautfarben und die diversen kleinlichen Sprachregelungen – vielleicht morgen schon auch bei uns allgemeiner Standard sein. Dann allerdings empört mich die Sache noch mehr. Meinetwegen sollen die US-Amerikaner, oder wenigstens die stimmungsbildenden Mehrheiten dort, sich in ihren Eigentümlichkeiten ergehen, so viel sie wollen. Aber sie sollen sie bitte nicht auch noch uns aufnötigen. (Freilich muss ich mir sagen, dass es auch in Europa Leute gibt, die auf genau so etwas hinarbeiten.)

Aber was ist es, das mir hier so sehr missfällt? Bekomme ich nicht des Öfteren Warnungen, die ich nicht unbedingt brauche? Was ist das Besondere an diesem Typ von Warnung? – Nun, zunächst bemerke ich, *dass ich ja als Erwachsener vor Erwachsenensprache gewarnt werde.* Man erklärt nicht einfach, dass dieser Film erst für Menschen über 18 geeignet ist. (Und ohnehin ist »Amour« wohl kaum ein Film, den sich Teenager gerne ansehen möchten.) Es wird also mit Selbstverständlichkeit davon ausgegangen, dass nicht alle Erwachsenen in der Lage sind, sich erwachsen zu verhalten und einen Film, dessen Sprache ihnen nicht gefällt, kritisch zu betrachten oder aber sein Abspielen auf ihrem Monitor zu unterlassen. Das scheint mir das Neue und Auffällige an diesem Phänomen, diesem Symptom der aktuellen Kultur, zu sein: *die als evident vorausgesetzte Annahme, dass es Erwachsenen nicht zumutbar sei, sich als Erwachsene zu verhalten; dass die Belastbarkeit, die Erwachsenen eignet, nicht von jedem Erwachsenen mehr verlangt werden dürfe.*

Nun gut, denke ich mir. Ich bin ja zum Glück belastbar, und hier wird eben einmal für die anderen, die es nicht im selben Maß sind, etwas unternommen. Warum aber regt mich das so sehr auf? – Ich sage mir: Meine Wut rührt daher, dass mir dieses Zartgefühl von oben nach unten (denn es sind ja die Autoritäten, die hier zartfühlend auf die Untergebenen einzugehen scheinen) infam vorkommt. Und warum infam? – Nun, weil es in einem auffälligen Gegensatz zu dem steht, was sonst gerade, oder sagen wir, seit gut zwei bis drei Jahrzehnten in dieser Kultur – der Kultur der privilegierten westlichen, kapitalistischen Länder – passiert: der eklatanten Brutalisierung gesellschaftlicher Verhältnisse. Hier nehmen scheinbar Leute auf Leute Rücksicht, auf die sie im Übrigen nicht die geringste Rücksicht nehmen. Und vielleicht hilft ihnen das Erstere ja auch noch beim Zweiteren.

Die Brutalisierung der Verhältnisse

> *»Wir wären gut – anstatt so roh*
> *Doch die Verhältnisse, sie sind nicht so.«*
> Bertolt Brecht, »Über die Unsicherheit
> menschlicher Verhältnisse«
> (Brecht 1984: 1106)

Ich halte mir dazu kurz vor Augen, was eigentlich jeder weiß – aber was man sich vielleicht nicht immer in seiner Gesamtheit, als Panorama vor Augen hält:[1] Neoliberale Austeritätspolitik hat in den letzten Jahren nicht nur reiche westliche Staaten in den Ruin getrieben und allein in Europa Millionen von Menschen in Arbeitslosigkeit und Armut gestürzt. Sie hat auch vieles, was bislang an zivilisatorischen Standards, Formen erfüllender Arbeit und guten Lebens selbstverständlich war und zum Gemeineigentum zählte, zerstört: Plötzlich fuhren Eisenbahnen in die Irre, Pensionsvorsorge geriet zum Spekulationsgegenstand, Gesundheit und Bildung verfielen einem irrationalen Ökonomisierungsdruck, Arbeiten verwandelten sich in Bullshit-Jobs, Produkte zerfielen vorzeitig dank geplanter Obsoleszenz oder entzogen sich in die Undurchschaubarkeit ihrer ständig wechselnden Benutzeroberflächen, Bürgerrechte fielen umstandslos der Überwachung durch die Geheimdienste (mitunter sogar durch fremde Geheimdienste) zum Opfer, menschliche Grundrechte (wie zum Beispiel die Versorgung mit Trinkwasser) wurden verhandelbar, demokratische Selbstbestimmung opferte man für Freihandelsverträge, und Universitäten wurden zu stressigen, überregulierten Lernanstalten für

Menschen, die nur noch tun durften, was man ihnen vorschrieb –
und was anhand von Punkten, Zertifikaten und Kennzahlen büro-
kratisch darstellbar war.

Unter der Führung der USA war diese Politik zugleich extrem
aggressiv: Der Reihe nach haben die Vereinigten Staaten von Amerika und ihre diversen Verbündeten innerhalb und außerhalb der
NATO bezeichnenderweise gerade vergleichsweise *säkulare* ara-
bische Staaten wie Irak, Libyen und Syrien im Namen von »humanitarian warfare« und mit dem Ziel des »regime change« militärisch angegriffen.[2] Allein die Zahl der Kriegsschauplätze, auf denen
die deutsche Bundeswehr gegenwärtig Kampfeinsätze tätigt, mag
hier erstaunen – insbesondere angesichts des deutschen Grund-
gesetzes.[3] Diese Kriegshandlungen, meist anfänglich mit dem Vorwand gerechtfertigt, an diesen Orten Demokratie zu installieren,
hinterließen freilich regelmäßig alles andere als demokratische
Verhältnisse. Stattdessen entstanden an den Orten der westlichen
»demokratischen« Interventionen nichts als »failed states« mit
permanentem Bürgerkrieg.[4] Darin zeichnet sich ein neues Muster
von Kolonialismus nach dem Ende des Kalten Krieges ab: Während im Kalten Krieg die beiden großen Machtblöcke NATO und
Warschauer Pakt noch vorwiegend daran interessiert schienen, in
den ausgebeuteten Regionen der Welt wenigstens halbwegs funktionierende, wenn auch meist diktatorische verbündete Vasallen-
staaten zu errichten, produziert der nunmehr weitgehend allein
herrschende »freie« Westen, wo er kann, nur noch Zonen ohne
jegliche funktionierende Staatlichkeit: Denn so können private
westliche Firmen mit diversen lokalen Gangsterbanden offenbar
umso besser lukrative Rohstoffgeschäfte tätigen.[5] Man kann dies
gegenüber dem klassischen Kolonialismus als eine sarkastische
Form von »Postkolonialismus« betrachten.

Schließlich kann man dieses Bild noch ergänzen durch einen
Blick darauf, wie das reichste und mächtigste Land der Welt mit
seinen eigenen Bürgern umgeht. Mochten die USA kurz nach dem
Zweiten Weltkrieg noch als Hoffnungsträger einer Konsumgesell-
schaft erscheinen, die Wohlstand für alle oder wenigstens für viele,
und dies in einer baldigen Zukunft auch für Menschen anderer
Länder, zu versprechen schien, so scheint auch dieses Versprechen
kurz nach dem Ende des Kalten Krieges entbehrlich geworden zu

sein. 2015 lebten 43,1 Millionen Amerikaner unter der Armuts-
grenze – das ist ein Satz von 13,5 Prozent.[6] Dazu weist dieses
Land – knapp hinter den Seychellen – auch die höchste Rate von
Inhaftierungen auf: Auf 100 000 US-Bürger kommen rund 700, die
einen Gefängnisaufenthalt verbringen müssen – das ergibt aktuell
eine Gesamtzahl von mehr als 2 Millionen Menschen.[7] Der Anfang
2017 aus dem Amt geschiedene Präsident Barack Obama hat diese
Zustände in einem programmatischen rechtswissenschaftlichen
Aufsatz treffend wie folgt kommentiert:

> »Wir können es uns nicht leisten, 80 Milliarden Dollar jährlich
> für Inhaftierungen auszugeben; 70 Millionen Amerikaner, das
> ist nahezu ein Drittel aller Erwachsenen, mit irgendeiner Art
> von krimineller Vormerkung abzuschreiben; 600 000 Häftlin-
> ge jährlich zu entlassen ohne ein besseres Programm zu ihrer
> Wiedereingliederung in die Gesellschaft; oder die Humanität
> jener 2,2 Millionen Menschen zu ignorieren, die sich gegen-
> wärtig in US-Gefängnissen befinden, sowie jener 11 Millio-
> nen Männer und Frauen, die jedes Jahr in die US-Gefängnisse
> kommen oder daraus entlassen werden. Außerdem können
> wir das Erbe des Rassismus nicht verleugnen, das weiterhin
> Ungleichheit in die Wahrnehmung des Justizsystems durch
> viele Amerikaner bringt.«[8]

Der letzte, betont vorsichtig formulierte Satz verweist nicht allein
auf den hohen Anteil von Schwarzen in US-Gefängnissen. Auch
der Umstand, dass in den letzten Jahren auffallend viele unbewaff-
nete Schwarze bei Polizeikontrollen ums Leben kamen, mag darin
anklingen.

(Angesichts solcher Zustände wird übrigens wohl deutlich, wie
fremd und lächerlich den Betroffenen ausgerechnet die Sorge um
ihre angemessene Bezeichnung erscheinen muss – und dass diese
Sorge folglich nicht die ihre ist. Die Bemühungen um das saubere
Bezeichnen kommen nicht von den bezeichneten Gruppen, denn
die haben ganz andere Sorgen – und fühlen sich durch diese Sorge allenfalls bevormundet.)[9] Freilich stehen die reichsten europäischen Länder in manchen solcher Statistiken der Schande nicht
weit hinter ihrem großen Vorbild zurück. Dass in Deutschland,
dem reichsten Land der europäischen Union, 15 Prozent der Bevölkerung in Armut leben, und damit jedes fünfte Kind,[10] wirft ein

ähnlich bezeichnendes Licht auf die gesellschaftliche Entwicklung der letzten Jahrzehnte.

So lassen sich, in aller Kürze und Grobschlächtigkeit, die – ihrerseits groben – Entwicklungen der westlichen sowie der westlich dominierten Welt zusammenfassen, die seit dem Ende des Kalten Krieges möglich und wirklich geworden sind. Ohne Resignation, aber in aller gebotenen Schonungslosigkeit müssen wir uns heute die Wirkungen des sogenannten Neoliberalismus vor Augen halten: Nicht nur haben die führenden Mächte der westlichen, kapitalistischen Welt den Anspruch aufgegeben, andere Länder unter ihrer Hegemonie, wenn auch vielleicht mit Verzögerung, in den Wohlstand zu führen. Sie haben sogar im jeweils eigenen Land das Versprechen preisgegeben, mit Hilfe eines »Fahrstuhleffekts« im Zug wachsenden Wohlstands auch die ärmeren Klassen mit nach oben zu ziehen. Die »Kurve« des Ökonomen Simon Kuznets hatte dies in der Zeit des Kalten Krieges hoffnungsvoll prophezeit: »Growth is a rising tide that lifts all boats.«[11] Dies schien sich anfänglich zu bewahrheiten. Tatsächlich führte in den ersten Jahrzehnten nach dem Zweiten Weltkrieg der wirtschaftliche Aufschwung der kapitalistischen Länder zu einer beträchtlichen Reduzierung gesellschaftlicher Ungleichheit, so dass das oberste, reichste Zehntel der Bevölkerung schließlich nicht mehr als 30 bis 35 % des nationalen Einkommens bezog. Seit den 1970er Jahren jedoch geht diese Schere wieder auseinander.[12] Am Beginn des 21. Jahrhunderts hat die gesellschaftliche Ungleichheit wieder die Ausmaße angenommen, die sie in den 20er Jahren des 20. Jahrhunderts aufgewiesen hatte. Das oberste Zehntel verdient jetzt wieder 45 bis 50 % des nationalen Gesamteinkommens.[13] Aufgrund von Deindustrialisierung und Kürzungen von Sozialleistungen finden Arbeitslose und prekär Beschäftigte nicht mehr aus der Armutsspirale heraus. Und selbst wenn die Wirtschaft wächst, produziert sie keine zusätzlichen Arbeitsplätze mehr. Die sogenannte Globalisierung nützt, entgegen den anfänglich geweckten Hoffnungen, wie immer offensichtlicher wird, nur den privilegierteren Teilen der privilegierten Gesellschaften.[14] Nach dem im Januar 2017 veröffentlichten Bericht der Entwicklungshilfeorganisation Oxfam besitzen nun 8 Reiche genauso viel wie die ärmsten 50 Prozent der Menschen. Ihr Anteil am globalen Vermögen beträgt 0,2 Prozent. Und das reichste Prozent der Weltbevölkerung verfügt über 50,8 Prozent des weltweiten Vermögens – es besitzt mithin mehr als die restlichen 99 Prozent der Menschen.[15]

Die Weltgesellschaft spaltet sich, wie Alain Badiou (übrigens noch anhand etwas älterer, geringfügig optimistischerer Zahlen) anschaulich zusammenfasst, nun grob in drei Teile. Die reichsten 10 Prozent besitzen 86 Prozent der verfügbaren Ressourcen. Die globale Mittelschicht, 40 Prozent der Menschen, fast ausschließlich in westlichen Ländern beheimatet, besitzt 14 Prozent; die übrigen 50 Prozent besitzen so gut wie nichts (s. Badiou 2016: 31).

Grausame Realitäten, zartfühlende Politiken

Diese beiden Bilder – die persönliche Vignette meines Erlebnisses im Flugzeug einerseits und der allgemeine Befund neoliberaler Zerstörung von gesellschaftlichem Wohlstand und Wohlleben sowie die verstärkte Produktion von Ungleichheit andererseits – müssen nun nebeneinander betrachtet werden: Wir leben in einer Welt, in der immer mehr Menschen mit der größten Selbstverständlichkeit in Armut und Aussichtslosigkeit getrieben werden, und in der man zugleich Erwachsene vor Erwachsenensprache warnt. Das eine hängt offenkundig mit dem anderen zusammen: Denn es sind dieselben Mächte, die das eine und das andere vorantreiben.

Im selben Moment, in dem die USA und ihre Verbündeten die Welt mit Krieg, dubiosen Revolten und Bürgerkrieg überziehen und den friedlich belassenen Teil mit Austeritätspolitik in Armut treiben, überziehen sie die Welt auch mit einer Ideologie des gesäuberten, verharmlosenden Sprechens. Recht treffend erscheint darum Nancy Frasers Begriff des »progressiven Neoliberalismus« für diese Allianz scheinbar emanzipatorischer, progressiver Anliegen mit verschärfter Weltausbeutung.[16] Man warnt Erwachsene vor Erwachsenensprache, vor bösen Witzen, vor sachhaltiger Argumentation, die als verletzend empfunden werden könnte, vor Dissens ebenso wie vor Tabakkultur, rät ab von Stöckelschuhen oder Röcken und Blusen, empfiehlt geschlechtsneutrale Schlabberkleidung,[17] geschlechtsspezifische Berufstitel, gendergerechte Sprache, entweder dritte Toilettentüren oder die Abschaffung der zweiten, verbietet Parfüms, verächtliche Worte und elementare Gesten der Höflichkeit wie das Aufhalten von Türen für Nachkommende.

Hatte die westliche und weitere Welt nach dem Zweiten Weltkrieg von den US-Amerikanern noch gelernt, resolut Anspruch auf Wohlstand zu erheben sowie auf allgemeine Liberalität, wenn nicht sogar auf Sex and Drugs and Rock 'n' Roll, so durfte sie nun staunend erfahren, dass es überall Empfindliche gibt, deretwegen man solche Ansprüche gefälligst zurückzuschrauben habe. Dem neoliberalen Angriff auf das Wohlleben, wo es denn überhaupt existierte, kam die Postmoderne als ideologische Souffleuse zu Hilfe – denn die Postmoderne ist, so müssen wir heute einsehen, nichts anderes als die Ideologie des Neoliberalismus.

Hatte es kurz so ausgesehen, als könnten die Errungenschaften der »weißen, anglo-sächsischen protestantischen Männer« bald auch den Frauen sowie diversen anderen ethnischen, religiösen oder areligiösen, sexuellen oder subkulturellen Gruppen auf der ganzen Welt zugänglich werden, so blies nun ein anderer Wind: Der Wohlstand und die Zukunftsperspektiven der meisten wurden spürbar wieder bescheidener, und zugleich redete man den Leuten nun ein, alle würden dann am besten fahren, wenn sie, anstatt Anspruch auf das nun angeblich »weiße« Allgemeine zu erheben, sich lieber auf ihr Eigenes – ihre sogenannte »Identität« besinnen.[18] Die Hegemonie der führenden kapitalistischen Länder und ihrer Eliten verwandelte sich somit in »negative Hegemonie«:[19] Die profitierenden Eliten riefen den benachteiligten Klassen und Weltgegenden nicht mehr zu: ›Bald habt auch ihr das Gleiche wie wir!‹; stattdessen flüsterten sie – assistiert von privilegierten Vertretern aus den »postkolonialen« Regionen – bedeutungsvoll: ›Bleibt lieber, was ihr seid!‹ – ›Be Yourself!‹ Die verschärfte Beraubung rechtfertigte sich nicht mehr wie die bisherige Ausbeutung mit der Aussicht auf zukünftige Teilhabe an der Beute, sondern mit Appellen zum einsichtsvollen Beuteverzicht. Da die Trauben der neoliberalen Profite nun für die meisten zu hoch hingen, erklärten die postmodernen Füchse sie grundsätzlich für zu sauer.

War die Moderne einer Politik der Gleichheit verpflichtet gewesen, so zeichnete sich die Postmoderne, durch ihre Politiken der Ungleichheiten, der Identitäten und ihrer »Diversität« aus.[20] Nicht mehr der Anspruch der Menschen auf einen gewissen Teil des gesellschaftlichen Reichtums sollte befriedigt werden, sondern lediglich ihrer spezifischen Empfindlichkeit eine billige, symbolische Anerkennung widerfahren. Da niemand mehr ihren Blick nach vorne, auf eine bessere Zukunft lockte, ermunterte man viele nun, nach hinten zu blicken, auf ihre Herkunft oder ihre sogenannte Identität. Und nach vorne hin schien es keine Perspektiven mehr zu geben – weder materiell, angesichts steigender Arbeitslosigkeit und sinkender Einkommen, noch ideell, in Gestalt einer gesellschaftlichen Gesamterzählung. Denn wenn es nicht gerade darum ging, Bombardements fremder Staaten als humanitäre Pflicht zu rechtfertigen, waren es nun die westlichen Eliten selbst, die auf gut postmoderne Weise nicht müde wurden, sämtliche universalistischen Ansprüche auf Gleichheit als partikulare Erfindung alter, wenn nicht toter, weißer Männer zu diffamieren.

Was neoliberale und postmoderne Diversitätspolitiken wirklich attackieren: das Prinzip Bürgerlichkeit

Was dabei auf dem Spiel stand, war aber nichts, was den weißen Männern speziell angehört hätte. Was die postmoderne Ideologie im Dienst der neoliberalen Umverteilung als »weiß, männlich, heterosexuell« etc. brandmarkte, war in Wahrheit die entscheidende Errungenschaft der bürgerlichen Revolutionen: das Prinzip *mündiger Bürgerlichkeit* (citoyenneté). Die siegreichen Bourgeoisien vor allem Englands und Frankreichs hatten, als erste gesellschaftliche Klasse in der Geschichte, sich selbst nicht mehr nur als besondere Klassen begriffen, sondern vielmehr als *allgemeine Klasse*, die allen anderen, ungeachtet ihrer Herkunft und Zugehörigkeit, zugänglich sein sollte. Karl Marx und Friedrich Engels haben diese »gleichmachende« Dynamik der bürgerlichen Klasse im internationalen Verhältnis sarkastisch wie folgt beschrieben:
     »Die Bourgeoisie reißt durch die rasche Verbesserung aller Produktionsinstrumente, durch die unendlich erleichterte Kommunikation alle, auch die barbarischsten Nationen in die Zivilisation. Die wohlfeilen Preise ihrer Waren sind die schwere Artillerie, mit der sie alle chinesischen Mauern in den Grund schießt, mit der sie den hartnäckigsten Fremdenhaß

der Barbaren zur Kapitulation zwingt. Sie zwingt alle Nationen, die Produktionsweise der Bourgeoisie sich anzueignen, wenn sie nicht zugrunde gehen wollen; sie zwingt sie, die sogenannte Zivilisation bei sich selbst einzuführen, d. h. Bourgeois zu werden. Mit einem Wort, sie schafft sich eine Welt nach ihrem eigenen Bilde.« (Marx / Engels [1848]: 466)

Dasselbe wie im internationalen Verhältnis zwischen Gesellschaften galt auch für das Verhältnis der Klassen innerhalb ein und derselben Gesellschaft: Könige sollten nun genauso Bürger sein wie Bettler, Eigentümer von Produktionsmitteln ebenso wie Lohnabhängige. Die heimlichen Beschränkungen und Verlogenheiten dieses Anspruchs wurden der Bourgeoisie freilich zuerst von der Arbeiterklasse aufgezeigt. In vielen Ländern Europas war es Letztere, die erst mühsam, gegen den Widerstand der besitzenden Klassen, das allgemeine Wahlrecht, auch für Arbeiter und Frauen, durchsetzen musste. Umso mehr aber hielt die Arbeiterklasse an dem von der Bourgeoisie entwickelten Anspruch auf Universalität – die Identität von Menschen und citoyens – fest. So heißt es bekanntlich im Kampflied der Internationalen Arbeiterassoziation von 1871: »die Internationale erkämpft das Menschenrecht.«[21]

Schon im 19. Jahrhundert also verfochten die imperialistischen Bourgeoisien den Anspruch, Angehörige aller Gesellschaftsklassen in Bourgeois zu verwandeln und Bewohnerinnen und Bewohner sämtlicher Weltgegenden mit Hilfe des Warenaustauschs zu »zivilisieren«. Auch wenn unter diesem Vorwand in Wahrheit ganz andere Interessen durchgesetzt und ganz andere Realitäten hergestellt wurden – so dass zum Beispiel viele Kolonien unter der bourgeoisen Fremdherrschaft noch weitaus hierarchischere, sozusagen feudalere Klassenverhältnisse ausbilden mussten, als sie zuvor geherrscht hatten[22] –, zeigt das Zitat von Marx und Engels doch, dass damals dem kapitalistischen Westen niemand grundsätzlich unzivilisierbar erschien und die Herausbildung einer aus kapitalistischen Kosmopoliten gebildeten Menschheit nur für eine Frage kurzer Zeit erachtet wurde.[23]

Diesem politischen Programm entsprach eine bestimmte Ethik. Wer Mensch und mithin Bürger sein wollte, musste zunächst vertragsfähig sein und also lesen und schreiben können. Die allgemeine Schulpflicht versetzte verstreute junge Menschen unter-

schiedlichster Herkunft in die Lage, elementare Bürgertechniken
zu beherrschen. Flankiert war dieses Programm der Alphabetisie-
rung – und mithin Verantwortlichmachung und Disziplinierung –
aber auch durch Unterweisung in diversen Formen von Etikette.
Aus den Erfahrungen der Notwendigkeit von Gleichheit zwischen
beteiligten Personen im Akt des Warentauschs und des dafür erforderlichen Rechtssystems (sowie in den für die kommerzielle
wie militärische Welteroberung so notwendig gewordenen Wis-
senschaften) generierte die Bourgeoisie auch eine bestimmte Form
von politischer und publizistischer Öffentlichkeit: ein Forum, in
dem kollektive Belange erörtert und Entscheidungen vorbereitet,
wenn nicht getroffen werden konnten. Auch diese Öffentlichkeit
war ein Raum, in dem Gleichheit – wenigstens als Fiktion – gelebt
wurde. Sie beruhte auf dem Prinzip, dass Argumente nur im Hin-
blick auf ihre Geltung für das Wohl der Allgemeinheit betrachtet
werden durften und ohne Ansehung der sie äußernden Personen
gewichtet werden mussten. Dem hatten auch die beteiligten Personen zu entsprechen: Von ihnen wurde erwartet, dass sie imstande waren, ihre privaten Belange und persönlichen Präferenzen hinter sich zu lassen. Dies war nicht nur die Spielregel der politischen
Beratung, sondern auch das ethische Ideal jeglichen Verhaltens im
öffentlichen Raum: Es bestand in einem betont *unpersönlichen*, an
eleganten Formen geschulten Auftreten. Dieses Auftreten wurde
mit den Bezeichnungen »Urbanität« oder auch »Zivilisiertheit«
versehen. Richard Sennett vermerkt dazu:

> »›City‹ and ›civility‹ have a common root etymologically.
> Civility is treating others as though they were strangers and
> forging a social bond upon that social distance.« (Sennett
> 1977: 264) [»Es besteht ein enger Zusammenhang zwischen
> Zivilisiertheit und Urbanität. Zivilisiertheit bedeutet, mit den
> anderen so umzugehen, als seien sie Fremde, und über die Di-
> stanz hinweg eine gesellschaftliche Beziehung zu ihnen auf-
> zunehmen.« (Sennett 2001: 336)]

Die Fähigkeit, Distanz zu dulden oder gar erst herzustellen und
über sie soziale Verbundenheit zu erzeugen, erforderte, wie Sennett
ausführlich darlegt, ein gewisses Maß an Schauspielerei im öffentlichen Raum: Man musste so tun, als ob man die anderen nicht
kennen würde; als ob man dennoch an ihrem Wohlergehen Inter-

esse hegte; als ob man selbst gesund und zufrieden wäre etc.[24] Diese Fähigkeit, von sich selbst abzusehen, war, wie Sennett feststellt, die entscheidende Voraussetzung zivilisierten Verhaltens: »Unzivilisiert ist es, andere mit dem eigenen Selbst zu belasten.« (Sennett 2001: 336)

Gerade diese Fähigkeit, im öffentlichen Raum das eigene, vermeintlich authentische Selbst hintanzuhalten, war die entscheidende Tugend mündiger Bürgerlichkeit. Respekt verdiente man für diese Leistung (des Hintanhaltens des Selbst) – und eben nicht, wie die Postmoderne zu suggerieren begann, für dieses Selbst in seiner vermeintlichen Identitätskostbarkeit oder Verletzlichkeit. Der Komiker Sacha Baron Cohen hat diese Verdrehung sehr treffend parodiert: Seine Figur des »Ali G.«, ein dem Anschein nach bildungsferner, suburbaner Hip-Hopper und Showmoderator, der von erstaunlich wenigen Dingen auch nur irgendeine Ahnung hat, ruft seinen Interviewpartnern immer dann, wenn er etwas besonders Ahnungsloses oder Dummes gesagt hat, »Respekt!« zu und lädt sie ein, subkulturell-solidarisch mit der Faust auf seine Faust zu stoßen. Respekt soll also seine Unbelecktheit verdienen, und nicht etwa seine vielleicht doch rudimentär vorhandene Fähigkeit, sich intellektuell ein Stück weit nach oben zu orientieren. Genau das ist es, was die Postmoderne als das Respektverdienende begriff: die Identität des anderen – und seine Unfähigkeit, sie auch nur für Augenblicke zivilisierten Umgangs hinter sich zu lassen.

Die Diffamierung dieser Dimension öffentlicher Bürgerlichkeit als bloß partikulare »weiße, männliche« Marotte und die Ermunterung an alle benachteiligten oder marginalisierten Gruppen, ihre Marotten in die Öffentlichkeit zu tragen, zerstört den Raum der Gleichheit. Denn Gleichheit setzt Erwachsenheit voraus: die Fähigkeit, vom Privaten und Persönlichen abzusehen und nur das öffentlich Relevante zu behandeln. Dagegen ist die Unterwerfung des öffentlichen Raumes unter die Kriterien persönlicher Empfindlichkeit – die Fähigkeit, sich verletzt zu fühlen, und den Zwang, dies sofort kundzutun – die stärkste Ressource zum Abbau von bürgerlicher Teilhabe und Politikfähigkeit.

Diversität ersetzt Gleichheit

Vor diesem Hintergrund müssen die postmodernen Programme von Identitätspolitik und die Sprachregelungen der sogenannten *political correctness* beurteilt werden. Es sind keineswegs, wie manche Kommentatoren vermuteten, durch zunehmende Gleichheit ermutigte Versuche der bislang ausgeschlossenen Gruppen, den ihnen zustehenden Anteil an der kapitalistischen Prosperität, der Gleichheit und den Freiheiten der Moderne zu erobern. Es verhält sich nicht so, wie zum Beispiel Matthias Dusini und Thomas Edlinger in ihrem – im Übrigen besonnenen und facettenreichen – Buch zur *political correctness* es einmal darstellen:

> »Wer freilich die Augen offenhielt und die Versprechung der Gesellschaft an das ermutigte Individuum mit der Wirklichkeit seiner Ungleichheitserfahrung abglich, musste fast zwangsläufig enttäuscht und wütend werden.
>
> So beförderte paradoxerweise gerade die Propagierung einer Politik des gleichen Rechts für alle die Sensibilität für deren Verfehlungen und den Narzissmus der kleinen und kleinsten Differenz.« (Dusini / Edlinger 2012: 20)

Das Gegenteil ist jedoch der Fall. Die postmodernen Politiken der kleinen Unterschiede sind keine Folge der durch das moderne Versprechen von Gleichheit geweckten Sensibilitäten. Es verhält sich vielmehr genau umgekehrt: *Die postmodernen Politiken wurden ausgerufen, als die hegemonialen Gruppen die Versprechungen der Moderne von Gleichheit preisgaben.* In dem Moment, als sich die Einkommensunterschiede wieder dramatisch verschärften und gleiches Recht für alle von den neoliberalen Eliten nicht einmal mehr als Utopie festgehalten wurde, entstand die Propaganda unterschiedlichen Rechts für Diverse.[25] Die postmodernen Identitäts- und Sprachpolitiken sind nicht der Anfang oder die Fortsetzung, sondern vielmehr das Ende und der Ersatz einer Politik der Gleichheit.

Ausnahmen ersetzen die Regel

Aber, so könnte man einwenden, ist die Sorge für die Ärmsten oder am meisten Benachteiligten der globalisierten Welt nicht die konsequente Fortsetzung des bürgerlichen Universalismus? Lässt sich der Zustand einer Gesellschaft nicht am besten daran erkennen, wie sie mit ihren Ärmsten umgeht? Und musste man nicht durch eine gewisse anfängliche Ungleichbehandlung den Benachteiligten helfen, den anderen Gruppen gegenüber aufzuholen und dadurch erst gleich zu werden?

Auch hier mag wieder ein Beispiel aus meiner persönlichen Erfahrung zur Verdeutlichung der wirklichen Verhältnisse dienen. Eine aus Nigeria stammende, in Finnland lebende Kollegin erzählt bei einer Konferenz, sie habe kurz nach ihrer Ankunft in Finnland um Förderung für einen Sprachkurs nachgesucht. Man möchte annehmen, dass ein skandinavisches Land eine so sinnvolle Integrationsbemühung vorbehaltlos unterstützt. – Aber nein. Der Kollegin wurde erklärt, einfach so könne sie keinesfalls eine Förderung bekommen. Jedoch falls sie ein ärztliches Attest vorweisen könnte, wonach sie unter Aufmerksamkeits-Defizit-Syndrom (ADHS) leide, dann wäre es etwas anderes: Dann könnten die gesamten Kosten für ihren Sprachkurs vom finnischen Staat übernommen werden.

Dieses Beispiel erscheint universalisierbar,[26] und es enthält die entscheidende Pointe zur zuvor unterstellten Annahme postmoderner Universalisierung, derzufolge die Ärmsten einer Gesellschaft der Gradmesser für deren Gesamtverhalten seien. *Die neoliberale, postmoderne Gesellschaft fördert nicht die Ärmeren und Ärmsten, damit diese möglichst so gut wie alle übrigen leben können. Sie fördert vielmehr immer nur Ausnahmen, um alle übrigen getrost verkommen zu lassen.* Nur so ist es überhaupt möglich, dass seit den 1990er Jahren in den westlichen Gesellschaften ein »Opferwettbewerb« entbrannt ist.[27] Weil man als Zweitärmster schon um alle Sozialleistungen kommen könnte, muss man ständig versuchen, der Allerärmste zu sein.

Verwalter ersetzen die Opfer

So wie die neoliberale Politik die Ärmsten nicht fördert, um mit ihnen alle zu fördern, sondern vielmehr um nur sie und sonst niemanden zu fördern, macht sie es auch innerhalb der jeweiligen geförderten Gruppen: Sie fördert nicht die Frauen, sondern nur bestimmte Repräsentantinnen, vorwiegend innerhalb der politischen Klasse und des akademischen Milieus.[28] Sie fördert auch nicht die religiösen, ethnischen oder sexuellen Minderheiten, sondern nur bestimmte ihrer Wortführer und Vertreter. Denn es gibt keine Sprachregelung ohne entsprechendes Komitee, kein neu aufgetauchtes Problem ohne ermächtigten Arbeitskreis, keine Antidiskriminierungsrichtlinie ohne ein darüber wachendes Gremium, keine studentische Schwierigkeit ohne psychotherapeutische, medizinische oder juristische Anlaufstelle. Alle diese Maßnahmen haben, lange bevor sie in der betroffenen Gruppe auch nur irgendeine Wirkung zeigen, zunächst Profiteure in den Stellvertretungen innerhalb der verwaltenden Apparate. So bemerken Campbell und Manning:

> »In den letzten Jahrzehnten gab es eine kontinuierliche Zunahme von Justiz- und Verwaltungsbehörden sowie einen Zuwachs an Größe und Zuständigkeitsbereichen in der Universitätsverwaltung und bei den Gehältern der Spitzenverwaltungsbeamten, des weiteren die Schaffung neuer Spezialagenturen der Sozialkontrolle wie zum Beispiel Stellen, deren einzige Aufgabe darin besteht, die ›soziale Gerechtigkeit‹ zu erhöhen, indem sie rassische, ethnische oder andere Vergehen zwischen Gruppen bekämpft.« (Campbell/Manning 2014: 710)[29]

Die Schaffung einer ganzen Kaste von Beauftragten, die im Namen von Benachteiligten sprechen und agieren und an deren Stelle Vergünstigungen beziehen, ist eine effiziente Maßnahme zur Stabilisierung bestehender Benachteiligung und zur Sicherung wachsender Ungleichheit. Denn wenn in einer Gesellschaft die Einkommensunterschiede sich verschärfen, werden die Verteilungskämpfe härter. Da ist es – wie in jeder Herrschaftssituation – günstig, Kollaborateure heranzubilden. Man ermöglicht Leuten, die sonst meist vergleichsweise wenig Qualifikation innerhalb ihres jeweiligen Apparats aufweisen, einen gewissen sozialen Aufstieg und Zugang zu Kontrollfunktionen in ebendiesen Apparaten. Klarerweise werden die Kollaborateure bestrebt sein, dies ihren Gönnern zu danken. Und sie werden in klugem Eigeninteresse sämtliche Aufgaben und Anliegen, für die sie stehen, immer nur so weit betreiben und vorankommen lassen, dass sie selbst nicht überflüssig werden. Mit großem Pathos stets gegen irgendeine Benachteiligung ins Feld ziehend – und dadurch jede gegen sie selbst gerichtete Kritik erstickend –, werden sie tunlichst dafür sorgen, dass diese Benachteiligung niemals gänzlich aufhört. Gleichbehandlungsarbeitskreise an Universitäten zum Beispiel geben vor, weibliche Wissenschaftskarrieren zu fördern, indem sie in die Ausschreibungstexte »Genderkompetenz« als Anforderung hineinreklamieren. Das hat zur Folge, dass junge Wissenschaftlerinnen, um bessere Chancen zu gewinnen, sich verstärkt mit Genderthemen beschäftigen müssen. Dadurch aber vernachlässigen sie andere Fragen, und es wird in der Folge sowohl für Universitäten mit bestimmten inhaltlichen Zielsetzungen als auch zum Beispiel für Veranstalterinnen von Symposien oder Fernsehdiskussionen zu anderen gesellschaftlich relevanten Themen zunehmend schwieriger, überhaupt geeignete weibliche Expertinnen für solche Themen zu finden. Frauen bleiben dann weiterhin unterrepräsentiert. Umso notwendiger, können die Arbeitskreise dann rufen, ist unsere Tätigkeit.

So gelingt es, die in Schach zu haltende Gesellschaft mehrfach zu spalten: die Beauftragtenkaste in den Verwaltungsapparaten von denjenigen, die für Produktivität sorgen müssen; einen Mittelstand mit hehren moralischen Gefühlen für ferne Benachteiligte und hohem, daraus entspringenden Distinktionsgewinn von einer Unterschicht, die sich solche Gefühle und den dazugehörigen verklemmten akademischen Jargon immer weniger leisten kann; eine Opfer- oder Interessensgruppe von der anderen; die nach Gleichheit Strebenden oder faire Konkurrenz Fordernden von denen, die Sondervergünstigungen beanspruchen. So wird unter dem Anschein von Emanzipation das Gegenteil bewerkstelligt: Sowohl Solidarität als auch Mündigkeit werden verhindert; Bestrebungen nach Gleichheit werden auf unbedeutendere, kleinere Problemfelder umgelenkt, und berechtigte Empörung wird durch peinlich genaue Sprachregelungen entweder stumm oder kleinlaut gehalten.

Gutgemeinte Worte werden böse

Die zwiespältige Rolle der Verwaltungs- und Vollzugsorgane post-moderner Politiken ist ein Grund für ihr wohl auffälligstes Merk-mal: ihre gesetzmäßige Erfolglosigkeit. Drei oder vier Jahrzehnte massiver Frauenförderung in westeuropäischen Ländern haben höchstens höhere Frauenanteile in absteigenden Berufssparten wie Kunst, Kulturwissenschaften oder Psychotherapieberufen produziert, aber keine Angleichung der Einkommensniveaus. Re-gelnde Eingriffe zur Herstellung gendergerechten Sprachgebrauchs haben keine zufriedenstellenden Bezeichnungen hervorgebracht, sondern immer nur neue Unzufriedene: Schien kurzfristig das Bin-nen-I das geschlechtsneutrale Ei des Kolumbus zu sein, so fühlten sich bald die Transgenderpersonen übergangen, dann kam als ver-meintliche Rettung der »underscore«, doch dass dieser eben am unteren Rand der Schriftzeile sitzt, erscheint inzwischen manchen als abwertend; darum muss an seiner Stelle nun unbedingt und de-finitiv ein Sternchen her. Aber ob dieses nun die ideale Lösung ist, und ob es wohl immer die richtige Zahl von Zacken für das Emp-finden aller Gruppen besitzt, muss noch abgewartet werden.

Auch die Bologna-Reform der europäischen Universitäten hat keineswegs, wie ursprünglich beabsichtigt, bessere Vergleichbar-keit zwischen Studiengängen erreicht, sondern beschäftigt nach 30 Jahren immer noch Armeen von ECTS-Beauftragten, die ver-suchen müssen, die Punktezahlen für die Lehrveranstaltungen ei-ner Studienrichtung an einer Universität mit denen einer anderen Universität zu harmonisieren.

Dasselbe gilt für die zunehmende »Medikalisierung« studenti-scher Alltagsprobleme wie Prüfungsstress und Bewältigung von Dissens oder ungewohnten Themen. Frank Furedi hat hellsichtig bemerkt, dass die gegenwärtig stark zunehmende Schaffung von Anlaufstellen die Zahl und Schwere der Probleme von Studieren-den nicht zu beheben, sondern vielmehr – nach dem Muster von »self-fulfilling prophecies« (Furedi 2016: 39) – zu erhöhen scheint:

> »Je mehr Ressourcen die Universitäten paradoxerweise in die Institutionalisierung von therapeutischen Tätigkeiten in-vestiert haben, desto stärker haben sie Studierende angeregt, Symptome seelischen Leidens zu melden.« (Furedi 2016: 47)

Es ist klar: Wenn die Beauftragten jener Gremien, die für die Abschaffung bestimmter Benachteiligungen oder Missstände sorgen sollen, ihre Stellen nur so lange behalten, wie die Benachteiligungen oder Missstände bestehen, dann werden sie klug genug sein, niemals wirklich gute Vorschläge zu machen oder gar Abhilfe zu schaffen. (Darum wurde im alten China das Schema umgekehrt, und man bezahlte Ärzte immer nur so lange, wie ihre Patienten gesund waren.) Vielmehr werden sie ständig holprige Lösungen propagieren, die einen erneuten und letztlich permanenten Reparaturbedarf nach sich ziehen.

Das zeigt sich zum Beispiel auch auf der Ebene der Sprachpolitiken, die von solchen Gremien vorgeschlagen werden. Nie gibt es eine zufriedenstellende Formulierung für irgendetwas. Man fordert fanatisch geschlechtsneutrale Sprache, hat aber keinen Vorschlag dafür, wie die Formulierung »der Obmann und sein Stellvertreter« geschlechtsneutral und auch noch halbwegs aussprech- und schreibbar formuliert werden könnte. Wenn Bezeichnungen wie »Farbige« oder »Neger« verpönt sind, wirbt man zunächst für »Schwarze«. Aber auch das erscheint bald nicht allen zufriedenstellend, und es muss wieder etwas Neues gefordert werden wie zum Beispiel »Afrikaner« oder »African Americans«. Auch Letzteres ist jedoch keine gute Lösung – sie empört Menschen wie die Schauspielerin Whoopi Goldberg, die – ebenso wie ihr Kollege Morgan Freeman – darauf besteht, »American« und keinesfalls »African American« zu sein.[30]

Zunächst zeigt sich in dieser Hilflosigkeit der Versuche, bestimmte Worte durch andere zu ersetzen, eine grundlegende Ahnungslosigkeit in Bezug darauf, wie Sprache funktioniert. Es ist naiv, zu meinen, dass »angemessene« Worte einfach an die Stelle von »unangemessenen« treten könnten, ohne dass diese Operation Spuren hinterließe. Jacques Lacan hat darauf hingewiesen, dass die Ersetzung eines Signifikanten durch einen anderen immer einen Dritten erzeugt.[31] Das neue Wort bezeichnet nach der Ersetzungsoperation nicht einfach dasselbe wie das alte, unpassende Wort. Vielmehr bezeichnet es von nun an sowohl das alte Wort als auch die Ersetzungsoperation sowie das bisher Bezeichnete. Die unvermeidliche kleine Pause, die beim Sprechen oft vor der Nennung des neuen Wortes eintritt,[32] ist das verräterische Merkmal dieses

Tilgungsversuchs. Daher kommt es, dass ähnlich wie bei einem Fleck am Tisch, den man durch ein Tuch abzudecken versucht und der sich dann erneut im Tuch abzeichnet, das Unangemessene der alten Worte ständig gleich auch wieder die neuen Worte zu befallen scheint und kein Wort jemals seine vermeintliche Unschuld zu behalten vermag.[33]

Klarerweise könnte man, der Anregung Whoopi Goldbergs folgend, auch beschließen, in Zukunft Hautfarben ebenso wenig zu erwähnen wie es zum Beispiel bei Haarfarben üblich ist. Aber wie könnten Menschen, die sich ihrer Hautfarbe wegen diskriminiert fühlen, diesen Umstand dann benennen? Und wie soll das entsprechende Gremium heißen und seine Maßnahmen bezeichnen? Und überdies: Welche Auswirkungen hätte das auf die Kämpfe anderer benachteiligter Gruppen? Wenn »Sichtbarkeit« angeblich ein emanzipatorisches Ziel ist, und manche Frauenbeauftragte darum auf der Ebene der Berufsbezeichnungen für die »Sichtbarkeit« von Frauen kämpfen, dann können doch wohl die »Schwarzen« oder »Afrikanerinnen« (oder wie auch immer sie heißen mögen) ihnen nicht in den Rücken fallen und ihre eigene »Unsichtbarkeit« fordern! – Freilich zeigt sich darin ein anderer typischer Grund für das wiederholte Scheitern postmoderner Bemühungen: nämlich die unausgegorene Widersprüchlichkeit vieler ihrer Grundannahmen: Soll das Ziel die Sichtbarkeit sein – dann her mit der dritten Toilettentüre, der »Ministerin« (statt »Frau Minister«), der »Dr.in«, der »Prof.in« sowie dem »Prof.x«! Oder sollen stattdessen die geschlechtsspezifischen Unterschiede zum Verschwinden gebracht werden? – Dann weg mit der zweiten Toilettentüre, und lieber gleich zu den Kindern im Kindergarten und zu den Lehrpersonen an der Uni nicht mehr »er« oder »sie«, sondern nur noch »es« sagen![34] (Auch wenn uns niemand verrät, wie daraus dann zum Beispiel eine »Dr.in« werden soll.) Ein Teil des Fanatismus der diesbezüglich Engagierten mag daher rühren, dass sie diese Widersprüchlichkeit ihrer eigenen Wünsche und Vorschläge dunkel spüren, aber sie nur nach außen, auf ihre vermeintlichen Widersacher projizieren.

Wenn die Angehörigen einer ethnischen Gruppe nicht als »Zigeuner« bezeichnet werden wollen, fordert man die Formulierung »Sinti und Roma« ein – ohne dabei auf diejenigen Rücksicht zu nehmen, die, wie zum Beispiel bestimmte Volksgruppen in der Tschechischen Republik, von sich sagen, sie seien weder Sinti noch Roma und möchten lieber »Zigeuner« genannt werden.[35] Aber abgesehen von solchen »Randgruppenproblemen« gibt es dabei auch ein Problem für die wohlwollenden hegemonialen Gruppen: Dort weiß nämlich so gut wie niemand, wie man die Formulierung »Sinti und Roma« jemals nach Zahl oder Geschlecht grammatikalisch abwandeln soll, um zum Beispiel auszudrücken, dass man einen männlichen Angehörigen der Sinti und zwei weibliche Angehörige der Roma bezeichnen möchte (»ein Sinto und zwei Romnija«). Ähnliches gilt für jene Formen von *political correctness*, die – wie zum Beispiel der »underscore« – sich nur schreiben, aber kaum aussprechen lassen.

Dann sagt man halt was anderes

Schließlich erzeugen die sprachreformerischen Bemühungen um korrekte Bezeichnung oder um sogenannte »Sichtbarkeit« (ein seltsam verunglückter Begriff, dessen Unangemessenheit die um angemessenes Sprechen Bemühten auffällig wenig zu stören scheint)[36] bisher vernachlässigter Gruppen auch erhebliche Probleme, bestimmte, bisher benennbare Sachverhalte in Zukunft weiterhin zu benennen: Wenn alles gegendert werden muss, dann kann die Eisenbahnerin zum Eisenbahner eben nicht mehr sagen: »Hör zu, Alter, wir sind schließlich beide Eisenbahner!« Gerade für das Gemeinsame und Allgemeine gibt es in der korrekt gebürsteten Sprachwelt keine Worte mehr. Dass Solidarisierung auf diese Weise erschwert wird, ist vielleicht kein ganz ungewollter Effekt postmoderner Symbol- und Pseudopolitiken.

Als ob die Solidarisierung dadurch wegfällt!?

Möglichkeiten und Grenzen einer Weltveränderung durch Sprache

Dieses strukturelle Fehlschlagen der postmodernen Sprachregelungsversuche ist der Grund, weshalb eine ihrer großen Legitimationserzählungen sich als unwahr erwiesen hat: die Behauptung nämlich, *dass schon Worte selbst Taten seien und dass durch verändertes Sprechen auch ein verändertes übriges Handeln zustande kommen werde.*[37] Nun gibt es zwar eine Reihe von Bereichen in der Kultur, in denen bestimmte Worte (oder bestimmte Zeichen) tatsächlich bestimmte bezeichnete Wirklichkeiten hervorbringen: Wenn zum Beispiel Menschen miteinander höfliche Worte oder Gesten austauschen, dann verändert dies, wie Immanuel Kant bemerkt hat, wirklich ihre Einstellung und ihren Umgang miteinander.[38] Und auch die symbolischen Aktionen in der Magie sowie im Psychodrama bringen oft erstaunliche Veränderungen in der Wirklichkeit hervor. In der Anthropologie wurde für Vorgänge dieser Art der Begriff »symbolische Wirksamkeit« entwickelt.[39] Nun ist das Gelingen symbolischer Wirksamkeit aber von einer entscheidenden Bedingung abhängig. Es muss darin immer ein virtueller »naiver Beobachter« getäuscht werden, der die Vorgänge ausschließlich nach dem Augenschein beurteilt.[40] Darum muss der Augenschein perfekt sein. Das ist der Grund, weshalb höfliche Gesten wie zum Beispiel ein Händedruck *gekonnt* ausgeführt werden müssen – nicht zu leicht und nicht zu fest, nicht zu kurz und nicht zu lange etc. – und man sich bei einer Verfehlung niemals auf die gute Absicht herausreden kann. In diesem Sinn bemerkt der französische Philosoph Alain: »Höflichkeit muß ebenso gelernt werden wie Tanzen.« (Alain 1982: 200) Zeichen bringen also nur dann entsprechende Wirklichkeiten hervor, wenn sie ein perfektes »als ob« erzeugen. Stümperhaft ausgeführte Höflichkeitsfloskeln oder nur sinngemäß ausgesprochene Zaubersprüche bleiben darum ohne Wirkung. Die krampfhaften und immer entsetzlich holprig bleibenden Sprachbereinigungsversuche, immer nur gut gemeint, aber niemals gut gemacht, bringen darum immer höchstens nur eine Wirklichkeit hervor – nämlich sich perpetuierende Korrektheitsgremien, die ständig neue Vorschläge erarbeiten müssen. Das den Kritikern solcher unbeholfenen Versuche mit dem Vorwurf des Konservativismus entgegengehaltene Argument, dass die Sprache lebendig sei und sich darum eben verändere, ist deshalb deplatziert: Solange die künstlichen Veränderungsversuche so ungeschickt bleiben, verändert sich die Sprache eben nicht – auch wenn man es vielleicht gerne möchte.

Worte ersetzen Wirklichkeiten

Dort aber, wo die postmodernen Wortschöpfungen nicht vollkommen kläglich verlaufen, scheinen sie tatsächlich Einfluss auf die bezeichneten Realitäten zu bekommen. Allerdings zeigt sich in diesen Fällen, *dass die abgemilderten Worte niemals bessere Wirklichkeiten nach sich ziehen, sondern diese vielmehr verunmöglichen und ersetzen.* An den Wortschöpfungen aktueller Universitätspolitik lässt sich das gut beobachten. Fast alle Formulierungen bezeichnen dort immer ihr Gegenteil:»Lebenslanges Lernen« bedeutet zum Beispiel, dass Studierende nun schon nach nur sechs Semestern wieder die Uni verlassen müssen (sofern man sie nicht bereits vorher durch sogenannte »knock-out«-Prüfungen eliminiert); »Öffnung der Universität« bedeutet, dass man die wirklich interessanten Teile des Studiums einer exklusiven, zahlenden Minderheit vorbehält; »Steigerung der Mobilität« bedeutet, dass man Studienaufenthalte im Ausland durch höheren Prüfungsdruck zunehmend erschwert; »Ausbildung von Eigeninitiative« bedeutet, dass man Studierenden alles vorschreibt, was sie zu tun haben; »Qualitätssicherung« heißt, dass man die Qualität zugunsten zweifelhafter, aber kostspieliger Messungen und Kontrollen (meist durch sachfremde Personen) vernachlässigt; »Transparenz« und »Nachvollziehbarkeit« bedeutet, dass man alles in Schriftstücken von mehreren hundert Seiten dokumentiert, die kein Mensch jemals wirklich lesen kann etc.[41] Nach dem Vorbild des mittelalterlichen philosophischen Streits um die Wirklichkeit der von der Sprache bezeichneten Allgemeinheiten (des sogenannten »Nominalismusstreits«)[42] könnte man diese aktuell sich vollziehende Abtrennung der Worte von den Wirklichkeiten auch als »bürokratischen Nominalismus« bezeichnen.

Ein hübsches Beispiel derselben Logik einer Ersetzung von Wirklichkeit durch Worte gibt es auch im entgegengesetzten politischen Lager. Wie Slavoj Žižek subtil erkannte (Žižek 2016), haben die sprachlichen Entgleisungen und Obszönitäten Donald Trumps es ihm als Präsidentschaftskandidaten ermöglicht, die religiöse Rechte innerhalb der Partei hinter sich zu bringen, ohne (wie es bisher bei den Republikanern dafür erforderlich war) eine entschiedene Position gegen Abtreibung einnehmen zu müssen. Die

Vulgarität in den Symbolen ersetzt hier sehr günstig die aufwendigere Realität einer dogmatisch-religiösen Haltung. Sie ist ja leichter zu haben und weitaus mehrheitsfähiger und medienwirksamer. Und die Rechte kann sich auf dieses profitable Kerngeschäft konzentrieren, seit die Aufgaben der traditionellen, an »family values« orientierten Sprachzensur und puritanischen Sexualfeindlichkeit dankbar von der politisch korrekten Pseudolinken übernommen wurden.[43]

Die letztgenannte Verschiebung ist übrigens ein Beispiel dafür, dass scheinbare Emanzipation und vermeintlicher Fortschritt – genau wie in der Frühentwicklung von Kindern bei der Ausbildung eines Über-Ich[44] – oft nur darin bestehen, dass Leute anfangen, sich etwas selbst zu verbieten, was ihnen bisher von anderen verboten wurde. Hatten die Konservativen lange Zeit der Gesellschaft den Sex zu verbieten versucht, so war es plötzlich die aufbegehrende Linke selbst, die Gründe dagegen fand. Und hatte im alten Viktorianismus das Patriarchat die Frauen von der Beschäftigung mit unanständigen Dingen abgehalten, so übernahm das nach der konservativen Wende der 1980er Jahre der postmoderne, pornofeindliche Feminismus selbst. Insofern ersetzen hier die Worte »Fortschritt« und »Emanzipation« oft die entsprechenden Wirklichkeiten.

Leute, die von ihren Fehlern leben

Neben den Worten, die aufgehört haben, ihre Wirklichkeiten zu bezeichnen, lässt sich hier noch eine zweite, verwandte und charakteristische postmoderne Erscheinung beobachten: nämlich Leute, die von ihren Fehlern leben. So gibt es in manchen Ländern Regierungen, die ihre Wiederwahl dadurch sichern, dass sie grundsätzlich nichts mehr für den Frieden mit feindlichen Nachbarn unternehmen; US-Präsidenten, die jene verarmenden Mittelschichten, von denen sie gewählt wurden, durch ihre Steuerpolitik noch mehr verarmen und noch zorniger werden lassen und vermutlich genau deshalb auch in Zukunft wieder gewählt werden; ferner gibt es Ministerialbürokraten, die schlechte, unklare und lückenhafte Universitätsgesetze mitentwickeln, um dann, dank dieser unklaren

Lage, sich den Universitäten plötzlich als rettende Kandidaten für das Rektorsamt anbieten zu können; Politiker, die umso erbitterter für eine angeblich Wirklichkeiten verändernde Sprache kämpfen, weil sie eben dadurch davon ablenken können, dass sie sonst keine Wirklichkeiten mehr verändern; Sprachregler, die keine Lösungen, sondern immer nur neuen Lösungsbedarf kreieren; sowie Verwalter, die keine effizienten und reibungslosen Abläufe, sondern immer mehr Verwaltungsbedarf erzeugen.

Auch wohlmeinende Gremien, »Mental Wellbeing Services«, die an den Universitäten nach deren Ausrichtung auf neoliberale Prinzipien wie Pilze aus dem Boden schießen – in der Regel auf Kosten entlassener Lehrbeauftragter –, funktionieren, wie Frank Furedi bemerkt, nach diesem Prinzip. Anstatt zum Beispiel jene Studierenden, die in ihren Familien die erste Generation von Universitätsbesuchern bilden, mit den notwendigen intellektuellen Ressourcen auszustatten, die nötig wären, um Selbstvertrauen zu gewinnen, kultivieren sie vielmehr deren Identität als »first-generation students« (s. Furedi 2016: 34). Und an die mit diversen Anlaufschwierigkeiten kämpfenden Studierenden senden sie Botschaften der Ermutigung aus, die freilich, genauer besehen, auch immer Botschaften der Entmündigung sind: Man versichert den verunsicherten Studierenden, dass sie nicht alleine sind. Jedoch:

> »… die unbeabsichtigte Botschaft des Wellbeing Services lautet, dass es unwahrscheinlich ist, dass man selbst mit den Anforderungen des universitären Lebens zurechtkommt.« (Furedi 2016: 38)

Die neoliberalen Umverteilungen haben einen dichten Filz von kleingewerblichen Institutionen und Gremien entstehen lassen, die im Namen von Emanzipation das Gegenteil, nämlich eben immer nur deren Namen oder deren Bezeichnung, vorantreiben. Klarerweise erschwert dies nicht allein jegliche wirkliche Veränderung, sondern auch schon die Diskussion darüber. Denn es ist äußerst schwierig, jemanden mit Argumenten dazu zu bringen, seine Ansicht zu überdenken, wenn diese Ansicht zugleich seine Geschäftsgrundlage bildet.

Antidiskriminierung von oben.
Koloniale Dekolonialisierung

So wie die Verwüstung und Pauperisierung der Welt kommen auch die Maßnahmen zu ihrer scheinbaren Verbesserung im Kleinen allesamt von oben. Dieselbe Europäische Union, die sich nicht zu schade ist, im Interesse der NATO in der Ukraine eine gefährliche Aggressionspolitik gegen Russland zu betreiben; die französische und deutsche Banken rettet, um deren Schulden auf die steuerzahlenden Menschen in Griechenland abzuwälzen; eine Europäische Union, die diesem Land gnadenlos Sparprogramme diktiert, welche aufgrund ihrer fatalen Folgen für die Menschen in Griechenland inzwischen sogar der Internationale Währungsfonds, der diese Programme selbst gefordert hatte, als Fehler betrachtet;[45] eine Europäische Union, die, wie man rückblickend einsehen muss, wohl von Anfang an und mit voller Absicht als »failed state« konstruiert wurde, mit voller Mobilität für das Kapital, aber ohne einheitliche Steuer- und Sozialpolitik, ohne selbstbestimmte Außenpolitik und ohne gleiches Stimmrecht für alle Bürger[46] – diese selbe Europäische Union ersinnt auf der anderen Seite eine Reihe von Richtlinien gegen Diskriminierung. So heißt es im Artikel 10 des Vertrags von Lissabon:

> »Bei der Festlegung und Durchführung ihrer Politik und ihrer Maßnahmen zielt die Union darauf ab, Diskriminierungen aus Gründen des Geschlechts, der Rasse, der ethnischen Herkunft, der Religion oder der Weltanschauung, einer Behinderung, des Alters oder der sexuellen Ausrichtung zu bekämpfen.«[47]

Während man also nichts unternimmt, um das inzwischen längst demokratiegefährdende Anwachsen von ökonomischer Ungleichheit aufzuhalten[48] und rückgängig zu machen, richtet man sein Augenmerk auf sechs bis acht andere Ungleichheiten. Das bedeutet nichts anderes, als dass man plant, dafür zu sorgen, dass Geschlechter, Altersgruppen etc. in Zukunft sich ganz gleichmäßig über die immer weiter auseinanderklaffende Schere von Einkommensungleichheit verteilen.[49] Wenn die edlen Vorhaben der EU also eines schönen Tages verwirklicht sind, dann werden prozentuell genau gleich viele Frauen wie Männer, gleich viele Alte wie Junge, Asiaten wie Kaukasier, Buddhisten wie Atheisten, Einbeinige wie Marathonläufer, Homosexuelle wie Heterosexuelle etc. bettelarm oder stinkreich sein. Hieran zeigt sich übrigens, dass die postmoderne These falsch ist, derzufolge man auf keinen Fall die verschiedenen Kämpfe hierarchisieren dürfe – etwa im Sinn der alten marxistischen Auffassung von der Priorität des »Hauptwiderspruchs« über die »Nebenwidersprüche«.[50] Die Kämpfe sind tatsächlich nicht allesamt gleichrangig: Denn wenn man mit den Kämpfen der Diversität beginnt, kommt man niemals zur Gleichheit. Ja, schlimmer noch: Man erreicht nicht einmal etwas für die Diversität (beziehungsweise für die diversen marginalen Gruppen) selbst.[51] Beginnt man aber mit der Gleichheit und gelangt zu einer Lösung, dann bleibt auch von den Problemen der Diversität nichts mehr übrig – weil es eben keine ungleichen Plätze in der Gesellschaft mehr gibt, auf die man mittels Diskriminierung die Menschen verteilen könnte; und weil Menschen, die Aussicht auf Gleichheit haben, aufhören, ihre Vorteile in ihren Differenzen zu suchen.

Wie in vielen anderen Belangen auch, spielen die USA bei dieser Verlagerung der Aufmerksamkeit von der großen Ungleichheit zu den kleinen Differenzen eine führende Rolle. Da in diesem Land aufgrund seiner jahrhundertelangen Tradition der Sklaverei die gesellschaftlichen Klassenunterschiede sich oft als Unterschiede von Hautfarben darstellen, ist es dort besonders leicht und opportun, von den Ursachen abzulenken und verständnislos zu versuchen, die Wirkungen zu beheben. Da die Klassenzugehörigkeit einer Person nicht behördlich festgestellt wird, die »Rassenzugehörigkeit« sowie das Geschlecht und ähnliche Daten aber abgefragt und aufgezeichnet werden, ersinnt man Maßnahmen zur »equal opportunity« ausschließlich anhand dieser Parameter und wundert sich dann, warum für besser bezahlte Jobs nicht in allen Gruppen gleich viele Kandidatinnen oder Kandidaten zur Verfügung stehen. Und man kann es sich dann meist nur durch vorangegangene »Diskriminierung« erklären (was wiederum Leuten, die von ihren Fehlern leben, neue Chancen eröffnet).

Diese Vorgehensweise verfolgen die Behörden der USA aber nicht nur in ihrem eigenen Land. Vielmehr gehört sie zu ihren politischen und kulturellen Exportschlagern. In den Jahren, als die

Vereinigten Staaten von Amerika eine stattliche Liste von Ländern wie Afghanistan, Nicaragua, Serbien, Irak, Libyen, Syrien, Jemen etc. militärisch angreifen,[52] überziehen sie die westliche Welt mit einer Propaganda von antirassistischen Sensibilitäten. Auch in Europa, wo Klassenunterschiede oft nicht mit Hautfarben zusammenhängen, beginnt man nun, vorwiegend auf Hautfarben zu achten und gesteigerte Empfindlichkeit für »weiße Privilegien« zu entwickeln – so als ob hier nicht jahrhundertelang gerade Millionen weißer Menschen von anderen weißen Menschen ausgebeutet worden wären (und es immer noch werden). Im Übrigen bedeutet die Rede von den »weißen Privilegien« auch eine Verleugnung der tiefen Komplizenschaft und Verstrickung jeweils lokaler, nichtweißer Eliten in die Geschichte kolonialer Ausbeutung.[53]

Sich an Amerika zu orientieren heißt hier, von den großen politischen Problemen auf kleine, unpolitische ablenken zu lernen. Besonders im Bereich der Kunst findet diese US-Propaganda, wie schon in der Zeit des Kalten Krieges, erfreuten Widerhall unter Europäern,[54] die nun auch emsig darauf drängen, dass zum Beispiel das Wort »Neger« aus den Kinderbüchern entfernt werden müsse – auch wenn in keinem europäischen Land Sklaven aus Afrika gehalten wurden wie in den USA und dieses Wort somit niemals dieselbe Bedeutung besaß wie das amerikanische Wort »Nigger«.[55] Denn um wie viel bequemer und lustvoller ist ein solches Engagement, als wenn man sich mit strukturellen Problemen wie Austeritätspolitik, Armutsfallen und Hartz IV – oder auch den Freihandelsverträgen mit afrikanischen Staaten[56] – beschäftigen müsste! Auch Länder, die in ihrer Geschichte niemals Kolonien hatten, finden es nun sinnvoll, an ihren Kunsthochschulen Professuren für postkoloniale Studien einzurichten. So empfindlich man für diverse Unterschiede auch geworden sein mag; dieser Unterschied scheint jedenfalls keine entscheidende Rolle zu spielen – der augenfällige Widerspruch zwischen dem Inhalt dieser Politiken und ihrer Form: Den gegen alle Fremdbestimmung so sensibel Gewordenen fällt eigenartigerweise gar nicht auf, dass gerade diese Sensibilität selbst in hohem Maß fremdbestimmt ist und dass die USA seit etwa 30 Jahren dabei sind, die übrige Welt mit Dekolonialisierung zu kolonialisieren.

Im Namen der Unteren drücken die Mittleren
andere Mittlere hinunter

Auch die postmodernen Politiken der benachteiligten und minoritären Gruppen kommen regelmäßig von oben. *Political correctness* ist ein Sprachspiel unter Privilegierten, das sich in der Regel in Abwesenheit derer vollzieht, um die es dabei angeblich geht. So, wie es Antisemitismus ohne Juden und Rassismus ohne Rassen gibt,[57] gibt es auch Antidiskriminierungsdiskurse ohne Diskriminierte. Meist ergeht der Vorwurf mangelnder politischer Korrektheit von einem nichtdiskriminierten Angehörigen aus den Mittelschichten an einen anderen.[58] Die Figur der diskriminierten oder benachteiligten Person spielt dabei lediglich die Rolle einer Geisel, durch deren Kaperung sich der eine halbwegs Privilegierte gegenüber dem anderen einen Vorteil verschafft.

Dies ist das Ergebnis verschärfter Konkurrenz unter Mittelstandsangehörigen. Durch die neoliberale Verteilung des Reichtums nach ganz oben ist der Platz in der Mitte knapper geworden. Darum beginnen die Aspiranten, Distinktionskämpfe zu führen, um lästige Mitstreiter auszuschalten. Politisch korrekter Sprachgebrauch ist – ebenso wie Charity, ethical Fashion, ökologisches Einkaufen und veganes Kochen – vor allem und zu allererst ein Distinktionskapital; eine Waffe, mit deren Hilfe man mehr oder weniger Gleichgestellte wirksam zu Ungleichen machen kann. Auch daher kommt es, dass die Bemühungen um Korrektheit nie ein zufriedenstellendes Ende finden: Denn das kostbare Gut des angemessenen Benennens muss immer weiter verknappt werden, damit man weitere Konkurrenten deklassieren kann.

Diese strukturelle Funktion von *political correctness* sowie der entsprechenden postmodernen Politiken übersehen zu haben ist einer der schwerwiegendsten Fehler, welche die Linke in Europa – entweder aus Blindheit oder aus Opportunismus – begangen hat. Irgendwas für die Schwachen wird schon gut sein, scheint man sich gedacht zu haben; oder man befürchtete den Vorwurf, gegen die Schwachen zu sein, falls man Bedenken dagegen hätte, bloß *irgendetwas* für sie zu tun. Dass selbst so scharfsinnige Theoretiker wie Diedrich Diederichsen sich in den 1990er Jahren dazu verleiten ließen, *political correctness* zu befürworten, muss spätestens aus

heutiger Sicht befremden. Diederichsen meinte 1995 in den damals aufkommenden Sprachnormierungsversuchen einen Vorstoß
der Ausgeschlossenen und eine Nähe zum Punk zu erkennen.[59] Die
Oberlehrer und Musterschüler der neuen Sprachpolizei mit den
Schulschwänzern der Londoner und New Yorker Subkulturen zu
vergleichen ist freilich ein kühner und origineller Gedanke – der
allerdings, wie Alfred Hitchcock gesagt hätte, es der Wahrscheinlichkeit kaum erlaubt, ihr hässliches Haupt zu erheben. Es war
doch schon damals erkennbar, dass die aus den USA kommenden
Sprachpolitiken eine Erfindung der Privilegierten waren und dass
sie von Anfang an auch darauf abzielten, das rebellische, vulgäre
und ungehörige Sprechen sämtlicher anderer zu diskreditieren.

[handschriftliche Notiz: diskriminierungsfrei Fluchen u. Schimpfen?]

Postmoderne Pseudopolitik ersetzt linke Politik – und diffamiert sie

Dieselbe Fehleinschätzung hat bald danach die Sozialdemokratien
Europas erfasst, die ihrerseits einen erheblichen Beitrag zur neolibe-
ralen Politik leisteten. Sie erkämpften sich Regierungsämter, indem
sie – wie an den Kabinetten von Tony Blair oder Gerhard Schröder
besonders deutlich wurde – oft noch rabiatere Privatisierungen und
Kürzungen im Sozialbereich durchführten als ihre konservativen
Gegner. Damit mussten sie Abstand nehmen von einer Politik, die
auf die Ausgleichung von Klassenunterschieden zielte, und ihre
Agenden verlagern. So machte man zunächst erst einmal lieber
Frauenpolitik statt Klassenpolitik, und dann lieber Politik für Homosexuelle oder Queers als Frauenpolitik, und dann überhaupt am
liebsten »diversity«. Anstatt die Probleme einer Klasse oder Gruppe
zu lösen, rückte man lieber die Probleme der nächsten Gruppe ins
Zentrum der Aufmerksamkeit – so als ob sie nicht selbst Probleme,
sondern vielmehr die Lösung der anderen Probleme wären: Wozu
sich mit den Problemen der vielen Hetero- oder Homosexuellen
plagen, wenn es doch auch Queers und sogar Asexuelle gibt? Und
wozu auch über neue Armut reden oder gar etwas dagegen tun,
wenn man mit schwullesbischen Ampelmännchen (freilich nur in
den touristischen Innenbezirken) Aufgeschlossenheit demonstrie-
ren und sogar internationalen Applaus einfahren kann?[60]

Diese Fehleinschätzung beziehungsweise Fehldeklaration von postmoderner Pseudopolitik als linke Politik ist es, die gegenwärtig massenhaft ehemalige sozialdemokratische Stammwählerschichten ins Lager der neuen Rechten (oder auch in das immer größer werdende der Nichtwähler) überlaufen lässt.[61] Wenn sozialdemokratische Politik in der öffentlichen Wahrnehmung für nichts anderes mehr steht als für Binnen-Is, Rauchverbote und Ratschläge für den Umgang mit Zwischengeschlechtlichkeit, dann braucht man sich allerdings nicht zu wundern, wenn Leute, die ernsthafte Sorgen haben und zum Beispiel nicht wissen, wie sie den Schulausflug ihrer Kinder bezahlen sollen, zornig werden und anders wählen.[62] Genau darum sollte man endlich aufhören, den Umstand, dass man von der Rechten angegriffen wird, als Beweis dafür auszugeben, dass man selbst linke Politik mache.[63] Dass Menschen mit Existenzsorgen über aufgezwungenes »Gendern« ärgerlich werden, ist kein Beleg dafür, dass Gendern fortschrittlich ist oder die Ärgerlichen Faschisten wären. *Political correctness* ist keine Errungenschaft linker Hegemonie.[64] Die neue Rechte erstarkt schließlich nicht etwa deshalb, weil die Sozialdemokraten linke Politik machten, sondern eben darum, weil sie seit langem keine mehr machen.

Wenn es nicht gelingt, die pseudolinke Symbolpolitik endlich von links zu kritisieren und sie zugunsten einer wirklichen linken, auf Gleichheit und Wohlstand aller ausgerichteten emanzipatorischen Politik zu verabschieden, dann wird es in Zukunft nichts mehr geben, was den in vielen Ländern bereits spürbar gewordenen Siegeszug der Rechten aufhalten kann.

Denn durch die Wahl Donald Trumps zum US-Präsidenten im November 2016 ist mehr als deutlich geworden, dass eine große Zahl verarmender Wähler nicht mehr an die Versprechungen des »progressiven Neoliberalismus« glaubt, der durch Begünstigung von ausgewählten Minderheiten Ersatz für Gleichheit anzubieten hoffte. Auch wir Intellektuellen müssen endlich einsehen, was die Massen offenbar schneller begriffen haben: Die Ideologie der Postmoderne, samt den dazugehörigen Pseudopolitiken, ist unrettbar bankrott. Sie ist als neoliberale Komplizin durchschaut und wird sich davon nicht mehr erholen.

Seit Theoretiker wie Slavoj Žižek und Nancy Fraser in den Pseudo-politiken der *political correctness* einen Grund für den Schwenk vieler Wähler zu Trump erkannten,[65] gibt es ein neues schlaues Argument der neoliberalen Pseudolinken. Plötzlich erklärt man, die *political correctness* habe niemals existiert; sie sei eine bloße Erfindung der Rechten, ersonnen, um gegen die Linke spotten und polemisieren zu können. Auf einmal will es also niemand gewesen sein. So zeichnet Moira Weigel im »Guardian« vom 30. November 2016 zunächst in einer sorgfältigen Darstellung die Geschichte des Begriffs nach, betonend, dass der Ausdruck *political correctness* ursprünglich ausschließlich ironisch innerhalb der Linken der 1960er und 1970er Jahre verwendet worden sei, um sich über allzu strenge Orthodoxie lustig zu machen. Erst um 1990 habe die Rechte den Ausdruck entdeckt und ihn zur Waffe gegen die Linke, vor allem an den Universitäten, gemacht:

> »Anstatt eine Formulierung zu sein, die Linke zum Über-prüfen dogmatischer Tendenzen in ihren Bewegungen ver-wenden, wurde ›political correctness‹ plötzlich ein Thema von Neokonservativen. Diese sagten, dass PC eine politisches Programm der Linken darstelle, das die Kontrolle der ame-rikanischen Universitäten und der kulturellen Institutionen übernehme – und dass sie entschlossen seien, es zu stoppen.« (Weigel 2016)

In dieselbe Kerbe schlägt Christian Staas im Februar 2017 in der »Zeit«. Er bemerkt, dass es kaum jemals bekennende Vertreter der PC gegeben habe – mit wenigen Ausnahmen:

> »Bizarr ist nur, dass sich kaum Anzeichen für eine real existie-rende Correctness finden. Aufrufe zur politischen Korrektheit oder auch nur eine positive Verwendung des Begriffs muss man mühsam suchen. Zu den Ausnahmen zählen vereinzelte Konferenzberichte, in denen Politikwissenschaftler wie Claus Leggewie oder der USA-Kenner Hans Ulrich Gumbrecht als Verteidiger der neuen Korrektheit auftreten. [...] Die PC, dar-an gibt es keinen Zweifel, hatte in Deutschland von Anfang an viele Gegner und so gut wie keine Anhänger [...] Fest steht: Es gibt kein ›Korrektes Manifest‹, es existiert kein *Parteipro-gramm* der Political Correctness, keine Allgemeine Erklärung der Korrektheitsrechte unterdrückter Minoritäten, kein Ur-

text, an dem sich die Ideologie der PC studieren ließe.« (Staas 2017)

Diese Bemerkungen mögen richtig sein; nur die Schlussfolgerung ist es nicht. Aus dem Umstand, dass es keinen programmatischen, »heiligen Text« der PC gibt, darf man nicht schließen, dass PC als Ideologie nicht existent wäre. Dies wäre eine grobe Fehleinschätzung hinsichtlich der Existenzweise von Ideologie, die ja, wie Louis Althusser gelehrt hat (Althusser [1969]), viel eher in »Apparaten«, also in Institutionen, Gremien, Vereinen, Praktiken, Ernährungsgewohnheiten, scheinbar selbstverständlichen »Habitusformen« und gelebten Moralprinzipien, Moden etc. existiert als in Ideen oder Schriften. Und es stellt eine erstaunliche Blindheit gegenüber den Realitäten der letzten Jahrzehnte in privilegierten westlichen Gesellschaften dar. Wer immer auch nur entfernt in Berührung kam zum Beispiel mit Stellenausschreibungen oder -besetzungen an Universitäten; mit der Selbst- und Fremdquälerei unter Sozialwissenschaftlern, ob sie bestimmte Dinge, zum Beispiel über Kriminalität unter Migranten, überhaupt schreiben dürften; oder mit den komplexen Selbstbehinderungen durch Regeln des Sprechens, welche politisch engagierte Studierendenkomitees sich auferlegten, kann da nur den Kopf schütteln und sich an die Worte von Marx erinnert fühlen: »Hat nicht der alte Moloch geherrscht ...?«[66]

Staas hingegen hält an seinen Überlegungen gegen alle Erfahrung fest und tröstet sich und andere gegen den Vorwurf, die PC habe das Erstarken der Rechten begünstigt, mit der trotzigen Feststellung:

> »Zu behaupten, ein Zuviel an emanzipativen Bestrebungen bringe notwendigerweise deren Gegenteil hervor, ist daher nicht nur grotesk (solcher Logik zufolge gäbe es Kriege nur, weil es die Pazifisten mit ihrem Pazifismus übertrieben), es ist auch gefährlich.« (Staas 2017)

Selbst dies ist ja ganz richtig; diesmal stimmt nur die Prämisse nicht. Die PC (wie alle ihr zugehörigen Politiken, zum Beispiel die Identitätspolitik) stellt nicht ein »Zuviel an emanzipatorischen Bestrebungen« dar, sondern ein Zuwenig: eine lächerliche Karikatur davon, einen billigen Ersatz; eine Miniaturisierung und Verlagerung emanzipatorischer Anliegen dorthin, wo sie mit umso größerem Eifer betrieben und verteidigt werden können, als sie niemandem mehr ernsthaft weh tun, wobei sie freilich auch niemandem mehr ernsthaft nützen (abgesehen von ihren institutionalisierten Betreibern).

Man kann darum den Sozialdemokraten und den übrigen Vertretern neoliberaler Pseudopolitik nicht einmal zugutehalten, dass sie, wenn schon sonst nichts, doch zumindest für die am meisten Benachteiligten etwas täten. Aufgrund der zuvor beschriebenen Ersetzungen von Armen durch Ausnahmen, von Benachteiligten durch deren Vertreter und von Wirklichkeiten durch Worte stimmt das nicht einmal im Kleinsten. Selbst wenn man zum Beispiel annimmt, dass durch die Einführung geschlechtsspezifischer Berufstitel wie »Dr.in« oder »Prof.in« an den Universitäten für die Sache der Frauen irgendetwas gewonnen wäre[67] (wobei die alten Abkürzungen ja ohnehin keine geschlechtlichen Endungen aufgewiesen hatten und mithin bereits als Beispiele geschlechtergerechter Sprache hätten gewertet werden können), so stellt sich doch umso peinlicher die Frage: Wo waren eigentlich die tapferen Streiterinnen und Streiter mit ihrer angeblich wirklichkeitsverändernden Sprachpedanterie, als im Zuge der Bologna-Reform der Universitäten so schöne, altmodische und überhaupt nicht geschlechtsneutrale Titel wie »Bachelor« und »Master« europaweit implementiert wurden? Wurde in diesem Moment, als einmal wirklich ein wenig mehr auf dem Spiel stand, auch nur der geringste Widerstand von dieser Seite laut?

Die postmodernen Politiken der benachteiligten Gruppen leisten nicht einmal auf der Ebene der Sprache auch nur das Mindeste für diese Gruppen. Darum steht eine Politik der Gleichheit auch nicht im Gegensatz zu einer Politik, die den Minderheiten und marginalisierten Gruppen dient: Denn die postmodernen Identitätspolitiken hatten in Wahrheit beide Ziele massiv verraten. Einer Politik der Gleichheit den Vorrang zu geben, bedeutet darum nicht, die marginalisierten Gruppen zu vernachlässigen, sondern vielmehr endlich mit der ständigen, realen Vernachlässigung dieser Gruppen aufzuhören, die von angeblich in ihrem Namen sprechenden Funktionären betrieben wurde. Dazu gehört zum Beispiel auch, mit der Vorstellung aufzuräumen, die Rechte wäre grundsätzlich fanatisch gegen jede Gleichberechtigung marginaler Gruppen und ihre Wähler wären mehrheitlich Menschen, die mit der

Moderne oder mit der offenen Gesellschaft Probleme hätten.[68] Dies mag tatsächlich dort eine Rolle spielen, wo die Rechte die verbreitete Verunsicherung durch verschärfte Konkurrenz innerhalb der Niedriglohnarbeit sowie durch Verlust von vertrauten lebensweltlichen Umgebungen geschickt zur Xenophobie hegemonialisiert hat;[69] aber hinsichtlich vieler anderer marginaler Gruppen sind die Wähler neuer rechter Parteien in der Regel weitgehend auffällig gleichgültig. Sie haben meist nicht viel einzuwenden gegen die Aufhebung von gesetzlichen Benachteiligungen für Homo- oder Transsexuelle, da sie Gleichberechtigung durchaus befürworten und überdies solche Probleme meist zu Recht als die von ihnen in der Regel unbekannten und zahlenmäßig kleinen Gruppen einstufen. Ärger, Widerstand, und Überlaufen zu rechtspopulistischen Parteien ereignen sich in solchen Wechselwählermilieus meist erst dann, wenn Leute, die als Exponenten urbaner Eliten wahrgenommen werden, ihnen solche Anliegen provokant in pädagogischer Überheblichkeit nahebringen. Genau das haben vor allem sozialdemokratische Parteien in den letzten Jahrzehnten, letztlich auch zum Schaden der marginalen Gruppen, getan. So hat zum Beispiel der frühere spanische Ministerpräsident José Luis Zapatero erklärt, minimale Umfragemehrheiten nicht nur für die Einführung liberaler Gesetze für Homosexuelle, sondern zugleich auch gezielt zur »Polarisierung« der Gesellschaft eingesetzt zu haben.[70] Genau in dem Maß, in dem sozialdemokratische Regierungen sich in ihrer Wirtschafts- und Sozialpolitik nicht mehr von ihren konservativen Gegenstücken unterschieden, begannen sie, minimale Unterschiede in der Kultur- und Gesellschaftspolitik hervorzuheben und gewaltig aufzubauschen.[71] Die begreifliche Verärgerung über diesen Themenwechsel entlud sich dann oft als Wut gegen die »fortschrittlichen« Kulturprogramme – oder konnte wenigstens so dargestellt werden, als käme sie bloß aus kultureller Rückständigkeit.

Solche postmodernen Pseudopolitiken müssen endlich von links kritisiert werden, damit diese notwendige Aufgabe nicht länger zur Beute der Rechten werden kann. Denn die postmoderne, neoliberale Sozialdemokratie ist selbst ein gutes Beispiel für den zuvor erwähnten Typus von Wesen, die von ihren Fehlern leben. Dass sie von der Rechten, deren Erstarken sie ermöglicht hat, angegriffen wird, wertet sie als Beleg dafür, auf dem richtigen Weg zu sein. Und es gibt ihr sogar die Chance, sich als einzige Alternative zu präsentieren: Wer immer ihre Pseudopolitik wirklich von links kritisiert, wird sofort von ihren Mitläufern als Rechter oder als »Verschwörungstheoretiker«, wenn nicht überhaupt gleich als Sexist oder Rassist beschimpft – ein Diskursmuster, das Politiker wie Bernie Sanders, Oskar Lafontaine, Sahra Wagenknecht und Theoretiker wie Slavoj Žižek oder Daniele Ganser oft genug am eigenen Leib erfahren mussten. Alles, was geeignet scheint, die Interessen der verarmenden Klassen zu wahren und der Rechten endlich den Wind aus den Segeln zu nehmen, wird von den strammen Opportunisten der pseudoprogressiven politischen Mitte sofort mit dem vernichtenden »Querfront«-Vorwurf bedeckt.[72] Dabei sind es diese Leute, die Austeritätspolitik betreiben, Steuerbefreiungen für die Oberschichten beschließen, neoliberale Freihandelsabkommen wie CETA, TTIP oder TISA unterstützen und Kampfeinsätze der Bundeswehr in Ländern wie Syrien und Jemen billigen.

Reaktionäre Mimosen: Größtes Pathos für kleinstes Pipifax

Glücklicherweise haben sich die postmodernen Pseudopolitiken mittlerweile selbst zur Kenntlichkeit entstellt: Sie zeigen jetzt sehr deutlich: erstens, die geradezu lächerliche Irrelevanz ihrer Anliegen; zweitens, die Gefährlichkeit ihrer Kollateralschäden; und drittens, den durch und durch elitären Charakter ihrer Unternehmung. Mit größter Ernsthaftigkeit werden an US-amerikanischen und britischen Eliteuniversitäten und Kunsthochschulen schon Faschingskostüme als Angriff auf verfolgte Minderheiten bekämpft;[73] die Gerichte der Universitätskantine einer imperialistischen Aneignung fremder Kulturen bezichtigt und die orthographische Berichtigung des Wortes »Indigenous« in einer Seminararbeit in korrekte Kleinschreibung als »Mikroaggression« angeklagt.[74]

Es ist ja schön, wenn Menschen es in ihrem Leben dazu bringen, sich ein wenig Luxus leisten zu können. Je elitärer und mithin luxuriöser die Ausbildungsstätte, desto eher bringt sie solche Initiativen gleichsam als Blüten hervor. Dort wird jede Gelegenheit, eine Empfindlichkeit zu kultivieren und sich selbst zum Opfer zu stilisieren, umso freudiger wahrgenommen, da sie ja zugleich hilft, von der eigenen Privilegiertheit moralisch abzulenken; während sie andererseits in sozialer Hinsicht zugleich wieder unweigerlich Prestige verschafft.[75] Alles, was unter sieben Matratzen immer noch eine Erbse schmerzlich zu verspüren vermag, wird bekanntlich gern für eine Prinzessin gehalten. Bezeichnenderweise treten solche pseudopolitischen Empfindlichkeitsinitiativen auch regelmäßig zuerst an Kunsthochschulen und kulturwissenschaftlichen Instituten auf (und deutlich weniger leicht etwa an medizinischen oder technischen Hochschulen) – also vor allem dort, wo Kultur als Luxus und Distinktionsware hergestellt wird.

Die Gefahren, die von solcher Luxussorgenproduktion andererseits für die Universitäten und in weiterer Folge für die Öffentlichkeit entstehen, sind allerdings beträchtlich.[76] Kränkbarkeit und Verletzlichkeit werden verabsolutiert; sie gelten als hinreichende Ursachen für »Gefahr im Verzug«. Mit Hilfe dieser obersten Prioritäten wird die Universität als Ort offenen und kritischen Gedankenaustauschs zerstört. Jeder literarische Text, der für irgendjemanden irgendetwas Befremdendes enthält, kann als Bedrohung für den angeblich erforderlichen *safe space* der Studierenden betrachtet werden. Jede künstlerische Arbeit und jede philosophische Abhandlung zu irgendeinem problematischen Thema wie Holocaust, Gewalt oder Sexualität könnte Studierende angeblich traumatisieren – darum fordern Studierendenverbände sogenannte *trigger warnings*: Man soll den Studierenden im Vorhinein bekanntgeben, ob und inwiefern das zu behandelnde Material mögliche Auslöser (triggers) für Traumatisierungen beinhaltet.[77] (Hier wird verständlich, weshalb solche Empfindlichkeiten zum Beispiel kaum jemals in medizinischen Fakultäten in Erscheinung treten: Wenn man kein Blut sehen mag, kann man so eine Wissenschaft eben nicht studieren. Es ist nur merkwürdig, dass diese Grundregel für die in ihrer Geschichte als so kontroversiell bekannten Felder Kunst, Kulturwissenschaften und Philosophie plötzlich nicht mehr gelten soll.) Schließlich sollen Dissens und kontroversielle Meinungen überhaupt von der Universität verbannt werden, da sie das zum höchsten Gut erhobene *well-being* der Studierenden gefährden könnten. Hier ersetzt, wie deutlich zu erkennen ist, die neoliberale, ökonomisierte Universität, die unentwegt auf ihren Platz in einem »Ranking« schielt und deren oberstes Leitprinzip darum die »Kundenzufriedenheit« der Studierenden darstellt, die traditionelle Bildungsstätte für zukünftige mündige, öffentlichkeitsfähige Bürgerinnen und Bürger.[78] Und das neoliberale Privatisierungsinteresse gelangt mit Hilfe von ermunterten Mimosen zur Durchsetzung. Anstatt die Universität als den offensten Raum der Gesellschaft zu konzipieren, in dem alles einer kritischen Prüfung unterzogen werden kann und nichts als das bessere Argument, ohne Ansehen der Person, zu zählen hat, definiert man die Universität hier als einen extrem geschlossenen Raum, in dem nichts mehr zählt als die größte Empfindlichkeit und das Ansehen der Person. Alle sollen einbezogen, »inkludiert« sein, und niemandem soll in seiner Besonderheit auch nur die allerkleinste Widrigkeit oder Herausforderung begegnen. Frank Furedi bemerkt zur uneingestandenen Widersprüchlichkeit dieser Politik:

> »Äußerlich präsentiert sie sich als wertfrei und aufgeschlossen, während sie in der Praxis einen intoleranten Ansatz gegenüber Verhalten verfolgt, das ihre Normen verletzt. Rhetorisch predigt sie Diversität, in der Praxis weigert sie sich, Diversität von Meinungen zu tolerieren.« (Furedi 2016: 9)

Hier wird deutlich, wie irreführend und gefährlich Begriffe wie »Inklusion« sind, die seit der Postmoderne in linksliberalen Milieus kultiviert und als Forderung auf sämtliche Bereiche der Gesellschaft angewendet werden.[79] Inklusion aber kann zunächst überall dort erreicht werden, wo das Prinzip der Gleichheit außer Kraft gesetzt ist. Mittelalterliche Gesellschaften zum Beispiel waren hochgradig inklusiv; in ihnen hatte vom Dorfnarren bis zum König jeder seinen (ungleichen) Platz. Ebenso sind traditionale, patriarchale Familien inklusiv, vom schwarzen Schaf bis hinauf zum Paten. Dass niemand ausgeschlossen wird, bedeutet allerdings nur, dass das Inklusionsmilieu genügend innere Repressionsmechanismen zur Verfügung hat, um die Mitglieder im Inneren der Gruppe oder Gemeinschaft zu beherrschen und zu steuern – und um jeden Dissens innerhalb der Gruppe zu unterbinden. Wer immer in seinem Leben Gelegenheit hatte, einem Inklusionsmilieu, zum Beispiel einer ländlichen Dorfgemeinschaft oder der Tratschbörse einer Vorstadtsiedlung, zu entkommen, hört darum die Parole von der Inklusion nicht ohne Schauer. Und wer sich an Jean-Paul Sartres Stück »Bei geschlossenen Türen« (»Huis clos«) erinnert, wird ahnen, dass das bloße

Zusammensperren aller kein tragfähiges Prinzip für eine Gesellschaft sein kann, die gerade dem zivilisierten Austragen von Dissens ihre Weiterentwicklung verdankt. Moderne Subjektivität und Individualität entstanden vielmehr, wie Niklas Luhmann bemerkt, erst nach der Überwindung traditionaler Gesellschaftsformen, als »Exklusionsindividualität«.[80] Inklusion, wörtlich Einschließung, ist das genaue Gegenteil des Prinzips einer offenen Gesellschaft.[81] Aber vielleicht zeugt es ja nur von einem Mangel an theoretischer Phantasie, wenn sich manche Theoretiker das Gegenteil von Ausschließung nur als *Einschließung* vorstellen können.

Bereiche jedoch, in denen es möglich sein soll, mit gleicher Stimme zu sprechen und Dissens auszutragen, sind notwendigerweise exklusiv. Kinder und Entmündigte zum Beispiel dürfen nicht wählen oder Parlamentarier sein. Betrunkene dürfen nicht im Hörsaal herumbrüllen. Wer Unsinn redet, wird der Beratungssitzung verwiesen. Wer die Sprache nicht kann, kann nicht mitreden. Wer schläft, ebenso wenig. Und sogar Leute, die alle Voraussetzungen zum Mitreden erfüllen, dürfen das nicht immer tun, weil nur eine bestimmte Zahl von Reden gehört werden kann; so funktioniert repräsentative Demokratie.

Die Aufrechterhaltung einer offenen, egalitären und demokratischen Gesellschaft setzt darum die Existenz von Bereichen voraus, die um des Prinzips der gleichen Stimme willen exklusiv funktionieren müssen. Anstelle von Inklusion muss darum in einer humanen Gesellschaft das Leitprinzip sein, allen ihrer Mitglieder ein würdiges Leben zu ermöglichen (zum Beispiel durch ein nicht an Arbeit gebundenes Grundeinkommen). Dazu aber muss das Prinzip der Inklusion gerade nicht verallgemeinert, sondern viel eher eingeschränkt werden. Die Gesellschaft muss offen genug sein, um ihren Mitgliedern auch ohne Inklusion in diverse identitäre oder gemeinschaftliche Gruppen politische und kulturelle Teilhabe und den Genuss von gesellschaftlicher Solidarität zu ermöglichen.[82] Und eine auf Gleichheit zielende Gesellschaft benötigt Teilbereiche, die exklusiv das Prinzip der gleichen Stimme verwirklichen. Man kann freilich Institutionen schaffen und Maßnahmen entwickeln, die es vielen Personen ermöglichen, Zutritt zu den Gleichheitsbereichen zu erlangen. Aber selbst in der offensten Gesellschaft wird dies wohl nicht für alle, und in allen ihrer Lebenslagen, möglich sein.[83] Die

Forderung, Gleichheitsbereiche wie zum Beispiel die Universitäten zu Inklusionsbereichen umzugestalten, ist darum ein gefährlicher und zutiefst repressiver Angriff auf das Prinzip der Gleichheit in der Gesellschaft. Man kann diese Gefahr zur Veranschaulichung vielleicht mit der neueren Entwicklung des Kinos vergleichen: Seit Filme aus kommerziellen Gründen mehrheitlich so gestaltet werden, dass sie möglichst ohne Altersbeschränkung auch für Jugendliche zugänglich sind, ist das Kino zwar »inklusiv«, aber auch fade geworden. Und als Folge zeigt sich, dass selbst Erwachsene nun oft nicht mehr genügend geübt in Erwachsenheit sind, um erwachsene Filme zu ertragen.

Das Beispiel, das die infame Strategie der »Inklusion« zu parodistischer Deutlichkeit bringt, hat im Mai 2017 der internationale Fußballverband FIFA geliefert. Dieser von massiven Korruptionsskandalen erschütterte Verband besitzt ein Ethikkomitee. Als dessen Ermittlungsarbeit offenbar aber auch die aktuellen Machthaber und deren Machenschaften zu bedrohen begann, beschloss der Verband überraschend, die beiden Vorsitzenden der Ethikkommission zu entlassen – mit der Begründung, dass eine Neubesetzung ja schließlich auch der »geographic und gender diversity«, welcher der Verband sich verpflichtet fühle, besser Rechnung trage.[84] Immer, wenn es irgendwo unter Gleichheitsbedingungen für die Mächtigen brenzlig wird, rufen sie in der Postmoderne einfach schnell mal »diversity« oder »Inklusion«.

Es ist kein Zufall, dass die vermeintlich humanitären Forderungen nach Inklusion in den gesellschaftlichen Teilbereichen der Gleichheit genau zu dem Zeitpunkt auftauchen, in dem das Prinzip der Gleichheit in westlichen Gesellschaften insgesamt massiv bedroht ist durch wachsende ökonomische Ungleichheit sowie durch zunehmende Ohnmacht der demokratisch legitimierten Politik gegenüber der Macht und Willkür internationaler Konzerne.[85] Die Zerstörung der Gleichheit an den Universitäten durch Inklusion dient der diskussionslosen Durchsetzung von Ungleichheit in der Gesellschaft: Die Universitäten sollen auf keinen Fall mehr wie früher als kritische Gegenöffentlichkeiten der gesellschaftlichen Prozesse fungieren können. Die Mimosen an den Universitäten sind darum die Komplizen der neoliberalen »Heuschrecken« und Oligarchen. (Diese Interessensidentität entspricht übrigens in der

Regel auch ihrer Klassenherkunft: Nicht selten sind sie deren Kinder.) Eine Linke, die diesen Zusammenhang nicht durchschaut und sich mit einer vermeintlich humanitären Inklusionspolitik in den Gleichheitsbereichen gemeinmacht, kompromittiert sich nachhaltig. Man darf all das nicht nur aus dem Grund für linke Politik halten, weil sie bisher vielleicht von Leuten gemacht wurde, die sich irrtümlich für Linke hielten oder sich dafür ausgaben. Die verabsolutierte und deplatzierte Inklusionspolitik ist genauso wenig linke Politik wie die Privatisierungen, die Abschaffung der Erbschaftssteuer, die Tatenlosigkeit gegenüber Kapital- und Steuerflucht und die Einschnitte im Sozial-, Gesundheits- und Bildungsbereich.

Selten und kostbar sind in dieser Welle von vermeintlich »linken« Rufen nach Polizei und Zensur die Stimmen, die mutig – und vorhersehbarer Weise sofort unter heftigstem Beschuss durch besonders Gutmeinende und Empfindliche – an dasjenige erinnern, was eine Universität zur Universität macht. So hat der Dean of Students an der University of Chicago, John Ellison, in einem offenen Brief an die zukünftigen Studierenden seiner Universität im Sommer 2016 festgehalten:

> »Unsere Verpflichtung auf akademische Freiheit bedeutet, dass wir keine sogenannten ›trigger warnings‹ unterstützen, dass wir keine eingeladenen Redner wieder ausladen, weil ihre Themen kontrovers sein könnten, und dass wir keine intellektuellen ›safe spaces‹ dulden, wohin sich Individuen vor Ideen und Sichtweisen zurückziehen können, die nicht mit ihren eigenen übereinstimmen …«[86]

Es ist bezeichnend für die Situation der Gegenwart, dass man derartige Dinge heute ausdrücklich festhalten muss. Frühere Generationen haben schon kleinen Kindern das Lied vorgesungen »sticks and stones may break my bones, but words will never hurt me«.[87] Heute hingegen muss man erwachsene Studierende mühsam an diese ihre Fähigkeit erinnern, die Begleiterscheinungen öffentlichen und intellektuellen Lebens zu ertragen.

Man kann und muss freilich alles Mögliche tun, damit Menschen unterschiedlichster Herkunft Zugang zum Status der Studierenden erlangen können. Wenn sie aber einmal Studierende sind, dann sind sie erwachsene Menschen und verdienen, entsprechend behandelt zu werden. Wer innerhalb der universitären Lehre auf

Empfindlichkeiten Rücksicht nimmt (die Studierende oft vielleicht nur äußern, um dadurch ein wenig Macht über ihre Lehrpersonen zu ergattern), der respektiert sie nicht, sondern verweigert ihnen genau jenen Respekt, den sie als erwachsene Menschen – und zukünftige Führungskräfte – verdienen. Eine fortgesetzte Infantilisierung der Studierenden dagegen – wie sie zum Beispiel auch von den Maßnahmen der Verschulung etwa durch die europäische Bologna-Reform vorangetrieben wurde – wäre nicht nur zum Schaden der Studierenden, sondern bedeutete letztlich auch das Ende des intellektuellen Lebens an den Universitäten. Wie Frank Furedi treffend feststellt, brauchen Studierende (ebenso wie die Gesellschaft) Universitäten, die sie für ein Leben in Freiheit und Unabhängigkeit vorbereiten, und keine »safe spaces«, die sie in infantilisierte, schutzsuchende Bittsteller verwandeln.[88]

Verletztheit ist Wahrheit. Produktion von Unpersonen

Auch das gegenwärtige Schüren einer »paranoischen« Furcht vor Sexualität, wie Laura Kipnis dies in einem bemerkenswerten Essay genannt hat (Kipnis 2015), ist Teil dieser Infantilisierung – gerade auch an den Universitäten. Immer mehr Studierende, wiederum insbesondere an Elitehochschulen, fühlen sich sexuell belästigt oder sogar vergewaltigt, sei es von Lehrpersonen oder aber von Mitstudierenden. Alles, was nicht ganz wunschgerecht zugeht oder endet, sowie alles, was man im Nachhinein als missglückt betrachtet oder nach anfänglicher Zustimmung später doch lieber nicht gemacht hätte, verfällt jetzt dem Verdacht, Vergewaltigung gewesen zu sein. Eine Studentin der renommierten New Yorker Columbia Universität schleppte 2013 medienwirksam tagelang eine Matratze über den Campus, um zu erreichen, dass ein Mitstudent, den sie der Vergewaltigung (auf einer ähnlichen Matratze) beschuldigte, der Universität verwiesen wird. Obwohl der Student von einem Gremium der Universität freigesprochen wurde und es zu keinem gerichtlichen Strafverfahren kam, wurde er des Campus verwiesen. Unter dem Beifall von Hillary Clinton und Marina Abramović für die Aktion der beschuldigenden Studentin wurde seine bürgerliche Existenz auf lange Zeit praktisch zerstört.[89]

Wie Laura Kipnis anmerkt, ist hier eine Position einer bestimmten Spielart von sexualfeindlichem Radikalfeminismus, wie er von Autorinnen wie Andrea Dworkin und Catharine McKinnon vertreten worden war, zum Mainstream geworden. Nach dieser Auffassung gibt es unter patriarchalen Bedingungen so etwas wie einvernehmlichen heterosexuellen Geschlechtsverkehr unter Zustimmung der beteiligten Frauen grundsätzlich nicht – jegliche Anbahnung heterosexueller erotischer Beziehungen wäre darum Belästigung und also Vergewaltigung.[90]

Und jede Beschuldigung hat nach dieser Auffassung automatisch recht. Es gibt keine geregelten Verfahren mit Anklägern und Verteidigern, Beweismittelerhebung, Anhörung von Zeugen und Beschuldigten etc.; und auch keine Maßnahmen, um die Unschuldsvermutung für die Beschuldigten für die Dauer des Verfahrens aufrechtzuerhalten und sie gegen Mobbing zu schützen. Die zartfühlenden und stets auf Inklusion bedachten Politiken der Moralisierung des öffentlichen Raumes erweisen sich hier als rücksichtslos exkludierend und gewissenlos brutal im Umgang mit denjenigen, denen sie Verletzung von Empfindlichkeit vorwerfen: Sie machen sie ohne Umstände, sozusagen standrechtlich, zu Unpersonen.

Der Schaden, der dadurch entsteht, ist enorm. Er betrifft nicht allein die zum Schweigen und Verschwinden Gebrachten, sondern auch die Öffentlichkeit als ganze, einschließlich der Verletzten oder Beleidigten. Wenn der Empfindung von Verletzung oder Beleidigung Priorität eingeräumt wird über jegliche objektive Klärung des Sachverhaltes, dann geht der gesamte Raum einer Gesellschaft verloren, innerhalb dessen Menschen für schuldig erklärt werden können, ohne damit zugleich in ihrer symbolischen Existenz ausgelöscht zu werden. Es gibt dann auch keine Verfahren der Buße oder Wiedergutmachung, Rehabilitation und Wiedereingliederung in die Gesellschaft. So, wie es keine rechtmäßig Verurteilten und geläuterten Bestraften mehr gibt, sondern nur noch beschuldigte Unpersonen, gibt es dann auch keine politischen *Gegner* mehr, sondern nur noch *Feinde*, die es zu vernichten gilt. Wie Chantal Mouffe recht treffend festgestellt hat, ist eine Gesellschaft, der die Kanäle verlorengehen, in denen sich *Agonismen* konfliktuell, aber friedlich austragen lassen, dem Ausbruch blindwütiger *Antagonismen* ausgeliefert.[91]

Hatte man der *political correctness* – übrigens ähnlich wie schwachen Kunstwerken – seit den 1990er Jahren zugutegehalten, dass sie, wenn schon nicht durch zufriedenstellende Ergebnisse, so doch wenigstens durch die ergiebigen Diskussions- und Aushandlungsprozesse gerechtfertigt sei, die sie auslöse, so zeigt sich hier die Falschheit auch dieses Arguments. Die PC ist eben keine Agentin einer »produktiven dissensstiftenden Diskursvermehrung«.[92] Vielmehr ist sie die dogmatische Beendigung jeglichen Diskurses im Vorhinein. Und sie scheint keinen Dissens zu kennen, der nicht böse wäre. Denn, wie Frank Furedi feststellt: Die altmodische Redewendung »I disagree« ist ja strategisch um vieles schwächer als die an ihre Stelle getretene postmoderne Kriegserklärung »I am offended«.[93] Während erstere ja nur eine bestreitbare Ansicht ausdrückt, ist letztere doch Ausdruck einer wohl unbestreitbaren medizinischen Realität.

In diesem für die *political correctness* grundlegenden Prinzip: »Wer sich verletzt, beleidigt etc. fühlt, hat recht«,[94] wiederholt sich ein altes hermeneutisches Muster. Es ist, auf der Ebene der Alltagskultur, die Wiederholung eines schwerwiegenden Irrtums, den die vermeintlich fortschrittliche Literaturtheorie der 1960er Jahre entwickelt hatte, indem sie erklärte, die Bedeutung eines Textes werde vom Leser, nicht vom Autor, bestimmt.[95] Dass Leser (ebenso wie Autoren) sich auch irren können, dass sie fehlinterpretieren können und dass Lesen eben nicht heißt, auf einem einmal gefundenen Verständnis zu beharren, sondern vielmehr sich fortgesetzt zur Figur eines virtuellen Lesers in Beziehung zu setzen, um sich zu fragen, »was man hätte verstehen können«[96] – diese mühselige »Triangulierung« im Textverstehen wurde von der simplizistischen Lesertheorie schlichtweg ignoriert. Die aktuellen Exzesse der Beleidigtheit und der gefühlten Vergewaltigung sind die Wahrheit und die Nemesis dieser Literaturtheorie.

Zugleich zeigt sich an den aktuellen Phänomenen die bittere politische Wahrheit dieser Position. Auf den ersten Blick mag es ja als rücksichtsvoll erscheinen, auf die Gefühle der gefühlten Opfer einzugehen und diese zum Kriterium zu erheben. Woher sollen die mächtigen und hegemonialen Leute denn auch wissen, wie eine marginale Person fühlt? Andererseits wird darin, auf den zweiten Blick, auch eine tiefe Verachtung für die derart vermeintlich rücksichtsvoll Behandelten deutlich. Wenn das Kriterium eines Sachverhalts darin besteht, wie eine Person ihn empfindet, dann ist diese Person nämlich keine Person mehr (ebenso wenig wie der Sachverhalt ein Sachverhalt). Sie ist dann nicht mehr wahrheitsfähig. Denn um mit Wahrheit zu tun haben zu können, muss man sich auch irren können. Man muss also zum Beispiel fähig sein, einzusehen, dass bestimmte Worte in einem bestimmten Kontext nicht nur nicht beleidigend gemeint waren, sondern es auch nicht sind, und dass man mit seiner beleidigten Empfindung im Irrtum war. Beim Beleidigtsein kann man sich ebenso irren wie beim Versuch, in der Philosophie Marxist zu sein. Auch Letzteres ist, wie der Philosoph Louis Althusser betont hat,[97] nicht leicht: Man kann in allen diesen Dingen etwas meinen, und muss dann doch eventuell feststellen, dass es sich in Wahrheit anders verhält.

Wenn hingegen angenommen wird, dass jemand zu diesem Kalkül unfähig ist und nur von seiner Empfindung wie von einer unhintergehbaren Macht beherrscht wird, dann wird diese Person durch diese Annahme entmündigt, entsubjektiviert und zu einer bloßen Befindlichkeits-, Beleidigungs- und Verletzlichkeitsmaschine herabgestuft. Nur bei Entmündigten zählt nichts als deren Empfindung. Der essentialistische, sexualfeindliche Radikalfeminismus zum Beispiel tendiert darum dazu, genau die Frauen, in deren Namen er spricht und die er angeblich ermächtigen will, in Wahrheit zu Kindern zu machen, wie Elisabeth Badinter hellsichtig anmerkt.[98] Nur derart infantilisierte Wesen sind nicht in der Lage, zwischen wirklichen Traumata und all dem gewöhnlichen Ungemach zu unterscheiden, das zum Leben – wie erwachsene Menschen einzusehen vermögen – eben gehört. Laura Kipnis bringt dies elegant auf den Punkt, indem sie schreibt:

»Zugegeben, ich habe eine Kunstschule besucht, und meine Generation gehörte zu der glücklichen […], wo Sex unter die Kategorie ›Lebenserfahrung‹ fiel, auch wenn er nicht besonders großartig war oder Gefühle verletzt hat. Es ist nicht so, dass ich nicht meinen Anteil an Fehlern gemacht habe oder mich blöd oder wie ein Anfänger verhalten habe, aber das war peinlich, nicht traumatisch.« (Kipnis 2015: 2)[99]

Eine entscheidende, für das Erwachsenwerden unumgängliche Einsicht besteht darin, zu erkennen, dass sich bestimmte Widrigkeiten im Leben nicht vermeiden lassen – dass sie also sozusagen für das Leben »essentiell« sind. (Je genauer man sie erkennt, desto besser kann man seine Energie dann, wie der Stoiker Epiktet lehrte, den vermeidbaren Übeln zuwenden.)[100]

Die Verwandlung von Ungemach, das Teil des erwachsenen Lebens ist, in Trauma und Schädigung bildet eine unfreiwillige Parodie des postmodernen »Antiessentialismus«. Hier werden Dinge als vermeidbar, aber gravierend hingestellt, die in Wahrheit unvermeidlich, aber bewältigbar sind. »Existential issues« werden in »emotional ones« verwandelt, wie Frank Furedi feststellt (2016: 28). Gerade aber durch ihre scheinbare Historisierung, ihre Darstellung als nicht essentielle, kontingente und mithin vermeidbare Ereignisse, werden diese perpetuiert und zu großen Problemen aufgeblasen. Und zusammen mit ihnen perpetuieren, verewigen und »essentialisieren« sich die sozialhelferischen, psychotherapeutischen, medizinischen und polizeilichen Anlaufstellen an den Universitäten und anderen Institutionen.

No sex, please!
Puritanismus, antiautoritäre Autoritätssehnsucht und neoliberale Privatisierung

Die zeitgenössische hegemoniale Sexualfeindlichkeit, die drauf und dran ist, die Universitäten als Orte des kritischen Gedankenaustauschs (sowie sonstigen Umgangs) unter mündigen Menschen zu zerstören, bezieht ihre gefährliche Schlagkraft – ähnlich wie die *political correctness* – aus der Verbindung mehrerer, einander überlagernder Strömungen. Zunächst entspringt sie einem für die USA typischen Kulturpuritanismus, der den öffentlichen Raum von allem vermeintlich Anstößigen radikal säubern will: Dort sollen weder schmutzige Worte noch unzüchtige Handlungen vorkommen.[101] Der zuvor erwähnte Radikalfeminismus bildet sozusagen eine »gegenderte« Variante dieses Puritanismus, indem er die Rolle der sexuellen Verschmutzer den Männern zuschreibt und Frauen zu grundsätzlich reinen, asexuellen und kindlich-hilflosen, passiven Opferwesen essentialisiert.

Zeitgenössischen Auftrieb bekommt diese Grundstimmung durch die nach 1968 entstandenen politischen »Romantizismen«

der Selbstverwirklichung und der die Infantilität verklärenden Rebellion gegen jegliche Autorität.[102] Auf der Ebene der Psyche hat diese scheinbar progressive Entwicklung zur Entstehung von extremem Narzissmus geführt, wie Richard Sennett und Christopher Lasch früh erkannt haben (s. Sennett 1977, Lasch 1979). Dieser Narzissmus bejaht alles, was auf den ersten Blick dem Ich zuzugehören scheint – insbesondere jede Laune und Befindlichkeit; dass das Ich auch Ressourcen hätte, gerade solche Anwandlungen zu überwinden, ist ihm ein fremder Gedanke. Andererseits duldet er nichts, was nicht mit dem Ich zu tun hat. Was nicht vollkommen »ichsynton« ist; was also nicht ständig vollständige Bejahung und Identifizierung erlaubt (wie sie etwa im Motto »ich bin schwul, und das ist gut so« ausgedrückt ist), muss erst aus dem Ich ausgeschieden und dann möglichst vernichtet werden. Gerade die Sexualität aber eignet sich, wie zuletzt Alenka Zupančić in ihrem aktuellen Buch ausführlich gezeigt hat (Zupančić 2016), grundsätzlich nicht für eine restlose Einverleibung ins Ich. Da gibt es immer Ichfremdes und nur schwer Bejahbares, wie zum Beispiel Geschlechts- und Generationszugehörigkeiten, Triebe, Begehren, Wünsche (oder auch deren Fehlen), soziale Institutionen, kulturelle Muster, Erfordernisse von Geschicklichkeit etc. Darum ist der kulturelle Narzissmus, auch wenn er zunächst unter dem Motto der sexuellen Befreiung auftrat (da es ihm um die Befreiung der vermeintlich wahren Liebe von ihren institutionellen Bedingungen ging), letztlich zutiefst sexualfeindlich – weshalb die Epoche der »sexuellen Befreiung« auch so erstaunlich schnell in die der »sexuellen Belästigung« und »Postsexualität« überging[103] (ganz ähnlich übrigens wie der moderne Kampf um die freie Rede überging in den postmodernen Ruf nach Zensur).[104] Die Gender-Theorie, deren Mainstream nach wie vor unbeirrt das beschönigende und verharmlosende Lied von der beliebigen Gestaltbarkeit sexueller Verhältnisse singt, anstatt die Schwierigkeiten schonungslos offenzulegen (wie es die Pioniere der Gender-Theorie wie John Money und Robert Stoller getan hatten),[105] trägt das Ihre zum zunehmenden Unverständnis und zur Feindschaft gegenüber allem bei, was sich, wie die Erfahrung schmerzlich zeigt, eben nicht so beliebig und wunschgerecht gestalten lässt.

Der kulturelle Narzissmus befeuert, wie Béla Grunberger und

Pierre Dessuant dargelegt haben,[106] den in seinem Wesen zutiefst christlichen Puritanismus. Beide Positionen zielen auf die Beseitigung sämtlicher positiven Praktiken, mit deren Hilfe sich etwas nicht Ichkonformes in etwas Bekömmliches oder kulturell Wertgeschätztes verwandeln ließe – so, wie zum Beispiel, nach Sigmund Freuds Bemerkung, die Bewohner der antiken Welt den sexuellen Trieb »feierten« und ihn dadurch für sich annehmbar machten.[107] Solche Formen der feiernden Sublimierung aber werden, da sie selbst durchwegs äußerlich, materiell und mithin nicht ichkonform sind, vom narzisstischen Puritanismus angefeindet und im Zug seiner »Entzauberung der Welt« zerstört.

Wenn aber nicht mehr gefeiert werden darf, wenn sämtliche »positiven Kulthandlungen«, in denen das Närrische, Heitere, Ausgelassene, Frivole etc. zu seinem Recht kommen und gewürdigt werden darf, durch Verinnerlichungen, Verbote und asketische, »negative« Kulte ersetzt werden, dann zeigt sich alles Heilige in dieser Kultur, sogar das »Heilige des Alltagslebens«,[108] nur noch von seiner abstoßenden, schmutzigen Seite – als jenes »schmutzige Heilige«, dessen Begriff Freud im ambivalenten Wort »tabu« erkannte.[109] Es erscheint dann ausschließlich in seiner Abscheu und furchterregenden Gestalt, wie die dämonisch anmutenden Götter in Heinrich Heines Erzählung »Götter im Exil« – oder so wie viele unserer früheren Lust- und Genusspraktiken, die, wie das Tragen von Pelzen, das Autofahren, das Austauschen von Komplimenten, die körperliche Liebe, das Rauchen, das Verschwenden von Zeit oder das Essen von Fleisch, heute für viele Zeitgenossen, sei es aus hygienischen, moralischen, politischen oder ökologischen Gründen etc., nur noch abstoßend sind.

Eine Kultur jedoch, die in ihren Riten und Mythen nicht nur das gnadenlos ichversessene Über-Ich verehrt, sondern – zum Beispiel in Gestalt kindlicher Götter wie der des unverantwortlich mit seinen Liebespfeilen schießenden kleinen Knaben Eros – auch weniger ichkonforme Instanzen anerkennt, erscheint solchen Dingen gegenüber besser vorbereitet.[110] Sie wäre in der Lage, gelegentlich auch Ansinnen an das Ich heranzulassen und zu respektieren, die diesem notwendigerweise als weniger vernünftig und moralisch als es selbst erscheinen müssen.

Aus denselben Beweggründen, die ihn lustfeindlich und aggressiv gegen alle alltäglichen Kulte machen, empfindet der kulturelle Narzissmus nach 1968 auch die zivilisierte, urbane Trennung zwischen dem privaten und dem öffentlichen Raum als Zumutung: dass man im öffentlichen Raum »unpersönlich« zu agieren hat, also zum Beispiel sachlich und mit Argumenten zu kommen hat anstatt mit Empfindungen, Befindlichkeiten und Verweisen auf die eigene Identität, wird als Heteronomie empfunden. Denn wenn man nicht bei sich selbst ist, so meint der Narzissmus, kann man nur bereits die saftige Beute im Maul eines anderen sein. Dass es auch Räume gibt, die nicht nach dem Prinzip »Du oder Ich« strukturiert sind, sondern etwas Drittes, Allgemeines für den zivilisierten Austausch und die Entwicklung dieser Individuen Geeignetes, kann und will dieser Narzissmus nicht wahrhaben.[111]

Dies ist der Grund dafür, weshalb es heute gerade die besonders verwöhnten und antiautoritär erzogenen Eliten sind, die als Allererste ständig nach der Autorität der Polizei rufen[112] – und damit zur Zerstörung der gesellschaftlichen Freiräume durch Repression beitragen. Sie vermögen zwischen der Natur von Anforderungen von Öffentlichkeit oder erwachsenem Leben einerseits und blanker, autoritärer Repression andererseits so wenig zu unterscheiden, dass sie keine Bedenken hegen, die zweitere zu wählen (da sie kein anderes Kriterium berücksichtigen als die Frage, gegen wen sich die Repression unmittelbar richtet). Der kulturelle Narzissmus in seiner durch das puritanische Christentum gespeisten Radikalisierung duldet, wie Bela Grunberger und Pierre Dessuant gezeigt haben, nur Gut und Böse, aber keine Zwischenstufen oder -zonen.[113] Darum empört er sich auf das Rabiateste gegen alles, was nicht sofort und unmittelbar ichkonform ist, wie zum Beispiel ein theoretisches Argument, die grundsätzliche Trianguliertheit von Sprache und Bedeutung, das erotische Begehren einer anderen Person (ebenso übrigens wie das eigene), oder auch ein nur mittelmäßiges sexuelles Erlebnis.

Die dritte Macht, die diesen Strömungen Aktualität und Hegemonie verschafft, ist das neoliberale Interesse an der Umverteilung des gesellschaftlichen Reichtums aus der Mitte nach ganz oben sowie der dementsprechenden Privatisierung der öffentlichen Güter und Räume. Ihr kommen die postmodernen Bestrebungen, den öffentlichen Raum den Kriterien privater Räume und der dort üblichen Rücksicht auf Empfindlichkeiten zu unterwerfen, äußerst gelegen.[114] Dadurch wird es nämlich unmöglich, Gleichheit zu praktizieren und auf eine egalitäre Gesellschaft hinzuarbeiten. Darum sehen so gut wie alle neoliberalen Projekte irgendwelche Rücksichten auf irgendwelche Empfindliche vor. Nicht nur, weil dies – ähnlich wie *charity* – der Bereicherung ein humaneres Antlitz verleiht,[115] sondern auch weil gerade dies die Bereicherung und Privatisierung ermöglicht, indem es die Räume der Gleichheit zerstört. Die zeitgenössischen Eliten der Empfindlichkeit rekrutieren sich aus den Großprofiteuren der neoliberalen Ungleichheit sowie aus deren nützlichen kleinen Mitläufern und Komplizen, in den Funktionen willfähriger Opferdarsteller und pedantischer Oberaufseher.

Erwachsenheit!

Jetzt, da mehr denn je deutlich geworden ist, wie lächerlich die Empfindlichkeitspolitiken in ihren Zielen sind; wie gefährlich andererseits die Kollateralschäden sind, die sie im öffentlichen Raum anrichten; und welchen Interessen sie damit wirklich dienen, müssen die fortschrittlichen Kräfte beginnen, diese Politiken zu bekämpfen. Nur so können Räume der Gleichheit gewahrt und verteidigt werden, in denen die Verhandlung und Herstellung einer egalitären, demokratischen Gesellschaft sich betreiben lässt. Und nur so kann der durch die neoliberalen Ungerechtigkeiten immer mehr profitierende Rechtspopulismus zum Stehen gebracht werden. Denn gerade in den Räumen der Gleichheit hat die Rechte keine Chance: Wer immer mit der Vernunft daherkommt, läuft Gefahr, Argumente zu ernten. Und auf diesem Terrain ist die wirkliche Linke der Rechten überlegen. Wenn es der postmodernen Pseudolinken aber gelingen sollte, die Räume der Gleichheit durch Moralisieren und Sprechverbote im Namen diverser Empfindlichkeiten lahmzulegen, dann lacht sich die Rechte buchstäblich ins Fäustchen.

Da die postmodernen Pseudopolitiken sich gegen kritische Angriffe fast völlig immunisiert haben, indem sie eine Zone zwischen Politik einerseits, Moral und Anstand andererseits besetzten und je nach Bedarf ständig von der einen zur anderen Schlagseite changierten,[116] muss ihnen mit einer ethischen Parole geantwortet werden. Erwachsenheit erscheint dafür als eine geeignete Kandidatin.[117] Denn man hat ja offensichtlich begonnen, mit Erwachsenen so kindlich zu sprechen, damit sie erst gar nicht auf den Gedanken kommen, sich gegen die neoliberalen Entwicklungen zur Wehr zu setzen. Je unmündiger und empfindlicher sie sind; je mehr sie geneigt sind, sich durch Kleinigkeiten verletzt zu fühlen, desto weniger sind sie in der Lage, sich untereinander zu solidarisieren und etwas gegen ihre zunehmende Beraubung im Großen zu unternehmen.

Dem immer stärker werdenden neoliberalen Appell, der postmodernen Anrufung der Individuen als unendlich reine, weil schwache Subjekte; als durch und durch empfindliche Ichs ohne jegliche Reserven und Belastbarkeit, muss die Forderung nach einer ganz anderen Anrufung entgegengesetzt werden: Wir sind Erwachsene, und wir wollen gefälligst auch so behandelt werden. Für das, was wir als erwachsene Menschen selbst regeln können (zum Beispiel: auf böse Reden ebenso böse Antworten geben; oder entscheiden, wie gesund wir leben wollen), dafür brauchen wir keine wohlmeinende Gouvernanten- und strenge Oberaufseherpolitik. Für das, was wir nicht selbst regeln können (zum Beispiel: die Finanzmärkte regulieren, die Kapital- und Steuerflucht der Großkonzerne und der Oligarchen verhindern, die Austeritätspolitik beenden), dafür hat die Politik zu sorgen und darf sich nicht durch Ablenkung auf Kleinigkeiten aus dieser Verantwortung davonstehlen.

Wir wollen festhalten: Wir sind Erwachsene, und von allen Erwachsenen darf erwartet werden, dass sie sich als solche verhalten. Weder Frauen noch Transsexuelle noch ethnisch oder kulturell Fremde oder was es sonst noch geben mag, sind so »ontologisch« anders, dass sie nicht imstande wären, ihre Identitäten und ihre Befindlichkeiten im öffentlichen Raum hinter sich zu lassen. Respekt bedeutet darum nicht, auf ihre Identitäten einzugehen und ihre Empfindlichkeiten zu ermutigen, sondern umgekehrt: auf ihre Fähigkeit zu zählen, dies alles auch momentweise mal zugunsten von sachlicher Argumentation hintanzuhalten – und diese Fähigkeit als die höchste Tugend von *citoyenneté* zu würdigen.

Wenn die neoliberale Propaganda uns weismachen will, dass wir unendlich verletzbare Wesen seien, werden wir ihr (ebenso wie unserer Verletzbarkeit) unsere erwachsene Belastbarkeit entgegenhalten. Wenn man uns suggeriert, wir könnten an ein paar bösen Worten, einem Witz, einer als unpassend empfundenen Bezeichnung oder an ein wenig Zigarettenrauch auf der Stelle sterben, werden wir kalt lachend Rücktritte fordern. Einer Politik, die sagt: »*Ihr seid leider schwach, aber wir tun alles, damit ihr nicht sterbt*«, werden wir die Forderung nach einer ganz anderen Politik entgegensetzen. Wir werden eine Politik fordern, die zu uns wie zu Erwachsenen spricht – und zwar, indem sie sagt: »*Erstens sterbt ihr sowieso (aber diese Nachricht ist für euch als Erwachsene weder neu noch unzumutbar). Und darum lasst uns, zweitens, dafür sorgen, dass wenigstens das, was davor kommt, ein Leben ist.*«

2. Enttäuschende Enttäuschte

Der folgende Text wurde unmittelbar nach den Präsidentschaftswahlen in den USA im November 2016 für die Wiener Stadtzeitschrift »Falter« geschrieben. Ich nehme ihn in diesen Band unverändert, nur um einige Fußnoten ergänzt, auf, weil er für mich eine wichtige Trennlinie markiert. Dieser Text war eine Antwort auf die unmittelbar nach den Wahlen innerhalb der linksliberalen Milieus vorherrschende Tendenz, die Wähler Trumps für dumm und rückständig zu erklären.[1] Diese Beurteilung beinhaltete aus meiner Sicht jedoch die besten Chancen, aus dieser Erfahrung nichts zu lernen und damit ihre Wiederholung zu begünstigen. Was es hingegen zu lernen galt, waren einige peinliche Lektionen, welche das Ereignis für die linksliberalen Milieus bereithielt: die erstaunliche Ignoranz der vermeintlich Linken für die Fragen des neoliberalen Freihandels und der »regime change«-Kriege; die Defizite der vermeintlich linken Diskussionskultur, die nicht mehr den geringsten Dissens zu ertragen vermag; und schließlich den Bankrott der postmodernen Minderheiten- und Identitätspolitiken. Hinsichtlich der Letzteren hatte sich erstmals deutlich gezeigt, dass sie keine gesellschaftliche Hegemonie mehr zu erzeugen vermögen. Zu sehr waren sie als Teil des neoliberalen Projekts kenntlich geworden; selbst die Angehörigen der jeweiligen Minderheiten schenkten ihnen keinen Glauben mehr. Wer keine Politik der Gleichheit verfolgt, sondern Ungleichheit erzeugt und dies durch *diversity* begünstigt, wird auch in Zukunft verlieren – sogar gegen diejenigen, die recht unverhohlen Ungleichheit in Aussicht stellen.

Enttäuschende Enttäuschte. Was uns die Wähler Trumps über ihre Kommentatoren verraten

Ob die Bürgerinnen und Bürger der USA nach der Wahl von Donald Trump zum Präsidenten zu bedauern sind, ist eine schwierige Frage. Auf jeden Fall waren sie es *vor* der Wahl: Als ihnen nur noch die Alternative Clinton oder Trump blieb. Eine seltsame Symmetrie – oder wie Johann Nestroy gesagt hätte, »eine schauderhafte Reziprozität«: Auf der einen Seite die »erfahrene Außenpolitikerin«, die allerdings genau besehen nur schlechte Erfahrungen vorzuweisen hatte, da die von ihr verantworteten US-Engagements in Libyen, Syrien und im Jemen allesamt Desaster waren beziehungsweise sind. Auf der anderen Seite der »erfahrene Geschäftsmann«, der es geschafft hatte, drei Casinos nacheinander in den Bankrott zu führen.

Die relevanteren Fragen lauten freilich: Wie ist das Ergebnis aus der Sicht der Linken zu beurteilen? Und welche Lehren müssen daraus gezogen werden? Auffällig ist, dass diese Fragen die Linke in den letzten Monaten gespalten haben, und ich meine, dass diese Spaltung etwas Entscheidendes sichtbar macht.

Gibt es denn nicht einige Punkte, die gerade aus linker Perspektive massiv gegen Clinton sprachen? – Da wäre zunächst der Umstand, dass Clinton im Gegensatz zu Trump »Berechenbarkeit« verkörperte. Allerdings ist das, was bei solcher Berechnung herauskommt, verheerend: Clinton hätte mit großer Wahrscheinlichkeit in Syrien die militärische Konfrontation mit Russland riskiert. Sie ist nicht nur selbst ein Hardliner, sondern wurde auch von einer ganzen Reihe von republikanischen »Falken« und Interventionisten unterstützt, die sich schon in den Ministerien der Präsidenten Bush und Reagan bewiesen hatten.[2] Clinton war die hochbezahlte Favoritin der Wall Street und der Waffenindustrie, die seit der Banken- und Finanzkrise verstärkt auf einen größeren Krieg hinzudrängen scheinen, da sich anders die ständig neu entstehenden Kreditblasen offenbar nicht bewältigen lassen.

Trump hingegen hat Regulierungen für Banken und Finanzmärkte gefordert und wiederholt signalisiert, dass er Amerika eher durch Reindustrialisierung nach innen als durch Krieg und Freihandel nach außen groß machen will und dass er ein gutes persönliches Einvernehmen mit Putin hat. Eine eher isolationistische Haltung könnte der Welt jedenfalls jene katastrophale US-Außenpolitik der letzten Jahrzehnte ersparen, die überall nur *failed states* und permanente Bürgerkriege hinterlässt und Terrorismus produziert. Davor verdient nicht nur der Rest der Welt, sondern auch die USA selbst geschützt zu werden. Wie Trump hat auch Kommentator Stephen Kinzer im »Boston Globe« angemerkt, dass in Syrien die Interessen der USA sehr viel eher für ein Bündnis mit Russland sprechen als für eine Konfrontation.[3] Es ist auffällig und bezeichnend, dass die versöhnlichere Haltung Trumps im Syrien-Konflikt sofort nach der Wahl die deutsche Verteidigungsministerin von der Leyen zu einem mahnenden Aufruf zur »Bündnistreue« an den neuen US-Präsidenten veranlasst hat. Eine größere Abstinenz der USA wäre aber eine Chance für die EU. Sie könnte dadurch allmählich aufhören, den politischen Ärmel der NATO abzugeben, um stattdessen über eine vernünftige, langfristige Vermittlerrolle zur Stilllegung der globalen Konfliktherde nachzudenken.[4]

Eine weitere pikante Folge der Wahl Trumps könnte sein, dass damit das Freihandelsabkommen TTIP scheitert. Dieses von den Europäern mit ihren abhörfreudigen US-Partnern geheim verhandelte Programm zur Aushebelung von Demokratie und zum Abbau von Arbeitsplätzen diesseits und jenseits des Atlantiks wird von massiven Bevölkerungsmehrheiten in Europa abgelehnt, ohne dass auch nur irgendein verantwortlicher sozialdemokratischer Politiker hier bisher den Mut gezeigt hätte, dagegen aufzutreten. Trump leistet somit ironischerweise möglicherweise das, was die opportunistische Halblinke Europas bisher versäumt hat.

Diese Programmpunkte Trumps decken sich übrigens mit jenen von Bernie Sanders. Freilich ist schwer zu sagen, wie viel von Trumps entsprechenden Ankündigungen übrig bleibt, sobald er Verantwortung trägt, seine Minister und Berater sich um ihn scharen und das republikanische Establishment sich hinter ihn stellt. Gewählt wurde Trump jedenfalls von Leuten, denen offenbar selbst das hohle Versprechen von Veränderung lieber war als die glaubwürdige Versicherung einer Fortsetzung des Bestehenden.

In den Augen der Mehrheit sprach wohl noch etwas für Trump. Wenn man im Sommer des Wahlkampfes die Homepages der beiden Spitzenkandidaten besuchte, bot sich ein aufschlussreiches Bild. Auf *www.donaldjtrump.com* musste man nur kurz bestätigen, dass man kein Computer ist, und dann konnte man seine relativ klar und sachlich abgefassten Programmpunkte lesen. Wer dagegen *www.hillaryclinton.com* besuchte, sah zuerst nur ein Pop-Up mit der Inschrift »Ich bin der Meinung, dass Donald Trump als Präsident unbedingt verhindert werden muss«. Wer daraufhin nicht »I agree« anklickte, konnte sich über das Programm Clintons überhaupt nicht informieren. So funktionierte, wie Thomas Frank bemerkt hat,[5] auch die journalistische Propaganda für Clinton: Mit moralisierender Überheblichkeit wurden Andersmeinende beschimpft, anstatt dass man versucht hätte, mit ihnen Argumente auszutauschen. Und im selben Ton werden auch jetzt nach der Wahl die Trump-Wähler für dumm erklärt.

Das ist genau jener stickige Konsensmoralismus, von dem ein Großteil der Pseudolinken derzeit erfasst ist. Während die Linke früher gerade für den Ausbruch aus dem konsensualen Mief der Familie, des Dorfes und der Tradition stand; für die Anonymität der großen Gesellschaft, neue Lebensformen, freie Liebe, amoralisches Denken, freche Reden, offene Diskussion, »Club 2« und Argumente, gefällt sich das, was sich heute für links oder gut hält, oft in arrogantem Abscheu gegen abwägendes Überlegen, schonungsloses Formulieren, Sex, Dissens sowie alles, was auch nur annähernd nach einer abweichenden Meinung aussieht. Auch der »Falter« scheint bisweilen von dieser Kinderkrankheit befallen,[6] wenn er zum Beispiel den Philosophen Slavoj Žižek für »jenseitig« erklärt und ihm eine »Profilierungsneurose« attestiert, anstatt Žižeks äußerst präzise Abwägung zwischen »worse« und »worse« darzustellen, seinen Rat zur Wahlenthaltung und seine Gründe, Clinton noch mehr zu fürchten als Trump, und sich die Mühe zu machen, ihnen Argumente entgegenzusetzen.

Man könnte darum sagen: Der Fall Trump bildet derzeit sozusagen ein »Schibboleth« – ein Erkennungszeichen zur Unterscheidung zwischen Pseudolinken wie Jennifer Lopez und Linken wie Susan Sarandon;[7] zwischen Moralisierern und politisch Denkenden. Dieser Fall trennt die Leute, die die Krankheit des Systems im Blick haben, für das Hillary Clinton steht, von jenen Leuten, die nur ein Symptom dieses Systems wie Trump behandelt sehen möchten. Wer nur Symptome behandeln will, redet gern von »Rassismus«, »Frauenfeindlichkeit« oder »Homophobie«. Das ist bequem, weil man als Angehöriger pseudolinker Eliten dabei so tun kann, als ob es nur um eine Frage vorurteilsfreier geistiger Einstellung ginge, und weil diese Fassung des Problems einem selbst das gute Gefühl verschafft, auf der richtigen Seite zu stehen. Müsste man dagegen über Klassenunterschiede und dramatisch gewach-

sene Ungleichheit sprechen, dann würde es peinlicher. Man müsste einsehen, dass man – vielleicht ohne es gewählt zu haben, aber
sicherlich nicht ohne davon zu profitieren – zu den Privilegierten
gehört, die sich gerade aufgrund ihrer Privilegien sogar auch noch
bessere Ansichten leisten können.

Trump wurde von Leuten gewählt, die nicht allesamt Rassisten
oder Sexisten sind; viele von ihnen hatten schließlich zuletzt Obama gewählt.[8] Dass sie Trumps Vulgaritäten akzeptierten oder sogar
bejahten, liegt aber wohl auch daran, dass sie darin einen Protest
erblickten – nämlich dagegen, von den immer privilegierteren
Eliten ständig auch noch moralisch abqualifiziert zu werden. Der
auffällig zartfühlende Saubersprech der Gewinner brutaler Veränderungen zeigt in diesem Licht seine gesellschaftliche Funktion:
Er stellt nämlich sicher, dass die begründeten Interessen der verarmenden Gesellschaftsgruppen keinen anderen als einen dump-
fen und verächtlichen Ausdruck finden können.

Das hätten die Demokraten auch anders haben können. Bernie
Sanders hatte sich die Mühe gemacht und auch jene Staaten besucht, in die Clinton gar nicht erst gereist war. Er hatte den Leuten
zugehört und ihr Vertrauen gewonnen. Die Leute wollten Arbeitsplätze (4,8 Millionen waren in 15 Jahren verlorengegangen), er-
schwingliche Bildung und keine weiteren Einkommensverluste.
Hätten sie Sanders wählen können, hätten sie ihn dafür gewählt,
und nicht Trump. Das beweist, dass »Rassismus« und »Sexismus«
nur Masken dieser begründeten Interessen sind – so, wie auf der
anderen Seite der Moralismus, die *political correctness* und »diversity«-Politik nur Masken der neoliberalen Umverteilung nach
oben sind. In allen Umfragen während der Vorwahlen lag Sanders
immer weit vor Trump, während Clinton meist hinter ihm lag und
ihn höchstens innerhalb der Schwankungsbreite überholte. Aber
das demokratische Establishment verhinderte mit Hilfe von Ma-
nipulationen sowie den Superdelegierten, dass der Politiker kan-
didierte, der Trump schlagen konnte. Es war diesem Establishment
– kein Novum in der Geschichte – offenbar lieber, von einem Rechten besiegt zu werden als von einem Linken.

Damit lässt sich auch beantworten, weshalb Clinton nicht einmal
bei den von ihr besonders angepeilten Minderheiten oder unterprivilegierten Gruppen wie Frauen entscheidend punkten konnte. Sie

schnitt dort sogar schlechter ab als Obama, obwohl dessen Gegen-
kandidaten keine so profilierten »Rassisten« oder »Sexisten« waren
wie Trump. Denn den Amerikanern war durch bittere Erfahrung
klar: Die Programme der neoliberalen Identitätspolitik erreichen
immer nur Ausnahmen – ausgewählte Lieblingsminderheiten, für
die zu sorgen den Eliten Prestige einbringt –, aber nicht die Mehrheit der verarmenden Menschen.

3. Weiße Lügen, schwarze Wahrheiten.
Elemente erwachsener Verständigung

»You keep lying when you oughta be truthin'
And you keep losin' when you oughta not bet
You keep samin' when you oughta be a-changin'
Now what's right is right, but you ain't been right yet«
Nancy Sinatra, These Boots Are Made for Walking

Im folgenden Kapitel möchte ich zwei Formen erwachsenen Sprechens untersuchen, deren Gemeinsamkeit darin besteht, dass sie seltsam »uneigentlich« funktionieren. Menschen, die so sprechen, meinen nicht, was sie sagen. Aber dadurch, dass sie es sagen, machen sie entweder etwas möglich (weiße Lüge) oder unmöglich (schwarze Wahrheit). Das Nichtgemeinte, aber doch Gesagte hat dadurch, dass es gesagt wird, Einfluss auf eine bestimmte Wirklichkeit.

Viel mehr noch als die von dem Philosophen John L. Austin erforschten sogenannten »performativen« Äußerungen (wie zum Beispiel »Ich begrüße Sie«, »Ich erkläre die Sitzung für eröffnet«, »Sie sind verhaftet« etc.), die von autorisierten Personen beim Vollzug bestimmter Handlungen ausgesprochen und dadurch sozusagen immer »wahr« gemacht werden,[1] sind weiße Lügen und schwarze Wahrheiten tatsächlich Verfahren, um mit Worten wirkliche Dinge zu bewerkstelligen – so wie es Austins schöner Titel »How to Do Things with Words« verspricht. Sie sind Beispiele dessen, was die Anthropologen als »Wirksamkeit von Symbolen«[2] bezeichnen: Wenn sie ausgesprochen werden, haben sie Wirkungen im Realen. Und wenn sie ausbleiben, so hat das dort die entgegengesetzten Wirkungen.

In einer Epoche, in der Menschen kindlicher werden und sich freiwillig auf Formen »eigentlichen« Sprechens zu beschränken versuchen, geraten die Möglichkeiten des weißen Lügens und des schwarzen Wahrsprechens entweder in Vergessenheit oder in Verruf. Man platzt nun fröhlich mit der Wahrheit oder dem eigentlich Gemeinten heraus, oder aber man schweigt ratlos; und man übt sich in wunschgerechtem Sprechen, aus Furcht, für zynisch oder böse gehalten zu werden, wenn man die Verhältnisse bei ihrem bösen Namen und ihrer bösen Struktur benennt. Das bedeutet freilich, dass auch bestimmte sprachliche Verfahren, auf die Wirklichkeit einzuwirken, verlorengehen – und mithin bestimmte Veränderungen der Wirklichkeit unterbleiben müssen.[3]

ERSTER TEIL: WEISSE LÜGEN

Hauchzarte Überbauten

Viele soziale Vorgänge unter erwachsenen Menschen beruhen auf einem Element von Täuschung. Nehmen wir zum Beispiel die zumindest aus manchen Filmen vertraute Situation, worin zwei Personen erwägen, eine Liebesnacht miteinander zu verbringen. In diesem Fall ist es meist notwendig, etwas zu fragen wie: »Kommen Sie noch mit auf einen Kaffee?«[4] Klarerweise handelt es sich hier um eine Täuschung. Interessant aber ist es, sich zu fragen, wer damit getäuscht wird. Gibt es da überhaupt jemals irgendjemanden?

Die kleine Kaffee-Szene gehört zum Genre der »Einbildungen ohne Eigentümer«.[5] Es ist eine der typischen Täuschungen der Höflichkeit, von denen bereits Immanuel Kant bemerkte, dass sie niemanden täuschen, »weil ein jeder andere, daß es hiemit eben nicht herzlich gemeint sei, dabei einverständigt ist«.[6] Hierin liegt das erste Paradoxon der weißen Lüge: *Es ist eine Täuschung ohne Getäuschte.* Dies ist der Grund, weshalb Kant – im Gegensatz zu manchen anderen Philosophen wie zum Beispiel Rousseau[7] – die »Lüge« der Höflichkeit nicht als verwerflich beurteilt, ja ihr sogar die Fähigkeit zuschreibt, die Sittlichkeit zu befördern. Für ihn ist die Höflichkeit eine unschuldige, »weiße« Lüge.

Dinge, die durch ihre Erkenntnis zerstört werden

Auf der anderen Seite, auch wenn es sehr unwahrscheinlich anmutet, dass jemals irgendjemand durch eine so simple Finte getäuscht werden könnte, erscheint es doch sehr gewiss, dass diese Finte ein absolut notwendiges Element darstellt – einen »Überbau« sozusagen; wenn nicht sogar das Schulbuchbeispiel dafür, was ein Überbau leistet. Selbst wenn eine solche Täuschung (ohne Getäuschte) vollkommen transparent für jedermann ist, bietet sie doch eine hauchdünne Bedeckung (einen »Überbau«) für eine Wirklichkeit (eine »Basis«), die ohne diese Bedeckung nicht zu existieren vermöchte. Wenn es keinen Kaffee gäbe, hinter dem sich die Liebesnacht verstecken kann, dann gäbe es wohl auch keine Liebesnacht. »Esse est non percipi« – um zu existieren, darf das Ding nicht wahrgenommen werden: mit dieser schlauen Umkehrung der berühmten Formel des Philosophen Berkeley hat Slavoj Žižek diese merkwürdige und überraschende Struktur gut umschrieben (siehe Žižek 2006: 217). Für unseren speziellen Fall können wir die Formel noch ein wenig auf die Spitze treiben, um seine ganze Paradoxie zu verdeutlichen: Um existieren zu können (für jedermann), bedarf das Ding einer Fehlwahrnehmung (durch niemanden).

Diese Disproportion sticht ins Auge: auf der einen Seite die praktisch inexistente Täuschungsmacht des »Kaffee-Überbaus«, und auf der anderen Seite deren massive Notwendigkeit für ihre »Liebesnacht-Basis«. Hierin liegt das zweite Paradoxon der weißen Lüge: Warum muss diese Täuschung ohne Getäuschte aufgebaut werden? *Was ist der Grund für die solide Notwendigkeit dieser äußerst luftigen Täuschung*, die immer schon überwunden und zurückgelassen erscheint, sobald sie auf einen ersten Kandidaten für das Getäuschtwerden trifft?

Eine Verkennung auf der Seite des Objekts,
und nicht auf der seiner Theorie.
Narrenobjekte und Schurkenobjekte

Zunächst ist es hier interessant, das ungewöhnliche Verhältnis solcher Phänomene zu ihrer Theorie zu betrachten. Die Täuschung (ohne Getäuschte), der Irrtum, die Verkennung oder auch Lüge, sind Teil einer bestimmten Realität; sie gehören nicht zur Beschreibung oder Theorie dieser Realität. Was hier auf dem Spiel steht, ist nicht, dass die Theorie irren, verkennen, falsch beschreiben oder lügen kann. Um die Verhältnisse richtig wiederzugeben, muss man vielmehr sagen, dass die Theorie hier über das Täuschen, Lügen, Verkennen oder Irren ihres Objekts Rechenschaft ablegen muss. Man kann das als »objektive Verkennung« bezeichnen – als eine, die aufseiten des Gegenstandes auftritt; im Gegensatz zu den Verkennungen üblichen Typs, welche die Erkenntnis des Gegenstandes befallen und die insofern »subjektiv« genannt werden können. Eine adäquate Beschreibung oder Theorie muss darum die besondere Struktur dieser Realität wiedergeben, die ihrerseits zusammengesetzt ist aus einer Realität und ihrer Möglichkeitsbedingung, der objektiven Verkennung (durch niemanden).

Wenn nun Täuschung, Verkennung, Lüge, Irrtum etc. in diesem Fall Teil des Gegenstandes sind, dann kann das Verhältnis der Theorie zu diesem Gegenstand nicht als »epistemologischer Einschnitt« im Sinn Louis Althussers aufgefasst werden. Die Theorie »bricht« in diesem Fall nicht mit dem Selbstverständnis ihres Gegenstandes, um zu dessen adäquater Erkenntnis zu gelangen. In diesem Fall erscheint Althussers »Goldene Regel des Materialismus« – das Sein niemals nach seinem Selbstbewusstsein beurteilen[8] – auf eigentümliche Weise suspendiert. Der Fall, mit dem wir es hier zu tun haben, ist also das Gegenteil des üblichen Szenarios – wie zum Beispiel wenn Akteure im sozialen Feld (etwa Philosophen oder Künstler) sich selbst für »fortschrittlich« halten, wohingegen die Theorie einsehen muss, dass sie objektiv reaktionäre (zum Beispiel neoliberale) Interessen bedienen.[9] In diesem Fall ist der Gegenstand der Theorie – die Leute, die sich fälschlich für fortschrittlich halten – einfach nur naiv; beziehungsweise »närrisch« – nach der klassischen, von Philosophen wie Hobbes und Mandeville genutzten Unterscheidung zwischen den beiden Diskurspositionen des naiven »Narren« (fool) sowie des zynischen »Schurken« (knave).[10] Ist das Objekt närrisch und verkennt es sich ernsthaft selbst, wie es unter naiven Linken oder solchen, die sich dafür halten, oft geschieht, dann muss die Theorie mit dem Gegenstand brechen. Sie darf das Selbstverständnis des Gegenstandes nicht zur Würde seiner Theorie erheben. Das Narrenobjekt erfordert einen »epistemologischen Bruch«.

Im Fall der Kaffee / Sex-Doublette hingegen liegen (bzw. lügen) die Dinge anders: Die Theorie scheint hier mit dem Selbstverständnis des Gegenstandes zusammenzufallen – sie muss, wie der

Gegenstand, erklären, dass es hier Täuschung gibt, aber ohne dass jemand getäuscht würde. Es gibt keinen Idioten oder Narren aufseiten des Gegenstandes. Wir könnten so etwas ein »aufgeklärtes«, »schurkenhaftes« Objekt nennen. Dieses Schurkenobjekt verfügt über ein hellsichtiges Bewusstsein über seine eigene Täuschung – und es gibt dieses Bewusstsein auch weiter. Das lügende Objekt lädt seine Beobachter nicht dazu ein, ihm in seiner Selbsttäuschung zu folgen. Vielmehr erledigt es das falsche Glauben sozusagen »interpassiv« anstelle seiner Beobachter – sowie auch an seiner eigenen. Denn nicht einmal es selbst glaubt an das, was es über sich erzählt. Ob Theorien jemals glauben müssen, was sie behaupten, mag hier dahingestellt bleiben. Jedenfalls scheint auf der Seite der Theorie jedoch der Unterschied nicht zu bestehen, den wir aufseiten der Objekte antreffen. Hier gibt es offenbar einerseits gläubige, naive, und andererseits ungetäuscht täuschende Objekte.

Im Fall des hellsichtigen Schurkenobjekts glaubt weder die Theorie noch das Objekt selbst an die Täuschung, die Letzteres beherbergt. Somit scheint die Falschheit seiner Erzählung über sich selbst keinen Verbesserungsbedarf mit sich zu bringen. Dies mag eine erste Erklärung bieten für die Hartnäckigkeit seiner weißen Lüge. Denn während eine (*geglaubte*) *Täuschung aufseiten der Theorie* nach Falsifikation drängt und verschwindet, sobald ein besseres Verständnis verfügbar geworden ist, besteht eine *nichtgeglaubte Täuschung aufseiten des Gegenstandes* einfach munter weiter – und zwar mindestens so lange, wie der Gegenstand existiert.

Die Wahrheit der weißen Lüge

Die erstaunliche und paradoxe Notwendigkeit der weißen Lüge für bestimmte Situationen im sozialen Leben könnte darüber hinaus aber auch von einer Dimension von Wahrheit herrühren, die der weißen Lüge – trotz ihrer Täuschungen – innewohnt. Nehmen wir das Beispiel eines Kindes, das ein kitschiges Geschenk von seiner dem Tod nahen Oma bekommen hat. Wenn die Oma fragt, ob ihm das Geschenk gefällt, wird das Kind dazu neigen, dies zu bejahen. Das mag falsch sein in Bezug auf den Gegenstand, aber es ist nicht falsch in Bezug auf die Wünsche und Gefühle des Kindes.[11] Es mag sein, dass das Kind das Geschenk nicht besonders mag, aber es kann doch Freude haben daran, dass es ein Geschenk der Oma ist, und es kann die Oma gernhaben. Wie der Hysteriker ist auch der weiße Lügner nicht wahrhaftig in Bezug auf die Fakten, aber sehr wohl wahrhaftig in Bezug auf sein Begehren. In derselben Weise kann ein Satz wie »Ich wünsche Ihnen einen guten Tag« entschlüsselt werden als: »Ich wünsche mir, Ihnen einen guten Tag zu wünschen.«

In den Begriffen von Louis Althussers Theorie der Ideologie kann man hier sagen: Die weiße Lüge repräsentiert das imaginäre Verhältnis eines Subjekts zu seinen wirklichen Existenzbedingungen.[12] Das Subjekt mag, aufgrund seiner prekären Existenzbedingungen, der anderen Person nicht wirklich einen guten Tag wünschen; und doch kann es, eben aufgrund dieser Bedingungen, sich ein besseres Verhältnis zu diesen Bedingungen wünschen – wie es zum Beispiel die Helden von Brechts »Dreigroschenoper« zum Ausdruck bringen, wenn sie sagen: »Wir wären gut, anstatt so roh / Doch die Verhältnisse, sie sind nicht so.«[13] Es kann sich wünschen, dem anderen einen guten Tag zu wünschen.

Mit anderen Worten, die weiße Lüge mag unwahr sein in Bezug auf das, *was* sie sagt, aber sie ist wahrhaftig und ein Ausdruck von Liebe oder Sympathie aufgrund dessen, *dass* sie geäußert wird. Diese Wahrhaftigkeit, die der weißen Lüge angehört, mag ein weiterer Grund für ihre Hartnäckigkeit und Dauerhaftigkeit sein. Dank der Wahrhaftigkeit auf der Ebene des Aussagens ist die weiße Lüge nicht verwundbar durch irgendeine Wahrheit, die ihre ausgesagte Täuschung widerlegt.[14] In diesem Sinn hat Benedict de Spinoza bemerkt:

> »Nichts von dem, was eine falsche Idee Positives enthält, wird durch die Gegenwart des Wahren, insofern es wahr ist, aufgehoben.« (Spinoza 1990: 447)

Dank ihrer positiven Qualität – in diesem Fall der liebenden Zuneigung – ist die weiße Lüge solide und in der Lage, jeglicher Herausforderung durch irgendeine Wahrheit zu trotzen, die ihre dünne täuschende Schicht in Frage stellt. Diese Idee einer Wahrheit von Liebe, welche der weißen Lüge innewohnt, taucht auch in einer schönen Parabel der österreichischen Dichterin Marie von Ebner-Eschenbach auf. Deren allegorische Heldin ist die Aufrichtigkeit:

»Die Aufrichtigkeit schritt eines Tages durch die Welt und hatte eine rechte Freude über sich.

Ich bin doch eine tüchtige Person, dachte sie; ich scheide scharf zwischen Gut und Schlecht, mit mir gibt's kein Paktieren; keine Tugend ist denkbar ohne mich. Da begegnete ihr die Lüge in schillernden Gewändern an der Spitze eines großen Zuges. Mit Ekel und Entrüstung wandte die Aufrichtigkeit sich ab. Die Lüge ging süßlich lächelnd weiter; die letzten ihres Gefolges aber, kleines, schwächliches Volk mit Kindergesichtchen, schlichen demütig und schüchtern vorbei und neigten sich bis zur Erde vor der Aufrichtigkeit.

›Wer seid ihr denn?‹ fragte sie.

Eines nach dem anderen antwortete: ›Ich bin die Lüge aus Rücksicht.‹ – ›Ich bin die Lüge aus Pietät.‹ – ›Ich bin die Barmherzigkeitslüge.‹ – ›Ich bin die Lüge aus Liebe‹, sprach die vierte, ›und diese kleinsten von uns sind: das Schweigen aus Höflichkeit, das Schweigen aus Respekt, und das Schweigen aus Mitleid.‹

Die Aufrichtigkeit errötete; sie kam sich plötzlich ein wenig plump und brutal vor.« (Ebner-Eschenbach 2015: 5)

Diese kleine Geschichte präsentiert eine weitere Form der weißen Lüge: Schweigen. Das Schweigen ist eine entscheidende Tugend für die Zivilisiertheit, denn es ist einer der Fälle des zivilisierten Handelns »als ob«. Um uns zivilisiert zu verhalten, müssen wir oft schweigen und so tun, als hätten wir bestimmte Laute nicht gehört, manche Dinge nicht gesehen oder gewisse Aromen nicht gerochen.

Zivilisiertheit setzt damit die Fähigkeit voraus, einer bestimmten Versuchung zu widerstehen, die durch das Wissen einer Wahrheit befeuert wird. Wenn das Über-Ich nach Freuds Auffassung die Instanz ist, die das Realitätsprinzip und damit die Wahrhaftigkeit des Subjekts überwacht,[15] so scheint es auch einen Über-Ich-Befehl zu geben, die Wahrheit auszusprechen. Jedoch kommt es hier darauf an, dem Über-Ich zu widerstehen und, trotz des Wissens um die Wahrheit, diese nicht auszusprechen – und folglich einen entgegengesetzten Augenschein aufrechtzuerhalten. Dies führt zu einem weiteren Paradoxon der weißen Lüge, und einem weiteren ihrer entscheidenden Züge.

Tugenden ohne Überzeugung

Nachdem er festgestellt hat, dass die weiße Lüge niemanden täuscht, gelangt Kant zu einer noch überraschenderen Behauptung. Er schreibt:

> »Denn dadurch, daß die Menschen diese Rolle spielen, werden zuletzt die Tugenden, deren Schein sie geraume Zeit nur gekünstelt haben, nach und nach wohl wirklich erweckt, und gehen in die Gesinnung über. – Aber den Betrüger in uns selbst, die Neigung, zu betrügen, ist wiederum Rückkehr zum Gehorsam unter das Gesetz der Tugend, und nicht Betrug, sondern schuldlose Täuschung unserer selbst.« (Kant [1798]: 442 f.)

Diese Behauptung Kants liefert uns eine weitere Antwort auf die Frage nach dem Grund für die Funktion und Beharrlichkeit der weißen Lüge: Obwohl sie niemanden betrügt, betrügt sie den Betrüger – um genau zu sein, den Betrüger innerhalb der Person, die eine Rolle spielt (»den Betrüger in uns selbst«).

Dieser »Betrüger in uns« ist nach Kants Auffassung die »Neigung« – oder genauer, wie er kurz darauf ausführt, die »Eigenliebe«, die »unsere moralischen Gebrechen verdeckt«.[16] Die »Neigung« ist hier also etwas Doppeltes: Sie besteht genau genommen darin, dass sie aus Eigenliebe (Neigung 1) uns dazu tendieren lässt, unsere unmoralischen Strebungen (Neigung 2) vor uns selbst zu verheimlichen oder zu beschönigen. Wir haben unmoralische Leidenschaften, und dazu noch die Leidenschaft, diese vor uns zu verstecken. Wie aber betrügt nun die Höflichkeit diesen »Betrüger in uns selbst«? Wie lässt sie etwas, das zunächst nicht da ist, durch bloße Vortäuschung, durch »Künsteln«, zur Realität werden – und dies angesichts einer bereits ihrerseits trickreichen, täuschenden Neigung?

Dieser von Kant beschriebene Prozess »symbolischer Wirksamkeit«, worin zunächst nur der Anschein von Tugend erweckt wird, um die Tugend dann in der Gesinnung der darstellenden Person Fuß fassen zu lassen, darf nicht als ein Vorgang von Verinnerlichung oder Introjektion begriffen werden. Hier wird nicht aus äußerem Schein später innere Wahrheit. Es verhält sich nicht so, dass die Individuen sich zunächst etwa nur wegen des sozialen Drucks

durch andere höflich benähmen und dann in der Folge zu moralischen Wesen würden, unter dem Druck ihres Über-Ich, welches
die äußeren anderen im Inneren der Person vertritt.[17]

Der Trick der Höflichkeit gegenüber der Neigung funktioniert
offenbar ganz anders. Er besteht darin, dass an die Stelle des Scheins
nunmehr ein Schein zweiten Grades – der Schein eines Scheins –
gesetzt wird. Die Eigenliebe hatte einen Schein produziert. Sie hatte
uns unsere niederträchtigen Neigungen fälschlich als sittliche Antriebe dargestellt. Gegen diesen trügerischen Anschein von Wahrheit setzt nun die Höflichkeit den Anschein bloßen Scheins. Es ist
ja ganz offensichtlich, dass sie nur eine Rolle ist und dass sie ohne
innere sittliche Antriebe auskommt. Dies lässt sie der Eigenliebe
unverdächtig erscheinen; sozusagen als eine aus dem selben Holz
geschnitzte Betrügerin.

Dennoch aber ist die Höflichkeit nur der Anschein eines Scheins.
Sie verweist gar nicht auf eine von ihr selbst verschiedene, nicht
vorhandene Wirklichkeit. Vielmehr tut sie nur so, während sie in
Wahrheit diese Wirklichkeit selbst ist. Sie ist eine Praxis, die ohne
innere Antriebe auskommt. *Höflichkeit kann darum niemals vor-
getäuscht werden; sie ist immer echt.* Darum ist die »Täuschung« der
Höflichkeit von ganz anderer Natur als die der Eigenliebe. Letztere
hatte die Existenz sittlicher Antriebe hinter unseren amoralischen
Handlungen vorgespiegelt. Das war wirklich trügerischer Schein –
in Kants Begriffen: »schuldhafte« Täuschung unserer selbst. Die
Höflichkeit hingegen spiegelt nur vor, sich auf innere Antriebe zu
beziehen. Insofern tut sie nur so, als ob sie Schein wäre. Darin besteht die »schuldlose Täuschung unserer selbst«. Sie lässt uns nicht
sofort erkennen, dass wir, wenn wir höflich sind, völlig aufrichtig
sind. Wir täuschen keine inneren Antriebe vor, die wir nicht haben;
vielmehr tun wir nur so, während wir eine Wirklichkeit produzieren. Die Täuschung der Höflichkeit gegenüber dem »Betrüger«
Neigung beziehungsweise Eigenliebe funktioniert somit strukturell genau so wie die List des Malers Parrhasios gegenüber seinem
Kollegen Zeuxis. Hatte Zeuxis sogar Vögel zu täuschen vermocht
mit seinen gemalten Trauben, so täuschte Parrhasios auch noch
den Zeuxis, indem er ihn mit Hilfe des gemalten Vorhangs glauben
ließ, er habe es noch gar nicht mit dem Werk des Parrhasios zu tun,
sondern nur mit dessen Vorbereitung. Die Vögel waren getäuscht

worden, indem Zeuxis ihnen das Unechte für echt vorspiegelte; Zeuxis selbst aber wurde getäuscht, indem man ihn das Echte für das Unechte (die bloße Vorbereitung) halten ließ.[18]

Die Höflichkeit ist, wie Richard Sennett formuliert, ein Stück »außen-geleiteten« Verhaltens. Ihre weiße Lüge besteht lediglich darin, dass sie (in durchschaubarer Weise) so erscheint, als würde sie sich auf innere leitende Motive beziehen. Diese Finte aber ermöglicht es ihr, dort, wo nun lediglich eine trügerische Darstellung vermutet wird, eine Realität zu erzeugen.

Dies unterscheidet die Höflichkeit aus Sicht Kants von anderen symbolischen Praktiken wie zum Beispiel den Ritualen der Religion. Religiöse Gesinnung wird von Kant als sittliche Gesinnung, mithin als etwas Inneres begriffen. Damit aber verweisen die äußeren Handlungen auf etwas Inneres. Anders als die Höflichkeit tun sie nicht nur so, sondern sind tatsächlich Bezüge auf Innerlichkeit.[19] Für Kant sind die religiösen Praktiken darüber hinaus in diesem Bezug immer trügerisch: Denn sie drücken keineswegs eine solche Innerlichkeit aus; vielmehr ersetzen sie diese. Wer die religiösen Rituale ausübt, ist darum nach Kants Auffassung niemals auf einem hoffnungsvollen Weg hin zur wahren Religiosität, sondern verfällt bloßem »Afterdienst« – einem Hindernis gegen jeglichen wahren religiösen »Dienst«.[20]

In Kants Ethik gibt es somit nur zwei Möglichkeiten des Umgangs mit dem Augenschein. Entweder ist er, entgegen allem Anschein, selbst eine Wirklichkeit, und dann muss diese respektiert werden – dies ist bei der Höflichkeit der Fall. Oder aber es gibt die Möglichkeit eines Unterschieds zwischen Augenschein und Wirklichkeit, und dann ist der Augenschein immer trügerisch – dies gilt für die Religion. Im Fall der Höflichkeit zeigt sich im Lauf ihrer Ausübung, dass der Eindruck, sie wäre bloß ein Schein, selbst Schein ist. Im Fall der religiösen »Afterdienste« hingegen muss, Kant zufolge, festgehalten werden, dass sie nur Schein sind, der die Entstehung entsprechender Wirklichkeit verhindert. In seinen Augen sind die religiösen Rituale Produkte des »Betrügers in uns selbst«. Sie sind nicht geeignet, diesen zu betrügen, wie es die Höflichkeit vermag.

Die Täuschungsmacht der Höflichkeit gegenüber der Eigenliebe war, wie wir gesehen haben, dadurch bedingt, dass sie einen scheinbar lächerlichen Schein des Scheins präsentierte. Dies ist einerseits das Verführerische an ihr: Man kann sich gefahrlos darauf einlassen, denn sie hat ja (ähnlich wie das Symptom in der Psychoanalyse), so meint man, »nichts zu bedeuten«. Andererseits aber bildet genau dieser harmlose Anschein auch ein Hindernis gegen ihre Ausübung. Denn ebendeshalb meint man dergleichen auch ohne Verlust unterlassen zu können. Sich auf außengeleitetes Verhalten wie die Höflichkeit einzulassen bedeutet darum immer, ein wenig dümmer zu handeln, als man sich selbst einschätzt. Es heißt, anstelle der eigenen Sicht vielmehr einer Instanz Folge zu leisten, für die, anders als für einen selbst, diese Dinge doch sehr wohl »etwas bedeuten«, das heißt: »zählen«. Man muss darum bereit sein, anstelle der eigenen Instanz der Realitätsprüfung, des Über-Ich, einer anderen psychischen Instanz das Kommando zu überlassen – einer Instanz, für die der bloße »Schein« der Tugenden deren Wahrheit ist. Diese Instanz muss als ein »naiver Beobachter« beschrieben werden.[21] Die Wirksamkeit des naiven Beobachters kann durch ein weiteres Beispiel erläutert werden.

Die weiße Lüge und ihr naiver Beobachter

Der naive Beobachter ist am Werk, wenn zum Beispiel zwei Arbeitskollegen, die nicht übertrieben freundliche Gefühle zueinander hegen, sich dennoch höflich zueinander verhalten, anstatt ihren Gefühlen ungebremsten Ausdruck zu verleihen. Es verhält sich so, wie wenn sie sich zum Beispiel durch einen Kollegen aus einer anderen Firma beobachtet fühlten und nun ihren Stolz darin sehen, ihm gegenüber die wahre Natur ihres Verhältnisses nicht offenzulegen. Stattdessen unternehmen sie beide eine Anstrengung, um diesen Beobachter zu täuschen. Nun funktioniert dieser Mechanismus auch dann, wenn keine dritte Person anwesend ist. In diesem Fall bleiben die beiden Kollegen höflich und verbergen ihr Geheimnis gegenüber einem unsichtbaren Dritten – einem »naiven Beobachter«, der als psychische Instanz angenommen werden muss, um die erstaunlichen Wirkungen erklärbar zu machen. Indem sie ihr Geheimnis für sich behalten, handeln die beiden Kollegen als weiße Lügner solidarisch. Sie bilden sozusagen eine Allianz, auch wenn sie sonst nichts aneinander bindet.

In dieser Allianz besteht die Wahrheit dieses Typs der weißen Lüge – so wie die liebende Zuneigung die Wahrheit des Typs der vorangegangenen Beispiele bildete. Die beiden Kollegen verbünden sich – so wie, nach Mannonis hellsichtiger Bemerkung, die Zuschauer im Theater sich mit den Schauspielern verbünden, um gemeinsam eine Illusion aufrechtzuerhalten, die niemandes Illusion ist.[22] Zusammen errichten sie die Illusion des Schauspiels für den Blick eines unsichtbaren naiven Zuschauers. Solidarisch in der Aufrechterhaltung eines Scheins, praktizieren sie die Wahrheit ihrer Allianz.

Allianzen dieser Art ermöglichen in politischer Hinsicht nicht allein den zivilisierten Umgang zwischen Menschen jenseits familiärer, dörflicher oder stammeskultureller Vertrautheit. Sie können, wie Slavoj Žižek überzeugend gezeigt hat,[23] auch entscheidend dafür sein, Frieden zwischen verfeindeten Bürgerkriegsparteien zu ermöglichen und demokratische Verhältnisse einzuleiten.

Bastardgestalten. Die Fälschungen der weißen Lüge

Nachdem wir den verschiedenen Gestalten und Strukturen der weißen Lüge gefolgt sind, verfügen wir über einige Anhaltspunkte, um ihre Definition zu präzisieren. Für uns ist deutlich geworden, dass es nicht ausreicht, die weiße Lüge zu bestimmen als »eine Falschheit, die niemanden verletzen soll und die von geringem moralischem Gewicht ist« (s. Bok 1989: 58). Vielmehr ist die weiße Lüge durchaus von moralischem Gewicht, wie Immanuel Kant bemerkt hat. Und dies eben, weil sie nicht nur eine Falschheit ist. Vielmehr beinhaltet sie eine Wahrheit – eine liebende Zuneigung oder eine solidarische Allianz.

Das ist der Grund, weshalb viele Beispiele von Lügen, von denen sich sagen lässt, dass sie niemals irgendjemanden getäuscht hätten, dennoch nicht als weiße Lügen bezeichnet werden dürfen. Nehmen wir zum Beispiel die Erklärung des US-Verteidigungsministers Colin Powell von 2003, wonach der Irak Massenvernichtungswaffen besitze. Wurde dies wirklich jemals von irgendjemandem (einschließlich Colin Powell selbst) geglaubt? Und wenn ja, warum war dann niemand empört, als keine Massenvernichtungswaffen gefunden wurden?[24] Auch die US-Regierungserklärungen zum Syrien-Krieg sind Täuschungen ohne Getäuschte, wie Reinhard Merkel – nahezu in den Worten Kants – in der »Frankfurter Allgemeinen Zeitung« bemerkt:

> »Im März 2012 sagte der ›Legal Adviser‹ des amerikanischen Außenministeriums Harold Koh auf der Jahrestagung der amerikanischen Völkerrechtler, man ›helfe und applaudiere‹ der Arabischen Liga bei ihren ›konstruktiven Schritten‹ im Syrien-Konflikt. Diese bestanden schon damals in nichts anderem als in dessen militärischer Eskalation. Auch deshalb ist die Behauptung der amerikanischen Regierung, man habe die Rebellen stets nur mit ›nichttödlichen‹ Hilfsmitteln unterstützt, ein so offenkundig untauglicher Versuch des weltöffentlichen Augenwischens, dass man sich fragt, ob er selbst als Irreführung ernst gemeint sein kann.«[25]

Dasselbe gilt auch für das unbeirrte Predigen von Austeritätspolitik durch führende EU-Politiker, selbst nachdem diese Politik sich in vielen Fällen als äußerst schädlich erwiesen hat. Hat es wirklich jemals Experten gegeben, die ernsthaft an die Fähigkeit dieser Maßnahmen geglaubt hätten, stagnierende Ökonomien zu sanieren?

Auch in diesen Fällen scheint es sich auf den ersten Blick um Täuschungen ohne Getäuschte (wenn auch nicht ohne Geschädigte) zu handeln. Was alle diese Fälle jedoch von den zuvor untersuchten unterscheidet, ist der Umstand, dass diese Täuschungen keinerlei Allianz, solidarisches Band oder liebevolle Bindung begründen. Liebevoll sind diese Bluffs nur in einer Richtung – nämlich in der auf das eigene Ich; sie sind genau jener Betrug durch »Eigenliebe«, die »unsere moralischen Gebrechen verdeckt«, von dem Kant gesprochen hat. Genau dort scheint auch die Täuschung stattzufinden. Dieses eitle, von Eigenliebe getriebene Ich ist aber nicht nur der Betrüger, sondern auch der Betrogene bei dieser Sache. Es »erzählt sich selbst eine Geschichte«;[26] und es will das, was ihm schmeichelt, auch gerne glauben. Es handelt sich also nicht um Einbildung ohne Eigentümer, ohne Getäuschte und mit solidarischer Allianz, sondern um Einbildung mit einem Eigentümer – einem getäuschten Ego, das sich gerne von sich selbst täuschen lässt[27] –, und ohne Solidarität mit anderen. Anhand dieser beiden

Kriterien muss diese Art der Täuschung wohl als schwarze Lüge klassifiziert werden.

Dasselbe gilt auch für eine Reihe von neueren bürokratischen Täuschungen. Hat denn zum Beispiel wirklich irgendjemand jemals geglaubt, die sogenannte »Bologna-Reform« könnte die europäischen Universitäten in irgendeiner Hinsicht verbessern? Ist es nicht erstaunlich, wie stur und verbissen diese Reform – gegen die Warnungen sämtlicher ernstzunehmender Experten – durchgeführt wurde? Es war eine vollkommen zynische Reform, niemals dazu vorgesehen, irgendjemanden zu überzeugen oder irgendjemandes Lage zu verbessern – mit Ausnahme freilich jener Bürokraten, die, indem sie die Reform durchsetzten, ihre eigenen Jobs und Machtpositionen kreierten. Auch hier diente die Produktion einer Täuschung ohne fremde Getäuschte nur dazu, das eigene Ego zu täuschen und es vom Druck des am Realitätsprinzip festhaltenden Über-Ich zu entlasten.

Auch die Propaganda und institutionelle Implementierung der sogenannten *political correctness* kann in dieser Reihe von Fällen angeführt werden. Hat denn jemals irgendjemand ernsthaft geglaubt, diese unbeholfenen und verkrampften künstlichen Formen des Sprechens könnten die sozialen Beziehungen der Menschen verbessern? Freilich wurde von manchen Proponenten behauptet, die PC sei selbst eine weiße Lüge: Es gab Theoretiker und Funktionäre, die erklärten, das Sprechen mit besseren Worten würde eine bessere Atmosphäre in der Gesellschaft herbeiführen. In der Sprache so zu tun, als ob, würde, wie in Kants Argument, eine entsprechende Wirklichkeit entstehen lassen. Freilich muss man heute, nach etwa 30 Jahren PC-Sprechens, nüchtern bemerken, dass dieses Programm massiv fehlgeschlagen ist. Es gibt nicht mehr Toleranz oder Respekt; eher das Gegenteil. Menschen, die vor 30 Jahren einander vielleicht noch zugehört hätten, schreien heute aufeinander los und erklären einander zu Unpersonen, mit der Begründung, der andere hätte nicht die korrekten Worte gebraucht.

Das Scheitern der *political correctness* kann wohl daraus erklärt werden, dass PC keine weiße Lüge ist. Eine weiße Lüge wie die Höflichkeit muss in der Lage sein, den naiven Beobachter zu überzeugen. Sie muss darum eine perfekte Erscheinung bieten. Aus diesem Grund muss Höflichkeit, wie der Philosoph Alain bemerkte, ebenso gelernt und geübt werden wie Tanzen oder Fechten.[28] PC dagegen hat es nie zustande gebracht, eine perfekte Erscheinung herzustellen. Bald nachdem ein »angemessenes« Wort ein »unangemessenes« ersetzt hatte, geriet das »angemessene« Wort selbst unter Verdacht und musste durch ein neues ersetzt werden. Das kommt daher, dass PC immer nur *gut gemeint*, mithin eine Frage eigener Einbildung, aber niemals *gut gemacht*, also ein funktionierendes Element der Einbildung der anderen war. PC blieb immer »Afterdienst« im Sinn Kants, lieblose (nur der Eigenliebe dienliche) Vorspiegelung von Überzeugung, und wechselte nie auf die andere Seite des naiven Beobachters, indem sie eine perfekte, überzeugende Erscheinung geworden wäre.

Die Behauptung, PC sei eine weiße Lüge, ist mithin wohl selbst eine Täuschung ohne Getäuschte, aber keine weiße Lüge. Die übliche Bezugnahme von Interessensvertretern auf irgendwelche Benachteiligte diente als durchsichtiges »Kaffee«-Argument zur Durchsetzung der eigenen Interessen. Die dafür vorgebrachten Begründungen waren niemals dafür vorgesehen, wirklich irgendjemanden zu überzeugen. (In diesem Sinn haben diejenigen, die heute meinen, PC hätte niemals ernsthafte Verfechter gehabt und sei als Ganzes eine Erfindung der Rechten, etwas Richtiges erkannt.) Aber diese hauchdünne Bemäntelung diente nicht dazu, ein solidarisches Band zu erzeugen. Die Betreiber dieser Politiken waren Zyniker, »Schurken« im Sinn Mandevilles, die genau wussten, was sie taten, und es dennoch taten. Auf der anderen Seite spielten die Kritiker, die ernsthafte Gegenargumente vorbrachten, die Rolle von Mandeville'schen »Narren«. Sie glaubten zwar nicht den Argumenten der Funktionäre, aber sie fielen doch auf die Täuschung herein, es gehe dabei um Argumente.

Was wir hier als Fälle von Fälschungen der weißen Lüge angetroffen haben – da sie alle zwar niemanden täuschen, aber dennoch keinerlei solidarische soziale Bindung mit Hilfe eines naiven Beobachters herstellen –, veranlasst uns dazu, das gesamte Feld von Weiß und Schwarz, Lüge und Wahrheit neu zu überdenken. Wenn Weiß die Farbe der Unschuld ist, dann können diese Bastardgestalten der weißen Lüge nicht beanspruchen, als weiß bezeichnet zu werden. Sie gehören demnach viel eher zum Feld der schwarzen Lügen – Lügen, die keinerlei soziale Bindungen erzeugen und bei denen es Getäuschte gibt (und sei es auch nur ein von der Eigenliebe getäuschtes, selbstgefälliges Ego).

Wenn nun Lügen weiß oder schwarz sein können, so stellt sich die Frage: Gilt dasselbe auch für Wahrheiten? Kann es sein, dass eine Wahrheit nicht immer weiß ist, sondern gewisse Qualitäten mit sich trägt, die es nahelegen würden, sie als schwarz zu bezeichnen?[29] Könnten wir also zusätzlich zur Frage nach Wahrheit oder Lüge auch die Frage nach den moralisch guten oder schlechten Absichten des Sprechers aufwerfen und die daraus entstehenden Varianten in einen Tableau eintragen? Wir hätten bisher Wahrheiten mit lauteren Absichten (weiße Wahrheiten) und Lügen aus lauteren Beweggründen (weiße Lügen) sowie Lügen aus unlauteren Beweggründen wie Eigenliebe (schwarze Lügen) kennengelernt. Aber die Kombinatorik aus zwei Merkmalen sowie deren Abwesenheit ergibt noch eine vierte Möglichkeit: Unser viertes Element wären dann »böse Wahrheiten« – also Wahrheiten, die entweder mit bösen Absichten geäußert werden oder einen bösen Sprecher als Urheber vermuten lassen.

Demnach könnten wir eine Figur nach der Art des »Aristotelischen« (»logischen« beziehungsweise »semiotischen«) Quadrats konstruieren.[30] Im logischen Quadrat stehen einander an den Eckpunkten vier Aussagen wie zum Beispiel die hier angeführten in der folgenden Weise gegenüber:

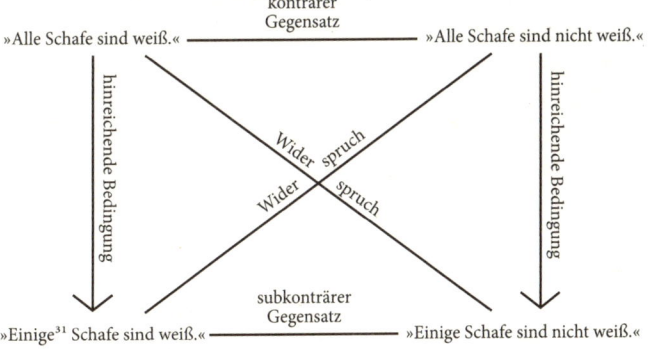

Für unsere Frage ergäbe dies in der Analogie eine Figur mit vier Eckpunkten, mit der weißen Wahrheit und der schwarzen Wahrheit auf der linken, sowie der schwarzen Lüge und weißen Lüge auf der rechte Seite.

Dies würde folgendes Bild ergeben:

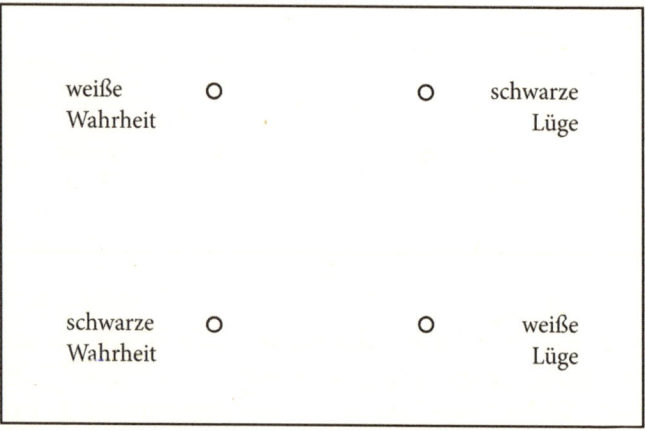

In dieses Schema könnten wir nun, entsprechend dem logischen Quadrat, die folgenden Beziehungen eintragen: Die weiße Wahrheit befände sich – auf der oberen Ebene der Figur – in einer Beziehung des *Gegensatzes* zur schwarzen Lüge.

Man kann nicht beides zugleich tun – weiß die Wahrheit sagen und schwarz lügen. Ebenso können im logischen Quadrat die Sätze »Alle Schafe sind weiß« und »Alle Schafe sind nicht weiß« nicht beide zugleich wahr sein. Andererseits aber könnten sie auch beide zugleich falsch sein. Etwas Drittes wäre dann wahr – nämlich eine der beiden untenstehenden Aussagen (»Einige Schafe sind weiß«, oder »Einige Schafe sind nicht weiß«), oder sogar beide. Dasselbe gilt für weiße Wahrheit und schwarze Lüge. Denn nicht alles, was nicht die weiße Wahrheit ist, ist darum schon schwarz gelogen. Es ist somit auch möglich, dass beide (weiße Wahrheit und schwarze Lüge) nicht der Fall sind. Denn es gibt auch hier noch etwas Drittes – man kann zum Beispiel auch von einer weißen Lüge Gebrauch machen, oder auch von einer schwarzen Wahrheit. Das Verhältnis

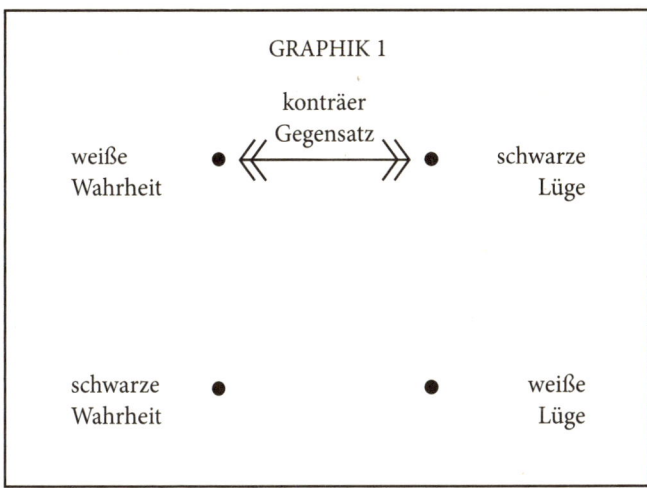

des Gegensatzes besteht in gegenseitiger Ausschließung von zwei Polen, aber es erlaubt auch etwas Drittes.

Die weiße Wahrheit befände sich des Weiteren – der Diagonale von links oben nach rechts unten folgend – in der Beziehung des *Widerspruchs* zur weißen Lüge.

Auch dies stimmt mit unseren bisherigen Erkenntnissen gut

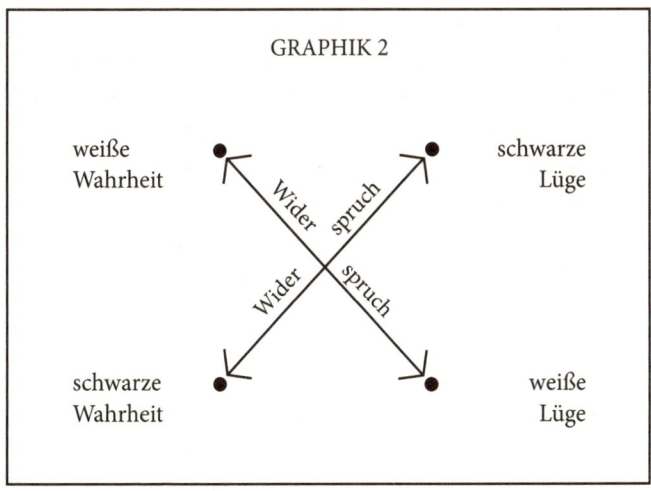

überein: Man kann entweder mit der weißen Wahrheit heraus-
platzen oder aber es nicht tun und damit den für die weiße Lüge
typischen Anschein wahren. Hier gibt es keine dritte Möglichkeit.
Analog dazu stehen auch die Aussagen »Alle Schafe sind weiß« und
»Einige Schafe sind nicht weiß« in der Diagonale des logischen
Quadrats im Widerspruch zueinander und damit im Verhältnis des
ausgeschlossenen Dritten.

Ebenso stünde dann am unteren linken Eckpunkt die schwarze
Wahrheit, der Diagonale von links unten nach rechts oben folgend,
in der Beziehung des *Widerspruchs* zur schwarzen Lüge. Dies ent-
spräche im logischen Quadrat dem Verhältnis der Aussagen »Einige Schafe sind weiß« und »Alle Schafe sind nicht weiß«. Für unsere
Frage würde dies bedeuten, dass die schwarze Lüge eine Beschönigung darstellt, wohingegen die schwarze Wahrheit eine Nicht-
beschönigung wäre. Auch dies ergäbe ein Verhältnis, bei dem ein
Drittes ausgeschlossen ist.

Die senkrechten Verbindungslinien bezeichnen im logischen
Quadrat jeweils das Verhältnis der *Implikation*.

Aus der Aussage links oben, »Alle Schafe sind weiß«, folgt logisch
die Aussage links unten, »Einige Schafe sind weiß«. Ebenso verhält
es sich auf der anderen Seite: Aus der Aussage rechts oben, »Alle
Schafe sind nicht weiß«, folgt logisch die Aussage rechts unten, »Ei-

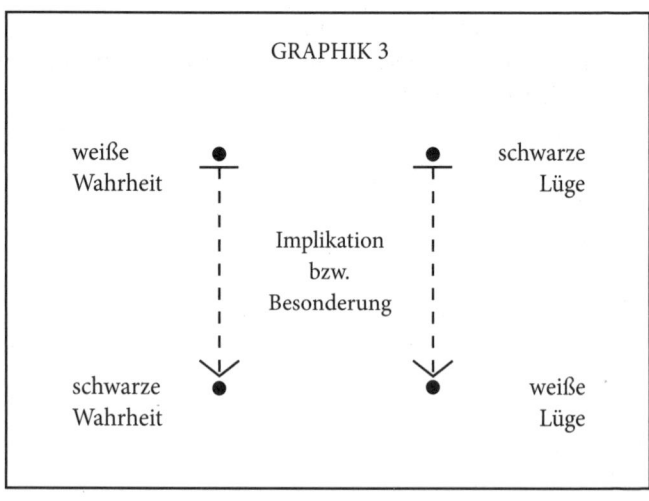

nige Schafe sind nicht weiß«. Was die Implikation betrifft, scheint unsere Konstruktion von der des logischen Quadrats abzuweichen. Denn nicht immer, wenn man eine weiße Wahrheit äußert, spricht man auch schon eine schwarze Wahrheit aus. Und ebenso ist es nicht der Fall, dass man immer dann, wenn man schwarz lügt, auch weiß lügt. (Genau dieses Letztere hatte Immanuel Kant, wie wir sahen, ja klargestellt.)

Was wir aber dennoch als Analogie unseres Schemas zu dem des logischen Quadrats festhalten können, ist der Umstand, dass zwischen dem jeweils oberen und dem darunter liegenden Eckpunkt ein Verhältnis der Besonderung besteht. Die Aussage »Einige Schafe sind weiß« stellt eine Besonderung gegenüber der Aussage »Alle Schafe sind weiß« dar (und dasselbe gilt auf der rechten Seite). Nun könnte man den Satz »Einige Schafe sind weiß« auch folgendermaßen lesen – und so würde man es in jeder empirischen Wissenschaft wohl tatsächlich tun: »Einige Schafe sind weiß, aber es könnte noch einen Zusatzfaktor geben, aufgrund dessen nicht alle Schafe weiß sind.« »Einige« heißt in unserer Lesart nicht notwendigerweise »nicht alle«.[32] Aber es heißt zumindest: »Es könnte einen Grund geben, weshalb es nicht auf alle zutrifft.« So gelesen, besteht zwischen den Aussagen »Alle Schafe sind weiß« und »Einige Schafe sind weiß« kein Verhältnis der logischen Implikation mehr. Man kann aus »Alle …« nicht mehr unmittelbar auf »Einige …« schließen. Vielmehr bedeutet es, dass die von der Aussage »Einige …« bezeichnete Menge einige Elemente mit der von der Aussage »Alle …« bezeichneten Menge gemeinsam hat; andere aber möglicherweise nicht.

Ein solches Verständnis des logischen Quadrats käme den Verhältnissen in unserem Schema nahe. Wir würden davon ausgehen, dass die beiden jeweils unteren Positionen (die schwarze Wahrheit und die weiße Lüge) Sonderfälle der beiden oberen Positionen darstellen. Sie hätten ein Kriterium mit der jeweils obenliegenden Position gemeinsam; darüber hinaus verfügten sie aber noch über einen zusätzlichen Faktor, der nur ihnen allein eignet. Die schwarze Wahrheit ist wahr wie die weiße; aber sie zu äußern heißt etwas sagen, was sich von dem Äußern weißer Wahrheit qualitativ unterscheidet. Ebenso ist die weiße Lüge unwahr wie die schwarze; aber sie zu gebrauchen heißt (wie Kant bemerkte), einem zusätzlichen Prinzip zu folgen, das für die schwarze Lüge nicht zutrifft.

Besonders interessant für unsere Analogie wäre schließlich die Beziehung zwischen den beiden unteren Punkten der Figur, zwischen der schwarzen Wahrheit und der weißen Lüge. Diese Beziehung wäre eine des *subkonträren Gegensatzes*.

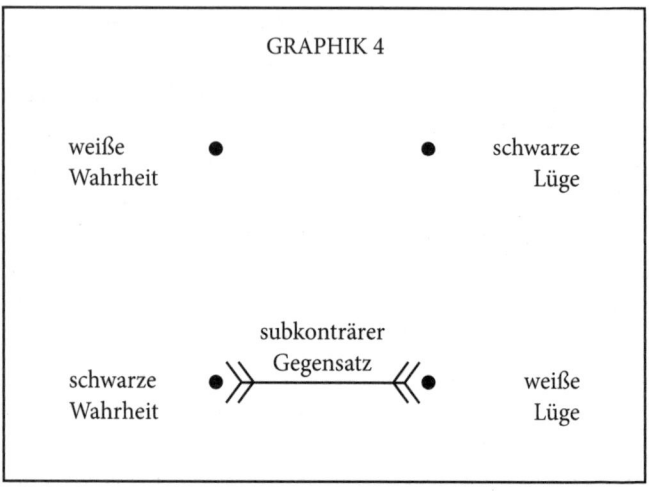

GRAPHIK 4

Demnach könnten weiße Lüge und schwarze Wahrheit (so wie die Sätze »Mindestens ein Schaf ist weiß« und »Mindestens ein Schaf ist nicht weiß«) beide zugleich der Fall sein. Sie würden einander nicht ausschließen. Ausgeschlossen aber wäre, dass sie beide zugleich nicht der Fall wären. (So wie es unmöglich ist, dass die Sätze »Mindestens ein Schaf ist weiß« und »Mindestens ein Schaf ist nicht weiß« beide falsch sind.) Dies würde für unsere Frage bedeuten: Schwarze Wahrheiten wären in gewisser Weise mit den weißen Lügen solidarisch. Entweder wären beide da, oder es müsste eine von ihnen da sein. Es würde keinen Moment in der Welt geben, in denen nicht zumindest eine der beiden Formen uneigentlichen Sprechens, die weiße Lüge oder die schwarze Wahrheit, auffindbar wäre.

ZWEITER TEIL: SCHWARZE WAHRHEITEN

Wahrheiten, die niemand ernsthaft meinen kann

Wenn von »schwarzen Wahrheiten« die Rede ist, so mögen zunächst die Errungenschaften auf dem Gebiet des schwarzen Humors in Erinnerung kommen. 1939 erklärte André Breton im Vorwort zu seiner Anthologie des schwarzen Humors, dass diese Art des Humors weit verbreitet und typisch geworden sei, und eine unerlässliche Voraussetzung für jegliche Art zeitgenössischer künstlerischer oder intellektueller Leistung – »le principe du seul commerce intellectuel de haut luxe«.[33] Heute dagegen scheint der schwarze Humor weitgehend verschwunden; vertrieben aus dem Feld der Kunst und des Intellektualismus und weitgehend unverständlich geworden. Um Spuren davon zu finden und ihn wiederzugewinnen, müsste man schon eine Art Archäologie betreiben.[34]

Eines von Bretons historischen Beispielen ist Jonathan Swifts »Modest Proposal« von 1729 (Swift 1844 [1729]) – ein Vorschlag, »um die Kinder armer Leute in Irland nicht zu einer Last für ihre Eltern oder ihr Land werden zu lassen und um sie für die Öffentlichkeit nützlich zu machen«. Swifts Lösung für beide Probleme, die Armut von Massen erwachsener Menschen sowie die enorme Zahl von Kindern in Armut, ist die folgende:

> »Ein sehr kenntnißreicher Amerikaner meiner Bekanntschaft, in London ansäßig, hat mir die Versicherung gegeben, daß ein junges, gesundes, wohlgenährtes Kind vom Alter eines Jahres ein *höchst schmackhaftes Nahrungsmittel* und eine *gesunde Speise* bietet, ob geschmort, gebraten, gebacken oder gekocht; und ich zweifle gar nicht, daß es ebenfalls als Fricassée oder Ragout sich wird anwenden lassen. [...]
> Allerdings wird diese Speise auf einen ziemlich hohen Preis zu stehen kommen, ist aber desto besser geeignet für die Aristokratie der Grundeigenthümer; da diese schon den größten Theil der Eltern gewissermaßen verspeist haben, scheinen sie auch den besten Anspruch auf die Kinder zu besitzen.« (Swift 1844 [1729]: 32 f.)

Eine ähnliche Intervention hatte einige Jahre zuvor Bernard de Mandeville gesetzt, in seinem 1705 erstmals veröffentlichten Ge-

dicht »The Grumbling Hive. Or Knaves Turned Honest«, besser bekannt unter dem Titel »The Fable of the Bees, or Private Vices, Pub-
lick Benefits«.[35] Dieser Text erlangte seine berüchtigte Reputation
wegen der Behauptung, die sein Untertitel knapp zusammenfasst:
»Private Laster, öffentliche Vorteile«. Das war eine Kampfansage
gegen die sensualistischen Annahmen seiner philosophischen
Zeitgenossen. Diese hatten angenommen, die Neigungen der
Menschen würden diese zu moralischen Wesen machen, und die
Moralität der Einzelnen den Nutzen der Gesellschaft als ganzer befördern. Dem widersprach Mandeville doppelt. Er argumentierte,
dass erstens die Neigungen der Menschen nicht moralisch seien
und zweitens moralisches Verhalten nicht von Nutzen für die Gesellschaft. Nur eine Gesellschaft voller rücksichtsloser Egoisten-
Bienen, auf recht unheimliche Weise der *condition humaine* des
realen frühen Kapitalismus ähnelnd, könne ein prosperierendes
Bienenvolk hervorbringen:

> »Then leave Complaints: Fools only strive
> To make a Great an Honest Hive
> T'enjoy the World's Conveniencies
> Be fam'd in War, yet live in Ease,
> Without great Vices, is a vain
> Eutopia seated in the Brain.
> Fraud, Luxuria and Pride must live,
> While we the Benefits receive.« (Mandeville 1980: 79)

> [»Klagt nicht, denn daß ein Staat, der groß,
> Auch redlich wird, wünscht Torheit bloß.
> Daß man die Wonnen dieser Welt
> Genießt und erntet Ruhm im Feld
> Und lebt in Wohlstand sündenfrei,
> Ist Utopie und Träumerei.
> Falsch, Dünkel, Pomp muß existieren,
> Da wir von ihnen profitieren.«][36]

Mandevilles und Swifts Interventionen können nicht nur als Beispiele schwarzen Humors, sondern auch als solche schwarzer
Wahrheiten eingestuft werden. Denn sie zeigen genau die umge-
kehrte Struktur gegenüber jener der weißen Lüge: Wenn weiße

Lügen Täuschungen ohne Getäuschte sind, dann sind andererseits diese schwarzen Wahrheiten durchaus aufrichtig in Bezug auf das, was sie sagen – aber sie werfen die Frage auf: Ist es möglich, das zu meinen, was sie sagen?

Weiße Lügen sind schwer zu glauben; schwarze Wahrheiten sind schwierig zu meinen. Die weiße Lüge täuscht niemanden; die schwarze Wahrheit überzeugt niemanden. Genau wie die weiße Lüge präsentiert auch Letztere eine Spaltung zwischen der Ebene des Aussagens und jener des ausgesagten Inhalts. Während aber bei der weißen Lüge der ausgesagte Inhalt zweifelhaft, die Position des Aussagens selbst dagegen wahrhaftig (in Bezug auf Liebe oder Solidarität) ist, verhält es sich bei der schwarzen Wahrheit genau umgekehrt. Was sie sagt, mag ganz vernünftig sein, nur ist es schlechthin skandalös, es überhaupt zu sagen. Die Behauptungen der schwarzen Wahrheit erscheinen von einem »unmöglichen Standpunkt« aus vorgetragen.

Wenn zum Beispiel Mandeville behauptet, es sei gut, wenn die Justiz unvollkommen operiert, so dass nur kleine Schurken gehängt werden, während man die großen laufenlässt, so ist klar, dass keine der beiden Seiten ihm zustimmen konnte. Die kleinen Schurken hätten wohl gesagt: »Wie in aller Welt können Sie das nur gut finden?« Die großen Schurken dagegen hätten gesagt: »Wie können Sie behaupten, das sei wahr? Es mag wohl stimmen, gelegentlich mag wohl der eine oder andere große Verbrecher ungeschoren bleiben, aber sind wir nicht dabei, den Justizapparat permanent zu perfektionieren, um solche Fehler in Zukunft zu vermeiden?« Während die eine Seite sich an der Bewertung der Fakten stieß, beanstandete die andere deren Beschreibung. Keiner der möglichen Standpunkte in dieser Frage schien mit dem von Mandeville eingenommenen vereinbar.

In diesem Sinn hat Louis Althusser betont, dass das Einnehmen eines unmöglichen Standpunktes eine notwendige Voraussetzung für eine kritische Theorie darstellt.[37] Althusser schreibt:

> »… so erinnerte ich mich an Machiavelli, dessen selten ausgesprochene, aber immer praktizierte methodische Regel lautete, daß man *an die Extreme* denken müsse, worunter zu verstehen ist, daß man in einer Position, in der man Thesen ausspricht, die an die Grenzen des Verständlichen (thèses-

limites) stoßen, die Stelle des Unmöglichen einnehmen muß, um das Denken möglich zu machen.« (Althusser [1975]: 56)

Die schwarzen Wahrheiten werden von der Sprecherposition des Unmöglichen aus vorgebracht. Darum finden sie keine Zustimmung und werden regelmäßig von allen nur denkbaren Streitparteien in der jeweiligen Frage einmütig abgelehnt. Ihr Standpunkt erlaubt keine Identifizierung. Niemand unter den Anwesenden kann der schwarzen Wahrheit zustimmen oder ihr seine Stimme leihen, um sie auszusprechen. Man könnte darum sagen: Die schwarze Wahrheit ist das, was die Lage selbst zu ihrer Rechtfertigung vorbringen würde, wenn sie denn sprechen könnte. Sie ist, um es in den Begriffen der klassischen Rhetorik zu sagen, die »Prosopopoia« der objektiven Situation. So wie das »Lob der Narrheit« des Erasmus von Rotterdam die Narrheit selbst sprechen lässt – denn, wie sie selbst sagt, sonst lobt sie ja leider keiner –, verfährt auch das Aussprechen der schwarzen Wahrheiten: Es lässt die Situation selbst sprechen – wobei freilich nicht immer, wie bei Erasmus, gleich eine allegorische Figur zur Darstellung gelangt.

Weiße Lügen können darum als *Unteraffirmationen* gegebener Fakten betrachtet werden: Einer bestimmten Wahrheit und solidarischen oder liebenden Verbindung zuliebe gestehen sie die Tatsachen nicht vollständig ein und bilden stattdessen einen Überbau über ihnen. Sie versagen bestimmten Dingen die Bestätigung und machen sie dadurch möglich.

Schwarze Wahrheiten dagegen können als *Überaffirmationen* kenntlich gemacht werden: Sie bejahen einen gegebenen Zustand sogar noch genau an jenem Punkt, an dem dieser Zustand, um bestehen zu können, von keiner der beteiligten Parteien vollständig bejaht werden kann; wo er einen Überbau benötigt, der ihn bedeckt. Schwarze Wahrheiten bestätigen bestimmte Zustände (mehr, als es irgendjemand wirklich kann), um ihnen den schützenden Überbau zu entziehen und sie dadurch unmöglich zu machen.

Das macht schwarze Wahrheiten für alle beteiligten Parteien so unverdaulich. Die Klassen, die daran interessiert sind, den jeweiligen Zustand aufrechtzuerhalten, haben es dringend nötig, dessen Beschreibung zu bestreiten (etwa mit dem Hinweis, dass die kritisierten Dinge doch schon auf dem Weg der Besserung wären), um die Position zu rechtfertigen, die sie selbst innerhalb dieses Zustandes einnehmen. Und die Klassen, die unter diesem Zustand leiden, ertragen dessen Beschreibung, der sie zustimmen, nur unter der Bedingung, dass diese im Ton der Empörung vorgetragen wird. Diagnose und Bewertung gehen in beiden Fällen nicht zusammen, und genau dies trägt offenbar zum Überleben des Zustandes bei. Beide Positionen verfehlen jene Hegel'sche »List der Vernunft«, die hinter ihrem jeweiligen Handeln steckt und es unbemerkt antreibt. In der schwarzen Wahrheit äußert sich die Stimme dieser Vernunft, die gerade durch solches Sprechen um ihre List gebracht wird. Hierin besteht die Funktion der Spaltung zwischen der Ebene der Aussage und jener des Aussagens: Das, was die schwarze Wahrheit sagt, wird gerade dadurch, dass sie es sagt, unmöglich gemacht.

Wenn vollständige Bejahung ihr Objekt zerstört

Die Profiteure der Armut in Irland, in Swifts Fall, hätten es als zutiefst abstoßend empfunden, auch nur daran zu denken, arme Kinder zu verspeisen, und genau dieses Gefühl hat ihnen wohl erlaubt, deren arme Eltern zu »fressen«, wie Swift es hübsch formuliert. Hätten sie ihre fleischfressende Position vollständig anerkennen und bejahen müssen, so würden sie sie wohl nicht länger ertragen haben.

Dasselbe ließ sich beobachten, als Christoph Schlingensief im Jahr 2000 in Wien seine Installation »Bitte liebt Österreich!« neben der Wiener Staatsoper präsentierte. Dabei wurde suggeriert, dass in den dort aufgestellten Containern Asylsuchende lebten, und das Publikum wurde ermutigt, nach dem Vorbild populärer Fernseh-Reality-Shows wie »Big Brother« die am wenigsten beliebte Person aus dem Container rauszuvotieren. Es wurde versprochen, dass diese dann sofort jenseits der Schengen-Grenzen verbracht würde. Die Frage blieb nur: Sollte es der Koch aus Kenia sein, oder lieber die Textilingenieurin aus Vietnam? Auffällig war die Reaktion des Publikums auf dieses Ansinnen von Schlingensiefs Installation: Es zeigte sich, dass gerade diejenigen Personen und Parteien, die am feindseligsten gegenüber Asylsuchenden eingestellt waren, die

Installation am meisten ablehnten und attackierten.[38] Die entsprechende Position in der politischen Wirklichkeit empörte sich über ihre unverhohlene Erfüllung in der Kunst.

»Schwarze Wahrheiten« funktionieren so wie »paradoxe Interventionen« in der Psychotherapie:[39] Wo der Widerstand der Patienten gegen ihr Symptom eine Stütze ebendieses Symptoms bildet, intervenieren die Therapeuten, indem sie ihnen vorschreiben, ihr Symptom absichtlich hervorzubringen und es zu verstärken: Der notorisch Schlampige bekommt aufgetragen, sich bis zur nächsten Sitzung sogar noch schlampiger zu verhalten; der schüchtern Gehemmte bekommt befohlen, sich an einen öffentlichen Ort zu begeben und sich dort gleich noch schüchterner und gehemmter zu verhalten als sonst etc. Wie bei den schwarzen Wahrheiten bildet die schnurgerade Bejahung des Übels eine Attacke auf jene Bedeckung, die, bei aller scheinbaren Opposition zu diesem Übel, in Wahrheit dessen entscheidende Stütze ist.

Klarerweise ist dieses Verhältnis allerdings nicht nur ein logisches.[40] Es ist in Wahrheit ein Verhältnis von affektiven Kräften. Die beträchtliche Macht von schwarzen Wahrheiten rührt daher, dass sie eine volle Affektabfuhr ermöglichen: Indem sie sowohl (auf der Ebene der Aussage) das eine als auch (auf der Ebene des Aussagens) dessen Gegenteil behaupten, befriedigen sie zwei entgegengesetzte psychische Strebungen zur Gänze, ohne jede Einschränkung, wie sie eindeutigen Äußerungen unweigerlich eignet. Dadurch und durch die ironische Distanz, die sie eröffnen, produzieren sie erhebliche Lust. Und nur diese Lusterzeugung ist in der Lage, jene neurotische Unlust aufzulösen und zu ersetzen, die in dem Zögerlichen einer Haltung steckte, welche zu ihrer Aufrechterhaltung einer Gegenkraft beziehungsweise einer Bedeckung bedurfte. Diese Haltung war für ihre Träger – wie alle neurotische Unlust – überaus anstrengend: Es erfordert nämlich erheblichen psychischen Aufwand, eine Sache zu tun, während man sich selbst ständig das Gegenteil weismacht. Die volle Ambivalenz des schwarzen Humors ersetzt nun diese psychisch aufwendige widersprüchliche Balance zwischen einer Basis und ihrem Überbau. Was der schwarze Humor hier »abzulachen« erlaubt, ist der hohe Betrag an neurotischer Besetzungsenergie, welche die Aufrechterhaltung einer privilegierten – oder auch unterprivilegierten – Klassenposition erfordert.

Das Durchkreuzen der imaginären Achse der Kommunikation

Die Art, in der Swift, de Mandeville und Schlingensief mit ihrem jeweiligen Publikum kommunizierten, kann neben dem Aristotelischen auch noch zu einem anderen quadratischen Schema in Beziehung gesetzt werden – nämlich zu Jacques Lacans Schema L.[41] Üblicherweise vollzieht sich Kommunikation auf einer imaginären Achse, zwischen »möglichen«, den jeweiligen Ideal-Ichs entsprechenden Standpunkten. Darin spricht der eine Pol so, dass man es auch meinen kann; mit anderen Worten: so, dass sein Sprechen ein Verstehen im Sinn von Identifizierung erlaubt; und der andere versteht ihn auch so, wie der erste verstanden werden möchte. Schwarze Wahrheiten hingegen durchkreuzen diese Achse. Sie hören den Sender an einem Punkt, an dem dieser nicht stehen möchte, und sie adressieren den empfangenden Pol an jenem Punkt, an dem dieser – gegen seinen Wunsch – tatsächlich steht.[42]

Ein hübsches Beispiel für diese Art einer die imaginäre Achse durchkreuzenden Kommunikation liefert der von Sigmund Freud kommentierte Witz über den Artilleristen Itzig:

> »Itzig ist zur Artillerie assentiert worden. Er ist offenbar ein intelligenter Bursche, aber ungefügig und ohne Interesse für den Dienst. Einer seiner Vorgesetzten, der ihm wohlgesinnt ist, nimmt ihn beiseite und sagt ihm: ›Itzig, du taugst nicht zu uns. Ich will dir einen Rat geben: *Kauf dir' eine Kanon' und mach' dich selbständig.*‹« (Freud [1905]: 56)

Der offenbare Unsinn dieses Ratschlags wird, wie Freud feststellt, von dessen rationalem Hintergrund konterkariert. Der Rat ist klug nicht in dem, was er sagt, sondern durch die Position, von der aus er spricht. Übersetzt in seine implizite Metasprache, kann dieser Rat, Freud zufolge, reformuliert werden durch den Satz: »Ich will dir jetzt einen Rat geben, der genauso dumm ist wie du.« Der Rat karikiert Itzig und dessen reale Position. Auch in diesem Fall greift die volle Ambivalenz der Mitteilung die zart überbaute Komfort-Zone des Adressaten an. Und indem er Itzig nicht sagt, was er denkt, sondern es ihm »zeigt«,[43] gelingt es dem Vorgesetzten, die schützende Linie wechselseitigen imaginären Verständnisses zu durchbrechen. Er zwingt Itzig, dessen eigene, in seiner ungefügigen Haltung ausgedrückte Botschaft, »in umgekehrter Form zu empfangen«.[44] Derart zwingt er Itzig, sich selbst dort zu sehen, wo er wirklich steht, anstatt ihm nur das idealisierte Bild zurück- zuspiegeln, in dem Itzig sich gerne wiedererkennt.

So, wie die weißen Lügen ihre Adressaten von der Ebene ihrer wenig glaubhaften oder informativen Aussage weg- und stattdes- sen zur Ebene des Aussagens hingeführt hatten, tun dies auch die schwarzen Wahrheiten. Sie problematisieren gerade durch die ver- blüffende, grelle Wahrheit ihrer Aussage sofort diese zweite, ver- stecktere Achse des Aussagens und werfen Fragen auf wie »Wie können Sie das nur sagen?«, »Was wollen Sie mir sagen, indem Sie mir das sagen?« etc. Darin zeigen weiße Lügen und schwarze Wahrheiten ihre zuvor von uns im Schema entdeckte, strukturell solidarische Funktion.

Sie widersetzen sich einerseits weißen Wahrheiten und anderer- seits schwarzen Lügen, insofern diese ihrerseits dieselbe Funk- tion erfüllen – nämlich ausschließlich die imaginäre Achse einer Kommunikation zu bedienen. Weiße Wahrheiten, zum Beispiel als Indiskretionen, lenken mit ihrem Fokus und ihrer Fixierung auf den scheinbar so bedeutenden und zwingenden tatsächlichen Sachverhalt ja oft ab von den viel entscheidenderen Fragen des Ver- hältnisses der Sprecher sowohl zu diesem Sachverhalt als auch zu- einander. Sie ignorieren so entscheidende Fragen wie: »Willst du das wirklich wissen?«, »Willst du es wirklich von mir wissen?«, das heißt: »Willst du wissen, dass ich es weiß?«, »Wer bin ich, dass ich dir das sage?«, »Darf ich dich zwingen, es zu wissen?« und »Darf ich dich zwingen, anzuerkennen, dass du es weißt?«[45]

Schwarze Lügen hingegen erfüllen ihre Funktion als Befestiger imaginärer Kommunikationen, wenn alle Beteiligten ihre jewei- ligen Standpunkte nur einnehmen können, insofern sie sich aus Eigenliebe über ihre wirkliche Stellung in der Situation täuschen – etwa, wenn brutale Austeritäts- oder Privatisierungspolitik nur von Politikern betrieben werden kann, die sich selbst für Sozialdemo- kraten halten.

Gegen diese Fixierungen der Sprecher in einem alle beteiligten Seiten gefangen haltenden Imaginären operieren die beiden For- men uneigentlichen Sprechens. Weiße Lügen verführen dazu, die sture imaginäre Achse des Austauschs von weißen Wahrheiten zu verlassen und sich statt auf die Sachverhalte lieber darauf zu besinnen, wer hier mit wem spricht und wie diese Beteiligten zueinander stehen. Schwarze Wahrheiten andererseits durchbrechen das Verträumte oder Heuchlerische einer Situation und sprechen stattdessen die Sprache ihrer Struktur.

Befreiende Höflichkeiten. Und befreiende Brüskierungen

Weiße Lügen und schwarze Wahrheiten sind also, wie wir gesehen haben, in diesem Punkt solidarisch: Sie erfüllen beide die Funktion des Durchkreuzens imaginärer Kommunikationsachsen. Dies ist der Grund, weshalb man ohne Widerspruch sowohl von befreiender Höflichkeit als auch von befreiender Brüskierung sprechen kann. Dies erkennbar werden zu lassen ist der Vorteil unseres nicht einfach nur bipolar konzipierten, sondern auf vier Punkte erweiterten, »Aristotelischen« (beziehungsweise Lacan'schen) Gegensatzfeldes. Wenn Höflichkeit eine weiße Lüge ist, dann ist nicht die schwarze Wahrheit einer skandalösen Äußerung ihr Gegenteil.

Vielmehr sind beide Formen uneigentlichen Sprechens Befreiungen. Die kleine Anstrengung der Höflichkeit kann mindestens von der Faulheit der eigenen Befindlichkeiten befreien; und ihre Erfahrung kann andere erinnern, dass auch sie in der Lage sind, sich über ihre Launen und Stimmungen zu erheben (ein Umstand, der in der Postmoderne weitgehend vergessen scheint, da er einer ganzen Generation von antiautoritär Erzogenen niemals zur Kenntnis gebracht worden sein dürfte).

Gegen diese Art der Erleichterung, der Täuschung ohne Getäuschte, gibt es keine Möglichkeit befreiender Unhöflichkeit. Den Launen nachzugeben wäre hier nur träge Unhöflichkeit, die nichts Befreiendes hätte; es wäre nur die weiße Wahrheit vermeintlicher Authentizität im eigenen Unglück. Aus diesem Grund hat der große französische Philosoph der Höflichkeit, Alain, festgehalten, dass Unhöflichkeit immer Ungeschicklichkeit ist – die unabsichtliche Vernachlässigung unserer Möglichkeiten, die Form zu wahren und glücklich zu sein. Alain betont,

> »daß alles, was gewollt ist, außerhalb des Gegensatzes Höflichkeit – Unhöflichkeit fällt. So kann jemand, der durchaus höflich ist, einen verächtlichen Menschen bis zur Gewalttätig

keit grob behandeln, ohne daß sein Benehmen darum unhöflich wäre. […] Höflichkeit bezieht sich vielmehr nur auf diejenigen Handlungen, die wir gedankenlos tun und die etwas ausdrücken, was auszudrücken wir nicht beabsichtigen. Ein Mensch, der alles sagt, was ihm in den Sinn kommt; der sich jeweils der ersten Regung überläßt; der ohne Zurückhaltung Erstaunen, Abscheu, Gefallen bekundet, bevor er noch weiß, was er eigentlich empfindet, ist ein unhöflicher Mensch …«
(Alain 1982: 203)

Solche Unhöflichkeit des spontanen Nachgebens gegenüber eigenen Launen und Befindlichkeiten bedeutet nur Gefangenheit im Imaginären des eigenen Unglücks. Wenn die Verletzung von Höflichkeitsregeln hingegen etwas Befreiendes hat, dann nur als gezielte Brüskierung – das heißt: als etwas, das außerhalb des Gegensatzes von Höflichkeit und Unhöflichkeit fällt. Denn, so schreibt Alain:

»… wenn der Höfliche es für notwendig hält, jemand empfindlich zu treffen, steht ihm das frei; sein Akt hat dann nichts mehr mit Höflichkeit, sondern mit Moral zu tun. […] Jemandem auf den Fuß treten ist gewalttätig, wenn man es absichtlich tut; geschieht es aber unabsichtlich, ist es eine Unhöflichkeit.« (Alain 1982: 203 f.)

Solche absichtlichen Regelverletzungen stellen zum Beispiel die Diskursstrategien von Avantgarde, Popkultur und Punk dar, denen Thomas Mießgang eine Studie gewidmet hat.[46] Er betont die befreiende Wirkung solcher rüder Vorstöße:

»Ein derbes Wort oder eine gezielte Invektive in die Richtung der Lächelmasken, die den öffentlichen Debattenraum mit Leerformeln vereinnahmen, schafft Klarheit und hilft, die Kraft, die stets das Böse will, zur Kenntlichkeit zu entstellen.« (Mießgang 2013: 8)

Als zum Beispiel die Dadaisten plötzlich eine Sprache der Gewalt sprachen oder die Wiener Aktionisten jegliche guten Manieren vermissen ließen,[47] war dies nicht nur ein Ergebnis von Nachlässigkeit oder Verwahrlosung, sondern bedeutete – den Interventionen von Swift und Mandeville vergleichbar – den gezielten Einbruch von schwarzer Wahrheit in eine heuchlerische Situation. Ebenso war es ein Moment des Aufatmens und eines Aufblitzens von Po-

litik inmitten verantwortungsloser, geschliffener Funktionärsrouti-
nen, als 2015 der damalige griechische Finanzminister Varoufakis
den Vorsitzenden der Euro-Gruppe Dijsselbloem öffentlich einen
»Lügner« nannte.

Was solche Akte zu schwarzen Wahrheiten macht, ist der Umstand, dass sie – anders als die bloßen Unhöflichkeiten – nicht nur
davon handeln, wie der eine, der Sprecher, ist oder sich gerade fühlt.
Vielmehr handeln sie davon, wie der andere, der Adressat, ist. Es
sind »Itzig«-Reaktionen, die dem anderen nicht nur etwas sagen,
sondern ihm dabei auch etwas zeigen – eben, wie er ist beziehungsweise sich verhält. Sie verweisen auf die Ebene des Aussagens und
damit auf die Gesamtstruktur der Situation: Sie sind grob, um die
Grobheit des anderen kenntlich und damit unmöglich zu machen.

Bastardgestalten. Unbewusste Sarkasmen.
Und wenn den schwarzen Wahrheiten ihre Kontrastfolie
abhandenkommt

Dieser Umstand, dass in der vermeintlichen Formlosigkeit eine
Form – nämlich eine an den anderen gerichtete Botschaft, eine
drastische Darstellung von dessen eigener Stellung in der Situation – enthalten ist, kann leicht übersehen werden; insbesondere
dann, wenn die Brüskierung nicht aus bewusster Entscheidung
erfolgt, sondern durch eine spontane, unbewusste Reaktion auf die
Erwartung eines anderen, nach dem psychoanalytischen Prinzip
der »Gegenübertragung«.[48] Dies ist eine in der Postmoderne häufig
wiederkehrende Situation. Plötzlich scheint es überall vom »Pri-
mitiven« zu wimmeln, die im Billigfernsehen in sogenannten »Rea-
lity«-Formaten auftauchen, um dort von anderen angeekelt bestaunt
zu werden. Fernsehteams aus der Großstadt schwärmen neugierig
in die Peripherie aus, zum Beispiel in Provinzdiskotheken, und ent-
decken unter den Jugendlichen dort prompt noch weitaus rohere
Verhaltensformen, als sie zu hoffen gewagt hätten. Hier ist es wichtig, sich an die Erkenntnisse zu erinnern, die der Literaturwissen-
schaftler Stephen Greenblatt in seinem Aufsatz »Schmutzige Riten«
so klar und aufschlussreich formuliert hat: Solches vermeintlich
primitives Verhalten entsteht immer dort, wo eine Gruppe sich von

einer anderen verachtet fühlt. Unter diesem Gefühl beginnt sie der anderen Gruppe dann spontan und unbewusst genau jenes Verächtliche vorzuspielen, das diese in ihr sieht – und zwar eben noch um eine Nummer drastischer. Dieses Verhalten ist, wie Greenblatt schreibt, sowohl eine »Anerkennung der eigenen Niederlage« als auch ein Protest dagegen.[49]

Der eine verhält sich also in betont schändlicher Weise, nicht weil er selbst so wäre, sondern um damit dem anderen zu zeigen, wie dieser ist oder wie dieser über ihn denkt oder wie er meint, dass dieser über ihn denkt, oder wie die gesamte Situation ist. Wird jedoch diese an den anderen gerichtete, auf der Ebene des Aussagens beziehungsweise Zeigens angesiedelte Botschaft überhört oder übersehen, dann erscheint der eine unweigerlich als Primitiver, oder als Bestie. Marshall Berman hat in seiner Studie zu Rousseau sehr schön ein solches Missverständnis analysiert: Der junge Untergebene Rousseau versucht seinen Herrschaften verzweifelt zu zeigen, dass er mehr ist als nur ein Untergebener; er begeht Verstöße wie zum Beispiel Diebstähle. Doch je mehr er dies tut, desto mehr halten die anderen ihn nur für einen elenden Untergebenen.[50] Sie vermögen nur das auf der Ebene der Sachverhalte Ausgesagte zu vernehmen, nicht aber die im Aussagen selbst vorgebrachte Botschaft.

Ein weiterer Grund, weshalb schwarze Wahrheiten, wie Mießgang gut erkennt,[51] ihre befreiende Kraft verlieren können, besteht darin, dass ihnen durch eine Veränderung ihrer Umgebung ihr »Reibebaum« abhandenkommt. Dieser Widerpart aber besteht nicht in ihrem Gegenüber oder dessen angewidertem Entsetzen, sondern vielmehr in jener Norm, die die protestierenden Unterlegenen durch deren Verletzung bei ihrem Gegenüber einklagen wollten.

Denn der emanzipatorische Wert dieser Protestgesten liegt nicht in der Verletzung von Regeln, sondern vielmehr im Hinweis darauf, dass der andere oder die Situation als ganze eine noch weitaus schlimmere Verletzung ebendieser Regeln darstellt oder betreibt. Die für die Aufrechterhaltung der Situation entscheidende Lüge, dass nur die eine Seite die primitive wäre, soll gerade durch Überaffirmation als unwahr erwiesen und die Situation damit unmöglich gemacht werden. Es kann aber passieren, dass die Situation selbst diese Lüge auf einmal nicht mehr benötigt. Dann können auch die anderen mit einem Mal primitiv werden und dem einen schulterklopfend versichern, dass sie mit ihm, der ihnen doch ihre Verletzung ihrer eigenen Normen schmerzlich bewusst machen wollte, in der Verachtung dieser Normen einer Meinung wären. Wenn zum Beispiel Joschka Fischer als junger Politiker in den 1980er Jahren den deutschen Bundestag in Turnschuhen betrat,[52] konnte dies als Artikulation von Unzufriedenheit, als Protest gegen bestimmte Praktiken der Verachtung durch Vertreter anderer Parteien oder auch gegen schäbige Politiken des Establishments verstanden werden. Heute hingegen, nach der neoliberalen Entwertung demokratischer Institutionen, kann seine Geste auch als einfache Zeiterscheinung gelockerter Sitten und gesunkenen Respekts für das öffentliche Amt gelten. Sie wirkt dann nicht mehr als Botschaft und Protest, sondern nur als einfache Anerkennung eines Tatbestandes beziehungsweise als Beitrag zu dessen Entwicklung. Andere, die dann vielleicht auch Turnschuhe tragen, verstehen dies in der Folge wohl als Ausdruck von Zufriedenheit mit einem Zustand, in dem man sich bei der Kleidung nicht mehr so viel Mühe geben muss. Der Bedeutungshintergrund der Protestgeste, die von ihr gebrochene Norm, ist dann verlorengegangen. Der Umstand, dass die absichtliche und ostentative Verletzung der Norm gerade eine verzweifelte Forderung nach der Erfüllung dieser Norm darstellen wollte, ist damit unerkennbar geworden.

Eine ähnliche Transformation widerfuhr einem Protest der Initiative »Adults for Adults«. Als die EU-Kommission im Herbst 2013 jene Tabakrichtlinie beschloss, der zufolge sämtliche Verpackungen von Tabakwaren nicht nur mit Warnhinweisen, sondern auch mit Schockbildern zu versehen sind, versandte die Initiative an die verantwortlichen Politiker jeweils eine Flasche französischen Rotweins, deren Etikett warnende Schockbilder von Leberschäden zeigte. Das Absurde dieser Weinverpackung sollte den Adressaten das Absurde der von ihnen beschlossenen Tabakverpackungen vor Augen führen. Doch bald wurde diese schwarzhumorige Satire von der Realität eingeholt: Inzwischen ist das Schockverpacken auch von alkoholischen Getränken in einigen EU-Staaten bereits gängige Praxis. Wenn jedoch die Wirklichkeit an vielen oder gar allen Punkten absurd wird, können einzelne Teile nicht mehr durch absurde Parodie zur Kenntlichkeit gebracht und dadurch unmöglich gemacht werden.

Wenn solches Verletzen von Formen und Normen in einer Kultur zur allgemeinen Gepflogenheit wird, dann entsteht auf der anderen Seite – scheinbar paradoxerweise – eine kollektive Unfähigkeit, ungute Kulturelemente durch Feiern zu würdigen und sie in etwas Großartiges zu verwandeln. Das ist die typische Situation der Postmoderne. Auf der einen Seite beobachten wir eine allgemeine »Verfreakung« der Bevölkerungen – auf der Ebene der Umgangsformen ebenso wie zum Beispiel auf jener der Kleidung: Es ist mittlerweile fast unmöglich oder wenigstens sehr teuer geworden, auch nur irgendwelche Kleidung zu erwerben, die nicht von punkigen Elementen wie Löchern, Rissen, Sicherheitsnadeln, riesigen Markenlogos oder mehr oder weniger politischen Parolen markiert wäre. Auf der anderen Seite zeigt sich dieselbe verfreakte Bevölkerung auffällig unfähig, mit Kulturelementen wie schwarzem Humor, Sex, Höflichkeit, Tabakkultur, Alkohol oder auch nur *adult language* so umzugehen, dass ihr daraus ein Lustgewinn erwachsen könnte. Ein solcher lustvoller Umgang müsste psychoanalytisch als »Sublimierung« bezeichnet werden.[53] Sublimierung aber ist etwas für Erwachsene. Während erwachsene Menschen bislang wussten, dass solche zwiespältigen Kulturelemente nicht durchweg bekömmlich sind, sondern nur in Ausnahmesituationen des Feierns; dass sie aber gerade dann zu den großartigen Dingen werden können, die das Leben lohnend machen, stehen die in kommerziellem Dauerpunk gehaltenen, infantilisierten Postmodernen solchen Dingen rat- und hilflos gegenüber, fühlen sich mindestens »mikroaggressiv« bedrängt und rufen nach der Behörde. So sehen wir Leute in zerrissenen Hosen, die sich über schroffe Worte beklagen; legalisierte Kiffer, die sich über Raucherinnen empören; und Gepiercte, denen Sexualität grundsätzlich als »sexistisch« erscheint.

Genau an diesem Punkt und für diese Situation scheint Herbert Marcuses Begriff der »repressiven Entsublimierung«[54] seine volle Berechtigung zu besitzen: Die scheinbar emanzipatorische Liquidierung aller hochkulturellen Elemente und Werte führt nicht zur Befreiung, sondern zur allgemeinen Unfähigkeit, auch nur irgendetwas zu sublimieren.

Der gewohnheitsmäßige Protesthabitus, der ostentative Normverletzung nicht mehr als impliziten Appell an diese Norm begreifen lässt, sondern lediglich als zufriedenen Beweis ihrer Abwesenheit, führt zur Unfähigkeit, mit erwachsenen Dingen in erwachsener Weise – das heißt: sublimierend – umzugehen. Wer die weißen Lügen der erwachsenen Kultur als trügerisch oder repressiv ablehnt und die strategischen Normverletzungen als bloße Befreiung von lästigen Normen missversteht, kann auch mit den schwarzen Wahrheiten dieser Kultur sowie den ihnen korrespondierenden Praktiken nichts mehr anfangen.

Die dunklen Ecken europäischen Verkehrs

Die Praktiken der weißen Lüge und des schwarzen Humors tragen viele Spuren des alten Europa an sich. In anderen Teilen der Welt, vor allem in den USA, entziehen sie sich dem Verständnis, und so werden sie dank der politischen und kulturellen Hegemonie dieses Landes auch den anderen, sogar den europäischen Kulturen allmählich unverständlich. Dass Höflichkeit zum Beispiel die Struktur einer weißen Lüge besitzt, scheint in Amerika kaum jemals begriffen worden zu sein. Wenigstens seit dort die von Sennett diagnostizierte »Tyrannei der Intimität« sich auszubreiten begann, müssen amerikanische Politiker ununterbrochen lächeln und amerikanische Verkäufer sich mit ihren Vornamen und ihren persönlichen Vorlieben bei ihren Kunden vorstellig machen. Dies aber ist keine Höflichkeit. Es werden keine Täuschungen ohne Getäuschte fabriziert; vielmehr sollen überall echte Gefühle geheuchelt werden. Was dabei herauskommt, sind folglich Produkte der »Eigenliebe«, und keine tauglichen Formen für die Einbildung virtueller Dritter. Für sie gilt, was Alain bemerkt:
»Es gibt eine Höflingshöflichkeit, die alles andere als schön ist. Allerdings ist diese Höflichkeit auch keine. […] mit Absichten gepaartes Wohlwollen und berechnete Schmeichelei [sind] keine Höflichkeit.« (Alain 1982: 203)
Auch die Fähigkeit, mit schwarzem Humor zu sprechen und den anderen von einem unmöglichen Standpunkt aus zu adressieren, scheint ein typisches Erbe des alten Europa zu sein. Dies schließt freilich nicht aus, dass andere Kulturen es nicht ebenso zu Brillanz

in dieser Disziplin gebracht hätten, und auch nicht, dass herausragende Individuen anderer Kulturen es nicht ebenso geschickt fertigbrächten, schwarzen Humor zu begreifen oder zu praktizieren. Heute jedoch scheint es, als ob das politische Imaginäre der US-amerikanischen Kultur, wie es sich in *political correctness* und *identity politics*-Programmen darstellt, von einer charakteristischen Vergessenheit gegenüber diesen entscheidenden Mechanismen und Möglichkeiten menschlicher Kommunikation geprägt wäre. Vor einigen Jahren hatte ich Gelegenheit, bei einer internationalen Konferenz ein Gespräch zwischen einer US-amerikanischen Philosophin und einer Kollegin aus einem früheren sozialistischen Land Europas zu verfolgen. Die Amerikanerin klagte darüber, dass ihr geliebter Hamster zu Hause in den USA gerade erkrankt sei und einer kostspieligen Behandlung bedürfe, um zu überleben. Nun verfüge sie zwar über das nötige Geld, sagte sie, doch auf der anderen Seite schäme sie sich, diese hohe Summe für ihren Hamster auszugeben, wenn sie daran denke, wie vielen hungernden Kindern in Indien mit diesem Geld geholfen werden könnte. Die europäische Kollegin hatte ohne Zögern eine brillante Lösung für diese Zwickmühle parat: »Ich weiß, was du tun musst«, sagte sie. »Schick deinen Hamster nach Indien. Die hungrigen Kinder werden ihn gern aufessen, und er muss dann nicht mehr leiden.« Leider blieb dieses Beispiel wahrer Treue zur Swift'schen Tradition schockierend und gänzlich unverständlich für die amerikanische Kollegin. Obwohl beide von ihnen denselben Bestand an kontinentaler Philosophie studiert hatten, einschließlich solcher Experten für gespaltenes Sprechen und finstere Materien wie Hegel und de Sade, blieb doch ein tiefer kultureller Graben zwischen ihnen, der sie trennte und ihre Verständigung verhinderte. Die Amerikanerin konnte über das gelungene Durchkreuzen ihrer imaginären Achse nicht befreit auflachen. Wie eine Psychotikerin oder ein Kind schien sie keine zweite Position des Sprechens in sich zu kennen. An dem psychischen Ort, auf den die Adressierung durch schwarzen Humor zielte, vermochte sie nur einen schrecklichen Abgrund zu erblicken.

Was die US-amerikanischen Proponenten von *political correctness* und ähnlichen ideologischen Programmen (ebenso wie ihre Kollaborateure auf der ganzen Welt) übersehen, ist der Umstand, dass das Sprechen in vermeintlich »reinen«, »unschuldigen« Worten einen Überbau bildet; und zwar einen, der die Funktion hat, die brutalsten Wirklichkeiten zu überdecken – und sie dadurch zu ermöglichen. Ist es denn nicht verwunderlich, dass ein Land, welches fortwährend andere zu »failed states« und zu Schauplätzen endloser Bürgerkriege zusammenbombt, während es einen exorbitanten Anteil der eigenen Bevölkerung in die Gefängnisse steckt – und zwar insbesondere aus jenen Gruppen, die es mit korrekten Bezeichnungen zu benennen versucht –, auf der anderen Seite sich so sensibel zeigt, wenn es um Worte geht, und so bedacht, niemandes Gefühle zu verletzen? Wenn nun grausame Wirklichkeiten und sensible Sprache regelmäßig in dieser Paarung auftreten – wäre es dann nicht konsequent, darin einen Zusammenhang zu vermuten und die Politiken des zarten Sprechens zu attackieren, um die realen Brutalitäten dieser hauchzarten Bedeckung zu berauben, die sie offensichtlich nötig haben?

Slavoj Žižek hat hübsch hervorgehoben, dass die Bemühung um zartfühlendes, sauberes Sprechen nicht nur in Bezug auf Minderheiten oder benachteiligte Gruppen angewendet werden kann, sondern auch auf die brutalen Realitäten selbst:[55] Wenn zum Beispiel die CIA ihre Foltermethoden wie das sogenannte »waterboarding« als »enhanced interrogation techniques«[56] bezeichnet, oder die Tötung von Zivilisten im Zug ihrer Angriffskriege als »collateral damage«, dann bringt dies, auf etwas unheimliche Weise, die Wahrheit über die *political correctness* zum Vorschein. Es kann sogar als eine Art von »Itzig«-Replik auf diese Praktiken begriffen werden: »Ich werde dir jetzt einen Wortlaut sagen, der genau so heuchlerisch ist wie deine verkrampften Beschönigungsversuche.«

Freilich weist diese letztere Art des Benennens noch eine weitaus schlimmere Seite auf. Es ist eine Verbindung aus Aussprechen und Bezeichnen. Zunächst wird offen ausgesprochen, dass offizielle US-Behörden nunmehr Folter als eine Standardprozedur betrachten und nicht einmal den geringsten Versuch unternehmen, dies zu verschleiern. So wird betont, dass diese Methoden nun den Status offen eingestandener, offizieller, quasi rechtsstaatlicher Normalität erlangt haben. Für dieses Bekenntnis zur Folter gilt darum, was Blaise Pascal über jenes zur Ungleichheit feststellt:

»Es ist zwar notwendig, daß es Ungleichheit unter den Menschen gibt; doch wenn man dies zugesteht, sind Tür und Tor nicht nur der höchsten Gewalt, sondern auch der höchsten Tyrannei geöffnet.« (Pascal 1997: 337)

Das Eingestehen des jeweiligen Sachverhalts (Ungleichheit beziehungsweise Folter) stellt eine neue Qualität dar. Es fügt dem Sachverhalt selbst noch etwas hinzu. Wird nämlich sein bloßes Bestehen nobel mit Schweigen übergangen, so ist dieses Bestehen zumindest Gegenstand einer weißen Lüge, die noch Respekt vor elementaren menschenrechtlichen Standards zum Ausdruck bringt. Wird diese weiße Lüge hingegen nicht mehr für nötig erachtet, so zeigt man damit, dass man sich auch vom letzten Respekt gegenüber universellen Normen verabschiedet hat und sich in der sicheren Rolle des Stärkeren gefällt, dessen Recht von nun an allein gelten soll.

Und indem man dann auch noch eine beschönigende Bezeichnung dafür entwickelt, zeigt man keineswegs, dass man wenigstens noch irgendwie bestrebt wäre, die Dinge besser zu machen oder darzustellen, als sie sind. Vielmehr zeigt man damit nur, dass man dem, was bisher geächtet war und bleiben soll, die Verächtlichkeit nehmen möchte – und dass man die Folterpraktiken nicht etwa nur als ein notwendiges Übel betrachtet, sondern sogar ein geradezu liebevolles Verhältnis zu ihnen entwickelt hat; dass man sie also freudig und mithin wohl mit besonderer Grausamkeit wie Raffinesse praktizieren wird. Die beschönigende Bezeichnung erzeugt somit eine zusätzliche Drohung.

ABSCHLUSS

Weiße Lügen und schwarze Wahrheiten: Chancen und Grenzen ihrer Wirkungsmacht

Unser kleiner Parcours, der von den weißen Lügen zu den schwarzen Wahrheiten verlief, hat uns damit auch an das andere Ende des Feldes gebracht, an dem sprachliche Operationen dieser Art ihre wirklichkeitsverändernde Kraft besitzen. Der Weg führte gleichsam gegen den Uhrzeigersinn rund um unser »Aristotelisches Quadrat«: Weiße Lügen hatten sich dort als wirkmächtig erwiesen, wo rücksichtslose weiße Wahrheiten sowie die als schwarze Lügen einzustufenden Täuschungen der Eigenliebe vorgeherrscht hatten.

Die weißen Lügen hatten, wie Kant vorführte, aus Heuchlern höfliche Menschen gemacht, denen ein solidarischer Bezug zu anderen Menschen wichtiger war als das Festhalten an einer ohnehin
allseits bekannten Wahrheit, und die das Sprechen in seiner sozialen Dimension ernst nahmen, anstatt es nur als Praxis des Fest-
stellens von Tatsachen geringzuschätzen. Wo das Aussprechen der
vermeintlich nackten Wahrheiten ein soziales Band zerstört – oder
gleichsam ein asoziales produziert – hätte, bildeten sie einen zarten
Überbau, der es den Beteiligten ermöglichte, gemeinsam einen
unsichtbaren Dritten, einen virtuellen naiven Beobachter, zu täuschen. Und wo Menschen sich selbst etwas vorzumachen pflegten,
verführten weiße Lügen sie dazu, lieber anderen – und dabei gleich
ausschließlich virtuell bleibenden anderen – etwas vorzumachen
und dadurch bessere Wirklichkeiten herzustellen.

Schwarze Wahrheiten hingegen hatten sich als mächtige Waffen
gegen Situationen erwiesen, in denen schlechte Verhältnisse sich
gerade durch Überbauten aus schwarzen Lügen gestützt zeigten. In
solchen Momenten legten sie schonungslos, und gegen alle Beteiligten, die Struktur dieser Verhältnisse offen und machten sie dadurch unmöglich.

Hatte die weiße Lüge sich erfolgreich den weißen Wahrheiten
des unsensiblen Verlautbarens sowie den schwarzen Lügen der Eigenliebe widersetzt, so zerstörte die schwarze Wahrheit ihrerseits
die schwarzen Lügen, welche schlechte Verhältnisse zu ihrer Stütze
benötigten. Ohnmächtig aber erscheint die schwarze Wahrheit nun
dort, wo sie auf Verhältnisse trifft, die zu ihrem Bestehen keinerlei
Überbau zu benötigen scheinen und die ihre Strukturen in Gestalt
weißer Wahrheiten obszön offenlegen. Wenn sich Verhältnisse
brutalisieren, und nur noch das Recht des Stärkeren herrscht, so
hat es keinerlei kritischen Wert mehr, auf Überbauten zu zielen, die
es nicht mehr gibt. So konnte Mandevilles »Bienenfabel« späteren
Programmatikern des liberalen Kapitalismus sozusagen per »face
value« als Legitimationserzählung dienen: »So ist es eben; auch
wenn wir gar nicht wollen, müssen wir brutal eigennützig handeln,
sonst leidet nur das allgemeine Wohl.«[57] Die böse Bienenfabel hatte
ihr Skandalon verloren und war nun entweder die nackte, weiße
Wahrheit von Verhältnissen, in denen tatsächlich eine Flut der Bereicherung letztlich »auch die ganz kleinen Boote mit sich hob«;[58]

oder sie war nun, anstatt die Zerstörung jeglicher Überbauten zu sein, selbst ein Überbau geworden – eine weiße oder vielleicht auch schon schwarze Lüge, die darüber hinwegtäuschen sollte, dass bei dieser Art von Fluten doch nur ganz bestimmte Boote oben schwimmen konnten, während die überwiegende Mehrheit der anderen hoffnungslos versank.

Satirische Realitäten und die Ohnmacht der Satire

Die »symbolische Wirksamkeit« solcher Operationen wie der weißen Lüge und der schwarzen Wahrheit scheint also auf Zustände beschränkt zu sein, die zu ihrer Aufrechterhaltung selbst eines Überbaus bedürfen. Sie endet jedoch dort, wo an die Stelle ideologisch gestützter, überbauender Herrschaft die basale Herrschaft repressiver Macht- oder Gewaltverhältnisse tritt. Und sie verliert ihre Macht auch, wenn die bisherigen Überbauten funktionslos geworden sind und durch ganz anders geartete, neue ersetzt wurden.

Man kann dies gegenwärtig recht gut an der Ohnmacht der satirischen Kunst gegenüber den typischen Exponenten offener, brutaler neoliberaler Macht beobachten. Auf den ersten Blick schien es ja – nach der berühmten Formulierung des antiken Satirikers Juvenal – schwierig, angesichts von neu aufgetauchten Politikertypen wie Donald Trump keine Satire zu schreiben. Wie viele Karikaturisten oder Komiker tappten nicht sofort in die verführerischen Fallen der Frisur oder des frech behauptenden Sprachgebrauchs! Aber sehr bald zeigte sich, dass diese neue Art einer vom politischen Gegenstand selbst praktizierten Realsatire gegen jede Parodie weitgehend immun ist. Es ist eben wenig zielführend, jemanden als dumm entlarven zu wollen, der keinerlei Anstrengungen unternimmt, um gescheit zu wirken. Vielleicht wäre es sogar wirksamer, das heimliche Gescheite eines Politikers offenzulegen, der, um als einfacher Mann des Volkes zu wirken, seine Wortwahl offenbar absichtlich auf ein sehr eng begrenztes Vokabular und seinen Satzbau auf den einer Rudimentärgrammatik beschränkt.[59]

Ebenso bringt es verlorene Wähler nicht zurück, wenn man nachweist, dass ihr neuer Politstar es mit der Wahrheit nicht so genau nimmt. Denn dieser erhebt, genau besehen, wenig Anspruch auf Wahrhaftigkeit. Durch die Art, wie er spricht, will er vielmehr zeigen, dass er gewohnt und gewillt ist, Tatsachen zu schaffen; während die Vertreter des politischen Establishments sich seiner Ansicht nach nur darauf beschränken, irgendwelche Sachverhalte – oder »Sachzwänge« – beschreibend wiederzugeben und sich ihnen zu fügen. Was einem solchen Führertypus wirklich schadet, ist nicht der Nachweis fehlender Wahrheitsliebe, sondern vielmehr umgekehrt der von eigener Verstrickung in Sachzwänge, Institutionslogiken, Allianzen, Abhängigkeiten und personelle Seilschaften, die seiner vorgeblichen Tatkraft wieder faktische Grenzen setzen. Dies hat in anderem Zusammenhang John Heartfield mit seiner Fotocollage »Der Sinn des Hitlergrußes« sehr anschaulich und treffsicher vorgeführt, worin die offene, nach hinten gestreckte Hand des angeblich souveränen Mannes die Geldscheine eines hinter ihm stehenden, unerkannt bleibenden Größeren empfängt.[60] Heartfield hatte die wohl naheliegenden Fallen vermieden und gut erkannt, worin der heimliche, versteckt zu haltende Schwachpunkt seines Gegenstandes wirklich bestand.

Mit Hilfe symbolischer Verfahren lässt sich Wirklichkeit also tatsächlich beeinflussen. Formen uneigentlichen Sprechens wie weiße Lüge und schwarze Wahrheit sowie die ihnen nahestehenden Formen politischer Parodie und Satire besitzen reale Veränderungsmacht. Allerdings können sie nur auf Wirklichkeiten einwirken, die bereits selbst »symbolisch« verfasst, also durch bestimmte Überbauten gestützt sind. Und die satirischen Angriffe müssen so gestaltet sein, dass sie die tatsächlichen Überbauten des anzugreifenden Zustandes oder Gegners treffen. Das ist nicht immer leicht: Denn was wir an uns selbst ungern wahrhaben wollen, ist nicht immer das, was andere vor sich selbst und den Ihren verheimlichen möchten. Unser Pudendum kann sogar der Stolz eines anderen sein. Unser Spott wird dann zu seinem Werbeargument; und unsere vermeintlich schonungslose schwarze Wahrheit erweist sich als seine feingewebte weiße Lüge.

4. Wie die anderen zu unseren Bestien werden. Über die Produktion von Ressentiment in der Postmoderne

Im folgenden Abschnitt möchte ich die Postmoderne in ihrem Verhältnis zum Ressentiment untersuchen – in jenem Verständnis des Begriffs »Ressentiment«, wie es von Friedrich Nietzsche geprägt wurde. Die Epoche der Postmoderne bietet dafür ein hervorragendes Untersuchungsfeld. Denn sie zeichnet sich durch ein massives, geradezu epidemisches Aufkommen dieses Phänomens aus: Vielleicht noch nie zuvor in der Geschichte haben sich – insbesondere in privilegierten westlichen Gesellschaften – so viele Menschen über so viele andere beschwert.[1] Mit anderen Worten: Noch nie haben so viele das Gefühl gehabt, andere wären schuld an jenem einschneidenden Verlust, der ihnen im Lauf ihres Lebens widerfahren zu sein scheint und den das Erwachsenwerden notwendig mit sich bringt – nämlich zum Beispiel einsehen zu müssen, dass Wünschen allein nicht hilft.

Etwas, das Erwachsene als normale und unvermeidliche Begleiterscheinung des Lebens betrachten, erscheint vielen gegenwärtig als eine durchaus vermeidbare Erfahrung. Vieles, was anderen als unbedeutende Kleinigkeit erscheinen mag, ist für sie mindestens »Mikroaggression« und scheint ihnen diese vermeidbare Erfahrung gewaltigen Verlusts zu wiederholen. Andere, denen sie erspart geblieben zu sein scheint, erachten sie als Ursache dafür, dass sie selbst diese Erfahrung machen mussten.

Der Verlust solchen »Riesenglücks« ist, nach Auffassung der Psychoanalyse, ein notwendiges, unvermeidliches und mithin ahistorisches Phänomen. Sein Bedauern aber, und das Verantwortlichmachen anderer dafür, ist jedoch nicht gleichermaßen ahistorisch. Hierfür gibt es, wie die Postmoderne gezeigt hat, besonders geeignete Epochen. Bestimmte kollektive, kulturelle Vorgaben können also die Individuen zur Haltung des Ressentiments animieren oder sie darin bestärken.

TEIL 1: EHRE. WÜRDE. OPFERSEIN

Moralsysteme und Formen gesellschaftlicher Organisation

Welche kulturellen Vorgaben begünstigen also das Ressentiment? –
In ihrem Aufsatz »Microaggression and Moral Cultures« haben
Bradley Campbell und Jason Manning eine interessante Einteilung
der Moralsysteme vorgeschlagen, die eine Antwort auf diese Frage
ermöglicht. Die Autoren entwickeln eine dreiteilige Klassifikation:
1. Kulturen der Ehre (honor),
2. Kulturen der Würde (dignity) und
3. Kulturen des Opferseins (victimhood).
Während die Unterscheidung der beiden erstgenannten Kultur-
typen, wie die beiden Autoren anmerken, bereits von früheren
Soziologen und Anthropologen erstellt worden war,[2] haben erst die
jüngsten Entwicklungen es Campbell und Manning notwendig erscheinen lassen, eine dritte Kulturstufe hinzuzufügen.

Kulturen der Ehre

In den Kulturen dieses Typs ist der eigene Ruf (»reputation«) der
zentrale Gegenstand der Sorge. Er beruht auf der Einschätzung
durch andere (»evaluation of others«) und muss gegen alle Verletzungen weitgehend eigenhändig verteidigt werden, meist mit
physischer Gewalt.[3] Dies gilt sogar für den Fall scheinbar geringfügiger Insultierungen. Und den um ihre Ehre Besorgten erscheint
die Notwendigkeit, Rache zu nehmen, wie eine ihnen von außen
auferlegte, nicht abmilderbare Pflicht.[4]

Kulturen der Würde

Im Gegensatz zum Prinzip der Ehre, das auf der Beurteilung anderer zu beruhen scheint, ist die Würde ein »innerer Wert«:

> »… eine Art innerer Wert, der durch andere nicht entfremdet
> werden kann. […] Würde existiert unabhängig davon, was
> andere denken, daher ist eine Kultur der Würde eine solche,
> bei der Reputation in der Öffentlichkeit weniger wichtig ist.«
> (Campbell / Manning 2014: 713)

Während das Prinzip der Ehre hochsensibel bei kleinen Beleidigungen nach umgehender Satisfaktion schreit, ist für das Prinzip Würde die entscheidende Tugend eine »dicke Haut«. Da man von seiner eigenen inneren Beurteilung abhängt, lässt man sich durch Kleinigkeiten und durch das, was andere darüber denken könnten, nicht aus der Ruhe bringen. Sind die Verletzungen größer, so darf nicht zurückgeschlagen werden. Dies verbietet eine Ethik der Selbstbeherrschung.[5] Dann muss an Dritte appelliert werden: an Vermittler, Gerichte oder an die Polizei:

> »Anders als die Ehrenhaften heißen die Würdigen die Appelle an Dritte gut und verdammen diejenigen, die ›das Recht in die eigene Hand nehmen‹. Für Vergehen wie Diebstahl, Tätlichkeiten oder Vertragsbruch werden die Menschen einer Kultur der Würde ohne Scheu das Gesetz bemühen. Aber um ihre Ethik der Zurückhaltung und der Toleranz zu wahren, ist das nicht ihr erster Schritt, und sie verurteilen häufiges Inanspruchnehmen dieser Einrichtungen als frivol.« (Campbell / Manning 2014: 713)

Wo Kulturen der Ehre eigenhändige Vergeltung gefordert und zur Pflicht gemacht hätten, ist sie in Kulturen der Würde durch die Ethik der Selbstbeherrschung (sowie – wie man hinzufügen könnte: die Moral beziehungsweise durch das Gesetz) untersagt. Hatte andererseits in ersteren das Schamgefühl die Einbeziehung Dritter verboten, so ist diese in Kulturen der Würde untadelig – allerdings erst ab einer gewissen Schwere der Verletzung von geltenden Rechten. Eine gewisse »Resilienz«, also die Fähigkeit des Ertragens kleinerer Widernisse, ist unverzichtbarer Bestandteil von Würde:

> »Von den Menschen könnte sogar erwartet werden, ernsthafte, aber zufällige Verletzungen zu tolerieren.« (Campbell / Manning 2014: 713)

Die Vorherrschaft einer Kultur der Würde und ihre Durchsetzung gegenüber jener der Ehre sehen Campbell / Manning in erster Linie begründet durch die Ausbreitung von Gesetz, Ordnung und Handel.[6] Die vielleicht reinste Form dieser Kultur sehen die Autoren verwirklicht in den homogenen Dörfern und Kleinstädten der USA in der Mitte des 20. Jahrhunderts. Dort waren zwei Faktoren ausschlaggebend: die Präsenz eines mächtigen Systems der Legalität einerseits sowie intime soziale Nähe andererseits:

»... die Vorherrschaft eines stabilen und machtvollen Rechtssystems hat die Aggressivität und Feindseligkeit gegenüber Ei-
nigungen in Kulturen der Ehre demotiviert, während soziale
Geschlossenheit – Bande der Kultur und der Intimität – eine
Ethik der Tolerierung oder eine friedvolle Konfrontation befördert hat. Die sozialen Beziehungen in den Vororten waren
im späten 20. Jahrhundert oft ähnlich, allerdings ohne die
Bande der Intimität; hier überwog eine Variante der Kultur
der Würde ...« (Campbell / Manning 2014: 714)
Freilich lässt diese Bestimmung die Frage unbeantwortet, ob nicht
die Stadt mit ihren ausgeprägten juristischen und repressiven Apparaten das entscheidendere Feld für die Kulturen der Würde darstellt – dies wäre etwa die Auffassung von Jane Jacobs;[7] und ob die
Vorstädte ihre archaischen Würdekulturen nicht vielleicht gerade
aufgrund eines Mangels an Urbanität erhalten konnten beziehungsweise mussten. Die Dörfer und Kleinstädte dagegen besitzen
vielleicht durch intime Verflechtungen ein hohes Maß von gewalt-
verhinderndem innerem Kontrolldruck (nicht einmal die Polizei,
sofern es sie gibt, getraut sich in der Kleinstadt gegenüber den Ver-
wandten und Bekannten immer streng gesetzestreu zu handeln –
wie sich zum Beispiel bei Verbrechen von Neonazis in deutschen
Kleinstädten oft genug gezeigt hat); andererseits ist es ja gerade
dieser Druck (der sich zum Beispiel darin äußert, dass jeder alles
über jeden weiß), der die Menschen aus Sehnsucht nach Würde oft
von dort in die großen Städte fliehen lässt.
    Auch wenn man in der Beantwortung dieser Frage vielleicht an-
ders verfahren würde als die beiden Autoren, ist es doch deren un-
bestreitbares Verdienst, die Frage aufgeworfen und die Entstehung
einer neuen Ethik mit der Verbreitung und Durchsetzungskraft
der für sie maßgebenden repressiven und juristischen Apparate
sowie der Größe und Dichte der jeweiligen Siedlungsgebiete in
Beziehung gesetzt zu haben. Diese Herangehensweise, moralische
Kulturen als »reflections of social organization«[8] zu begreifen, ist
insbesondere aufschlussreich bei den Überlegungen, die Campbell / Manning zum dritten, von ihnen neu in die Klassifikation
eingeführten Typus anstellen: der Kultur des Opferseins.

Die Kultur des Opferseins

Wie Campbell/Manning feststellen, besitzt das neu aufgekommene, für die Postmoderne charakteristische Klagen über »Mikroaggressionen« einige Züge, die es sowohl von der Kultur der Ehre als auch jener der Würde absetzen. Die Kultur der Ehre zeigt sich ähnlich verletzbar, auch gegen unbeabsichtigte Insultierungen; jedoch würde sie es ablehnen, an Dritte zu appellieren oder auch die eigene Verletztheit aufzubauschen und eigenen Bedarf an Mitgefühl öffentlich zu machen.[9] Vertreter einer Kultur der Würde hingegen hätten keine schamhaften Bedenken, Dritte einzubeziehen; sie würden es aber ablehnen, dies im Fall geringfügiger oder lediglich verbaler Beleidigungen zu tun. Stattdessen würden sie entweder den Beleidiger verbal zu stellen versuchen und ihn zur Diskussion herausfordern oder aber das Ganze nobel ignorieren.[10]

In Kulturen des Opferseins jedoch wird versucht, kleinste Verletzungen wahrzunehmen und sie einer möglichst großen Öffentlichkeit zur Kenntnis zu bringen – um dadurch nicht nur für Sympathie, sondern zugleich auch dafür zu werben, dass Sympathie gerade solchen Opfern zu gebühren scheint:

»Die Leute verlangen zunehmend Hilfe von anderen und preisen ihre Unterdrückung als Beweis dafür an, dass sie Respekt und Hilfe verdienen.« (Campbell/Manning 2014: 715)

Welche Veränderungen aufseiten dieser Öffentlichkeit vor sich gegangen sein müssen, damit diese Propaganda verfängt und gerade Opfer als Sympathieträger und -verdiener par excellence erscheinen, lassen Campbell/Manning weitgehend unbeantwortet (hier kann wohl ein Blick auf Nietzsche helfen). Freilich kann man diese »Werbung« auch selbst als eine Ursache betrachten – insofern die Funktionsweise einer bestimmten, maßgeblich durch neue, sogenannte »soziale« Medien geprägten Öffentlichkeit darin besteht, das Peinliche des Opferseins durch die Prämie der Prominenz aufzuwiegen; und zwar umso mehr, je feineres Empfinden und je mehr kulturelle Sensibilität die Geringfügigkeit der Verletzung verrät. Dies verleiht der Sache schließlich den nötigen Neuigkeitswert und ihren Verletzten – ebenso wie ihren mitfühlenden Sympathisanten – symbolisches Distinktionskapital.

Zu den gesellschaftlichen Bedingungen, welche die Entstehung einer »culture of victimhood« begünstigen, bemerken Campbell / Manning:

> »Sie entsteht in zeitgenössischen Kontexten wie College-Campussen, die zunehmend der Intimität und der kulturellen Homogenität entbehren, die einst Städte und Vororte charakterisiert haben, in denen aber organisierte Vereine und die öffentliche Meinung als machtvolle Sanktionen verbleiben. Unter solchen Bedingungen haben die Beschwerden gegenüber Dritten sowohl Tolerierung als auch Verhandlungen verdrängt.« (Campbell / Manning 2014: 715)

Ob die Intimität von College-Campussen geringer ist als jene von Dörfern oder Vororten, mag freilich dahingestellt bleiben. Andererseits aber sind »organized authority« und »public opinion«, wie Campbell / Manning an anderer Stelle selbst bemerkt haben, nicht als eine einzige, homogene dritte Macht zu begreifen. Vielmehr geht es ja der für die Opferkultur charakteristischen Stimmungsmache darum, zögerliche politische oder juridische Autoritäten durch den Druck einer informellen Gruppe zum Handeln zu treiben:

> »… sogar diejenigen, die sich schließlich um das Einschreiten von Behörden bemüht haben, könnten die Unterstützung Dritter mobilisieren, um die Behörden zum Handeln zu bewegen.« (Campbell / Manning 2014: 698)

Eine günstige Bedingung für solche Strategien mag in der durch den ökonomischen Neoliberalismus geschwächten Autorität von staatlichen Behörden liegen: Hätten sie unter modernen Bedingungen noch das getan, was ohne Ansehen der jeweiligen Personen das Richtige und Allgemeingültige zu sein schien, so sind sie unter postmodern-neoliberalen Verhältnissen doch viel eher geneigt, einer allzu laut schreienden Gruppe nachzugeben; allein schon aus Furcht um ihre eigenen Ämter. Auch die Vermehrung von Verwaltungsgremien, die in solchen Fällen als Verstärker von Aufschreien aller Art agieren,[11] erhöht die Aussichten, für lautes Schreien oder Jammern unverhältnismäßig hoch belohnt zu werden.

Und noch eine weitere gesellschaftliche Organisationsbedingung für die Entstehung von Kulturen des Opferseins führen Campbell / Manning an: Solche Strategien sind typisch für die oberen Schichten einer Gesellschaft. Diese strukturelle Einsicht in die elitäre Natur der Beschwerdepraktiken deckt sich mit der in diesem Buch eingangs erwähnten Beobachtung, dass das Klagen über »Mikroaggressionen« vorwiegend im sozialen wie fachlichen Luxussegment der Universitäten auftritt.

Die ganz unteren Schichten hingegen können, wie Campbell / Manning feststellen, grundsätzlich nicht zu diesem Mittel greifen:

> »Man beachte jedoch, dass diese Kampagnen nicht notwendigerweise aus den untersten Schichten der Gesellschaft kommen … Die sozial Ausgeschlossenen stehen so tief unter den Dritten, dass es unwahrscheinlich ist, dass sie um deren Unterstützung kämpfen, genauso wie es unwahrscheinlich ist, dass sie sie erhalten.« (Campbell / Manning 2014: 700 f.)

Nur für Mittel- und Oberschichten ist die Zurschaustellung eigenen Opferseins gewinnbringend. Und auch wenn die Kultur der »Viktimisierung« schon vor der massiven Verbreitung des Internets aufblühte,[12] ist dieses, einschließlich bestimmter Anwendungen wie Facebook oder Twitter, wie die Autoren bemerken, eine günstige Bedingung für deren Verbreitung:

> »… die moderne Technologie hat die Massenkommunikation mit einem virtuellen Meer schwacher Parteigänger ermöglicht.« (Campbell / Manning 2014: 710)

Nur die Hoffnung auf massenhafte Wahrnehmung (und etwaige Vergeltung) kann auch Verhaltensweisen erklären, die sonst paradox und kontraproduktiv erscheinen müssten, wie Hungerstreik, Selbstverletzung oder spektakuläre Selbsttötung.[13] Wer sich angesichts eines feindlichen Übergriffs auch noch selbst Gewalt antut, tut dies nur, wenn er hoffen kann, bislang unbeteiligte oder zögernde Gruppen dadurch zum entschlossenen Handeln gegen seinen Angreifer zu bewegen. Freilich sind diese Maßnahmen weitaus gravierender und entstammen ganz anderen Kontexten als die symbolischen Werbemaßnahmen für das eigene Opfersein. Doch auch dessen scheinbare Nachteile werden durch die erhofften, aus der Öffentlichkeit herrührenden Vorteile erklärbar. Niemand stellt eigene Schwächen aus, der nicht hofft, sie mit Hilfe des Publikums in Stärken verwandeln zu können.

Campbell und Manning sind sich schließlich im Klaren darüber, dass dieses auf die »Erregbarkeit« sogenannter sozialer Medien gestützte Moralsystem vielleicht niemals zur Alleinherrschaft in einer Gesellschaft taugt: Dazu ist es wohl zu wirklichkeitsfremd und beruht zu sehr auf momentanen, nur durch Befindlichkeiten und Stimmungen begründeten fragilen Bündnissen. Durch lautes Opfersein allein wird sich langfristiger Erfolg wohl nicht einfahren lassen. Vielmehr wird es darauf ankommen, zwischen dem spektakulären Opferdiskurs und dem stilleren, aber nach wie vor zumindest mitherrschenden Würdediskurs strategisch wechseln zu können:

> »… es könnte der Fall sein, das die Fähigkeit zum Code-Wechsel zwischen Würde und Opferdasein zunehmend für den Erfolg von Studierenden an der Universität wichtig wird.« (Campbell / Manning 2014: 718, Anm.)

Eine gewisse zynische Beweglichkeit zwischen dem naiven, infantilen Opfersein und dem würdevollen, erwachsenen Umgang damit bildet wohl die entscheidende, erfolgversprechende Bürgertugend in einer Epoche verschwindender erwachsener Bürgerlichkeit.

Von der Soziologie zur Psychoanalyse der Moralsysteme

Diese sehr hellsichtige und um die Herstellung eines Zusammenhangs zwischen den jeweiligen Moralsystemen und den für sie maßgebenden sozialen Organisationsbedingungen bemühte Analyse von Campbell und Manning enthält viele wertvolle Erkenntnisse. Vielleicht lohnt es sich gerade darum, die Befunde der Autoren mit einer parallelen Analyse zu unterlegen. Denn die Psychoanalyse sowie eine auf sie gestützte Soziologie sind zu ähnlichen Ergebnissen gelangt. Auch dort lag, wie in der Unterscheidung zwischen Kulturen der Ehre und solchen der Würde, zunächst eine entsprechende, zweiteilige Klassifikation vor: Der Psychoanalytiker Octave Mannoni hatte 1964 zwischen »Einbildungen ohne Eigentümer« (*croyances*) und »eigener Einbildung« (*foi*) unterschieden – eine Klassifikation, die nicht nur zur Klärung zentraler Fragen psychoanalytischer Klinik (etwa des Fetischismus) beitrug, sondern auch weitreichende kulturtheoretische Folgerungen mit sich brachte.[14] Ich gebe hier einen kurzen, ersten Überblick über die Klassifizierung, die später, im hier folgenden Abschnitt über Nietzsche, noch eingehender erläutert werden wird.

Einbildungen ohne Eigentümer, sozusagen »Täuschungen ohne Getäuschte«, sind erstaunlich mächtige handlungsleitende Motive: So müssen manche elegante Menschen gegen ihre Überzeugung geradezu zwanghaft höflich agieren; genauso wie andere sich, ebenfalls gegen ihre Überzeugung, duellieren oder rächen müssen. Dies entspricht dem, was Campbell / Manning über das Prinzip Ehre festgehalten haben.[15] Die psychoanalytische Theorie liefert die Erklärung für dieses Paradoxon. Bestimmend ist hier die Einbildung einer Beobachtungsinstanz, der durch die Akteure Genüge geleistet werden muss – der Einbildung eines »virtuellen naiven Beobachters«. Gerade die Abwesenheit von eigener Überzeugung bringt darum hier – entsprechend Mannonis Formel »Ich weiß zwar, dennoch aber …« – mächtigen Zwang hervor.

Erst durch die Aneignung von Einbildungen zur eigenen Überzeugung sowie durch die Transformation, welche die Einbildungen auf diesem Weg erleiden, wird dieser Handlungszwang abgemildert. Der dafür nötige Hemmungsaufwand wird durch Prämien an Selbstachtung ermöglicht. Das entspricht dem Prinzip Würde. Die Ehre hatte den Kriterien des Augenscheins gehorcht; also dem, was unbestimmt bleibende andere – beziehungsweise in Wahrheit: ein unsichtbarer naiver Beobachter – »hätten denken können«. Die Würde hingegen gehorcht den Kriterien innerer Selbstbeobachtung durch das Über-Ich. Die entsprechende Kulturentwicklung von der aristokratischen Ehre hin zur bürgerlichen Würde kann darum, wie Richard Sennett erkannte, zunächst als Verlagerung von »außen-geleiteten zu innen-geleiteten Verhältnissen« verstanden werden. Zu erklären bleibt dann aber noch, wie diese Verinnerlichung so weit gehen konnte, dass, wie Sennett schreibt, vor lauter »Selbstversunkenheit keiner mehr sagen kann, was ›innen‹ ist«.[16] Sennett bezeichnet dieses Stadium auch als »Narzissmus«.[17]

Unter dem Eindruck postmodern-neoliberaler Verhältnisse wurde es notwendig, für diesen gesellschaftlich induzierten »Narzissmus« (neben *croyance* und *foi*) eine dritte Kategorie einzuführen, wie es auch Campbell / Manning getan haben. Ein dritter Typus von gesellschaftlicher Einbildung, die paranoische Einbildung,[18] funktioniert so wie das Opfersein: Hier ist nicht maßgebend, was andere hätten denken können, und auch nicht, wovon man selbst nach gründlicher Realitäts- und Gewissensprüfung würdevoll überzeugt ist; vielmehr zählt das unmittelbare subjektive Empfinden als nicht relativierbare absolute Wahrheit. Diese narzisstische Verabsolutierung bedeutet einen Abschied vom Prinzip Würde (das immer Realitätsprüfung und mithin Abstufungen und Abstände vom Ideal beinhaltete) und macht zu ihrem Verständnis die neue Kategorie der paranoischen Einbildung notwendig.

Der Vergleich mit der psychoanalytischen Theorie erlaubt aber mehr als die Einsicht in diese bloße Strukturanalogie zu den soziologischen Befunden von Campbell / Manning. Vor allem zwei Aspekte scheinen hier wichtig: erstens die Untersuchung der für die jeweiligen Moralsysteme maßgebenden Beobachtungsinstanzen sowie ihrer Stellung zum jeweiligen Ego; und zweitens die aus dem Verhältnis der Moralsysteme zueinander entstehenden Affekte, die ihrerseits ein Motiv für den Übergang vom System der Würde zu dem des Opferseins bilden könnten. Ausgehend von diesen Überlegungen lässt sich ein Verständnis des Ressentiments gewinnen, welches nicht allein eine an Nietzsche geschulte kulturkritische Diagnose der Postmoderne ermöglicht. Vielmehr können die Erfahrungen aus der Epoche, in der wir leben, zusammen mit ihrer Theorie, uns auch umgekehrt Hinweise zum Verständnis von Nietzsches Philosophie des Ressentiments liefern – sowie sogar zu einigen Verfeinerungen, welche diese Theorie zu erfordern scheint.

TEIL 2: DAS »RESSENTIMENT« IN DER KONZEPTION FRIEDRICH NIETZSCHES. UND SEINE PRODUKTION IN DER POSTMODERNE. EINE GEBRAUCHSANWEISUNG IN SECHS SCHRITTEN

Ressentiment als gesellschaftliches Produkt

Wenn ich im Folgenden die Epoche, in der wir leben, in ihrem Verhältnis zum Ressentiment zu analysieren versuche, so geschieht dies ausgehend von dem Verdacht, dass auch schon die spezifische Lebenszeit Friedrich Nietzsches seiner Theorie entscheidende Impulse lieferte. Nietzsches Theorie des Ressentiments ist demnach wohl nicht nur das Ergebnis einer makrohistorischen Betrachtung von zweitausend Jahren Kulturgeschichte und ihrer Transforma-

tionen, wie er selbst behauptet.[19] Vielmehr scheint sie ebenso sehr
unter dem Eindruck der Situation Deutschlands zu seiner Zeit
zu stehen – eines Landes nach dem Scheitern einer bürgerlichen
Revolution und mit einer spezifischen Konjunktur von protestan-
tischem Christentum aufseiten der Bourgeoisie sowie dem Erbe
antiken Heidentums vorwiegend in Händen der aristokratischen
Klasse.[20] Diese Konjunktur unterscheidet sich maßgeblich von
jener – zum Beispiel – der italienischen Stadtstaaten in der Renaissance, wo die aufblühende Bourgeoisie das antike Erbe für sich
reklamierte, um es gegen den Adel und die katholische Kirche in
Stellung zu bringen.[21]

So wie Nietzsche von seiner Epoche können auch wir von der unseren einiges über das Ressentiment lernen. Denn in der aktuellen
Hochkonjunktur der Klage und Beschwerde über andere zeigt sich
deutlich die Tendenz zur Dämonisierung des anderen als »böse«
sowie die damit verbundene Unfähigkeit, anderen ihr Glück zu
gönnen. So wollen zum Beispiel die Bestrebungen der sogenannten
»Critical Whiteness« nicht nur jedes vermeintlich exklusive Privileg weißer Menschen, sondern auch jede noch so kleine Äußerung
von rebellischer Stärke beseitigen, solange sie nicht allen zugänglich ist – zum Beispiel, dass der Schlagzeuger der Punkband »Feine
Sahne Fischfilet« während eines Auftritts in Bielefeld sein T-Shirt
auszieht.[22] Dieser bis ins Kleinlichste reichende Hass auf das Glück
des anderen entspricht dem ersten Zug, den Nietzsche am Ressentiment hervorgehoben hat; zum Beispiel, wenn er schreibt:

»Das sind alles Menschen des Ressentiment, … unerschöpf-
lich, unersättlich in Ausbrüchen gegen die Glücklichen …«
(Nietzsche [1887]: 311) Doch auch das zweite entscheidende Moment des Ressentiments in
Nietzsches Konzeption fehlt in der Postmoderne nicht – nämlich
der Asketismus. Wir Postmodernen haben einen erstaunlichen
Hass auf unsere früheren Vergnügungen ausgebildet. Wir sind,
um den aktuellen *Newspeak* zu bemühen, nicht nur »*sex-negative*«,
sondern ebenso auch Fleisch-*negative*, Pelz-*negative*, Tabak-*negative*, Alkohol-*negative*, Höflichkeits-*negative*, Parfüm-*negative*,
Erwachsenensprache-*negative*, Witz-*negative* und so weiter. Was
bis vor kurzem noch unsere göttlichen Vergnügungen zu sein
schienen, erschreckt uns jetzt in Gestalt dämonischer Kräfte, die

uns verfolgen. Um an den Dichter Heinrich Heine zu erinnern (auf den Sigmund Freud in seiner Abhandlung über das Unheimliche verweist):[23] Unsere früheren Götter, die wir aufgehört haben zu verehren, sind gestürzt und dadurch zu unseren Dämonen geworden – eine »Umwertung«, wie sie charakteristisch ist für das Ressentiment.[24] (Auch Nietzsche selbst hatte ja geschrieben: »Waren nicht alle Götter bisher dergleichen heilig gewordne umgetaufte Teufel?«)[25]

Und, was noch erstaunlicher ist: Wir schämen uns nicht einmal dafür. Dies ist ein dritter Zug, der es nahelegt, die Postmoderne als eine Epoche des Ressentiments zu begreifen. Denn das Ressentiment zeichnet sich gerade durch das Fehlen jeglicher Scham aus, was das Dämonisieren von anderen oder den Hass auf das Glück betrifft. Darin unterscheidet sich das Ressentiment vom Neid. Um eine grobe Formel zu geben, könnten wir sagen: Der Neid verhält sich zum Ressentiment so wie, Freud zufolge, die Zwangsneurose zur Religion.[26] Was im einen Fall als eine individuelle Pathologie erscheint, mutet im anderen, auf die Ebene der Kultur verlagert, als ein kollektiver Standard an oder sogar als eine Tugend. Aufgrund einer solchen Verlagerung verliert die Pathologie ihre ursprüngliche Selbstverachtung. Die Umwertung der Werte, welche das Ressentiment vollzieht, ist also sogar auch wirksam in Bezug auf seine Selbstbewertung.[27]

Indem ich das Ressentiment als ein Erzeugnis kollektiver Produktion betrachte, sehe ich mich in Übereinstimmung mit dem Befund Nietzsches, der es ebenfalls nicht nur als ein individuelles Laster, sondern als ein kulturelles und politisches Phänomen ansah (als einen »Sklavenaufstand in der Moral«)[28] – als eine Wirkung, abhängig von der Existenz sozialer Institutionen und ihrer Funktionäre (»Priester«). Überdies bedeutet das, dem Ressentiment eine Geschichtlichkeit zuzuerkennen: Das Ressentiment ist nicht universell; es gibt privilegierte Epochen, sozusagen Blüteperioden des Ressentiments; wohingegen es in anderen Zeiten abwesend sein mag. Wir dürfen nicht vergessen, dass dies eine der zentralen Entdeckungen Nietzsches darstellt, gewonnen aus seinen Studien zur römischen und griechischen Antike. Nietzsche zeigt, dass das Ressentiment keine anthropologische Konstante darstellt, keinen Wesenszug jeglicher Kultur, sondern dass vielmehr einst eine ganz andere Kultur existiert hat; ja, dass sie an manchen Orten sogar zu seiner Zeit noch existiert – und dass mithin eine solche Kultur ohne Ressentiment möglich ist. Nietzsche schreibt:

> »… und so gewiß auch der zweite Wert seit langem im Über-gewichte ist, so fehlt es doch auch jetzt noch nicht an Stellen, wo der Kampf unentschieden fortgekämpft wird.« (Nietzsche [1887]: 241)

Und noch in einer weiteren Hinsicht möchte ich Nietzsche hier folgen: Ich begreife das Ressentiment nicht nur als einen *Affekt*, sondern auch als ein *Vermögen zur Produktion von Affekten* – als eine bestimmte Organisation des psychischen Apparates. Dies ist ein interessanter, für das Ressentiment charakteristischer Zug, der es zum Beispiel von Schuld oder Scham unterscheidet. Um die ele-mentare aristotelische Unterscheidung zwischen einem Vermögen und seiner Leistung – wie zum Beispiel zwischen der Marx'schen »Arbeit« und der »Arbeitskraft« – zur Anwendung zu bringen,[29] muss man hier feststellen, dass das Schuldgefühl von der Schuld verschieden ist: Ich mag in einem bestimmten Moment mich viel-leicht nicht schuldig fühlen an irgendeinem Schlamassel, aber das bedeutet nicht notwendigerweise, dass ich kein Schuldgefühl be-säße (und mithin unfähig wäre, mich überhaupt für irgendetwas schuldig zu fühlen). Dasselbe gilt für das Schamgefühl: Auch wenn ich mich in einer bestimmten Situation nicht schäme, kann ich im-mer noch beanspruchen, ein Schamgefühl zu besitzen und mithin fähig zu sein, in anderen Situationen Scham zu empfinden. Genau dies jedoch scheint beim Ressentiment nicht der Fall zu sein. Es scheint keinen Sinn zu haben, zu sagen, jemand besitze ein »Res-sentimentgefühl«, ohne aber ein aktuelles Ressentiment zu hegen.[30] Ähnlich wie bei der Eifersucht kann man auch beim Ressentiment feststellen, dass es immer dann, wenn es produziert werden kann, auch tatsächlich produziert wird. Der Affekt und das Vermögen zu seiner Produktion scheinen ein und dasselbe zu sein. Während im Fall von Scham und Schuld das jeweilige Vermögen getrennt von den aktuellen Gefühlen untersucht werden muss (da es getrennt von ihnen existiert), muss es beim Ressentiment zusammen mit dem Affekt betrachtet werden (da es keine gesonderte Existenz be-sitzt).[31] Gerade auf das Ressentiment trifft pikanterweise also zu, was Nietzsche ganz allgemein festhält: nämlich dass zwischen einer

Wirkung und ihrem Vermögen nicht unterschieden werden dürfe; und dass diese Unterscheidung nur einer »Verführung der Sprache« beziehungsweise einer Illusion der »Volks-Moral« geschuldet sei.[32] (Gerade diese Unterscheidung selbst erklärt Nietzsche ja in der Folge zu einer der für die Entstehung des Ressentiments maßgebenden Überzeugungen – denn durch sie kann die Äußerung eines Affekts oder ein Tun als *Schuld* eines Subjekts begriffen werden.)[33]

Darum erscheint es gut begründet, das Ressentiment nicht nur als einen Affekt, sondern auch als ein gesellschaftliches Verfahren zu seiner Herstellung zu betrachten (so, wie auch Schamgefühl und Schuldgefühl kulturspezifische gesellschaftliche Produkte sind);[34] oder, um es in einer marxistischeren, althusserianischen Terminologie auszudrücken: als eine spezifische Weise der Subjekt-Bildung; eine bestimmte Ideologie. Die Frage lautet dann: welche? Wie wird diese Weise der Subjekt-Bildung historisch und kollektiv hergestellt?

Indem ich diesen Zugang wähle, möchte ich eine entscheidende Frage ins Auge fassen, die mir bei Nietzsche unbeantwortet geblieben zu sein scheint: Wie konnte das Ressentiment zur Vorherrschaft gelangen? Es geht nicht nur darum, zu erkennen, wie das Ressentiment entstand (was Nietzsche schlüssig erklärt), sondern auch, wie es zur vorherrschenden Ideologie werden konnte. Warum haben die Priester gewonnen, und wie konnte ihre »Lüge« zur Hegemonie gelangen? Denn dies ist keineswegs offensichtlich: Wenn zum Beispiel in einer Sklavenhaltergesellschaft die Sklaven (oder deren Priester) eine Interpretation entwickeln, der zufolge sie die moralisch Überlegenen seien, und wenn sie demnach von einem Himmel oder Leben nach dem Tod träumen, wo sie zu den Herren würden, dann ist dies normalerweise ja keineswegs gefährlich oder ansteckend für ihre wirklichen Herren. Diese würden sich wohl vielmehr denken: »Träumt nur weiter, ihr Narren.« Solange die niedrigen Leute von höheren Welten träumen, werden sie niedrig bleiben, bemerkte Bertolt Brecht. Um dagegen hinaufzukommen, müssen die Niedrigen gerade an das Niedrige denken.[35]

Kann also das Träumen von höheren Welten jemals die Unterdrückten stärken und ihnen dazu verhelfen, die herrschenden Klassen zu überwinden? Und kann ihre Moralerzählung auch für die

Herren plausibel werden, so dass auch diese sie übernehmen und schließlich dadurch geschwächt und von ihr unterworfen werden? Oder blieben die Herrschenden weiterhin an der Macht, fanden aber heraus, dass sie durch das Verkünden einer Sklavenmoral die Sklaven noch wirksamer unterdrücken konnten?[36] Und schließlich: Mit welcher Notwendigkeit geschah dies? Ist die Hochblüte des Ressentiments das unvermeidliche Ergebnis einer historischen Entwicklung oder eines seltsamen »Prozesses der Zivilisation«?[37] Ist unsere postmoderne Malaise also alternativlos, oder gäbe es Auswege, die man in Betracht ziehen könnte?[38]

Drei Typen von Ideologie: Aberglaube, Bekenntnis, Paranoia

Um denjenigen Typus von Subjekt-Bildung oder Ideologie zu spezifizieren, dem das Ressentiment angehört, möchte ich eine grobe Unterscheidung vorschlagen (beziehungsweise in Erinnerung rufen).[39] Eine Ideologie kann unter drei verschiedenen Formen existieren: 1. als Aberglaube; 2. als Bekenntnis; und 3. als paranoisches Bewusstsein. Um das zu veranschaulichen, mögen die drei verschiedenen Gestalten, in denen Religion sich aktuell zeigt, herangezogen werden.

Sie kann (1) die Form des *Aberglaubens* (der Einbildung ohne Eigentümer) annehmen – zum Beispiel in Gestalt obsessiven Fernsehens. Solches Fernsehen ist durchaus eine religiöse Praxis, den es strukturiert, wie verschiedene Theologen festgestellt haben, in »liturgischer« Weise die Zeit seiner Betrachter. Sie müssen regelmäßig jede Folge ihrer bevorzugten Sendung sehen – und dies mit einer gewissen Zwanghaftigkeit, für die sie sich in der Regel ein wenig schämen.[40]

Eine andere Form von Religion ist (2) die des *Bekenntnisses*, der eigenen Einbildung. Ihr folgt der typische gläubige Christ, der an Gott als sein Ideal glaubt.[41] Dies erfüllt den gläubigen Bekenner mit Selbstachtung. Freilich führt es ihn bisweilen ebenso dazu, zu zweifeln, ob er wirklich ein guter Christ ist. Die Verinnerlichung, als Befreiung vom Zwang scheinbar läppischer äußerer Praktiken, befreit somit auch von der Scham für diesen Zwang. Sie erfüllt stattdessen mit Freude am eigenen Ich; andererseits bedeutet sie ei-

nen Verlust der durch die äußeren Praktiken vermittelten Gewissheit und führt in den oft nicht enden wollenden Zweifel und in die
Unlust über die kaum behebbar erscheinende Nichtentsprechung
gegenüber dem eigenen Ideal-Ich.

Die *paranoische* Form der Ideologie schließlich (3) zeigt sich in
dem Fall, wo bestimmte Subjekte sich selbst für Jesus halten. Sie
glauben nicht mit Selbstachtung und Zweifel, sondern mit absoluter Gewissheit.[42] Dieser Typus religiöser Subjekt-Bildung findet
sich klarerweise vor allem in psychiatrischen Institutionen, aber,
wie ich im Folgenden zu zeigen versuche, nicht ausschließlich.
Diese dritte Form von Ideologie ist, wie ich behaupten möchte, die
dem Ressentiment eigene Form.

Ich werde gleich nochmals zurückkommen auf diese »ideal-
typische« Unterscheidung der drei Formen von Ideologie und ihre
jeweiligen Strukturen genauer erläutern. Zunächst möchte ich nur
darauf hinweisen, dass die aktuelle Rede von diversen »Religionen«
wie zum Beispiel der »Gesundheitsreligion«, der »Nachhaltigkeits-
religion« oder der »Sicherheitsreligion« völlig berechtigt ist – allerdings unter einer wichtigen Bedingung: nämlich dass klargestellt
ist, von welchem Typus von Subjekt-Bildung die Rede ist. Nach
meiner Auffassung gehören diese drei genannten »Religionen«
dem dritten, paranoischen Typus meiner Klassifikation an. Denn
ihre Anhänger verhalten sich nicht wie bei Formen des Aberglaubens oder des Bekenntnisses. Vielmehr agieren sie in einer völlig
besessenen Form, so als ob sie selbst Jesus wären. Dies kann am
deutlichsten beobachtet werden in der für die Gesundheitsreligion
typischen Variante der »Selbstoptimierung«: Dieser Zwang, sich
selbst zu optimieren, ist nicht vergleichbar mit der abergläubischen
Vermeidung des Unreinen oder der bekenntnishaften Anstrengung zu moralischer Läuterung. Vielmehr ist es die paranoische
Konstruktion eines vollkommen reinen Ich, für das alles Lustvolle
notwendigerweise innen und alles Unlustvolle außen ist (oder aus-
gespuckt werden muss).[43] Dies ist der Punkt, an dem diese Ideo-
logien zeigen, dass sie zum Subjekt-Bildungstyp der Paranoia gehören – sowie zur Ordnung des Ressentiments.

Perspektivische Illusion:
Wie das Ressentiment als Paranoia hervorgeht
aus dem Blick des Bekenntnisses auf den Aberglauben

Um zu erklären, wie das Ressentiment entsteht, müssen wir zunächst von der ideologischen Form des Aberglaubens ausgehen. Wie Octave Mannoni hervorgehoben hat,[44] gibt es eine sehr eigenartige Form von Illusion – eine Illusion, der niemand glaubt; eine Täuschung also ohne Getäuschte. Nehmen wir zum Beispiel die Höflichkeit: Wie Immanuel Kant bemerkte, ist sie eine Täuschung, ja sogar eine Lüge, aber sie ist eine erlaubte Lüge, da alle wissen, dass es eine Lüge ist und somit niemand von ihr betrogen wird. Ich habe diesen Typ von Ideologie als »Einbildungen ohne Eigentümer«, oder in Übersetzung von Mannonis Terminologie, als »Aberglauben« bezeichnet.[45]

Da jedermann weiß, dass es sich um Illusionen handelt, besitzen diese Illusionen, wie Mannoni feststellt, psychoanalytisch gesehen die Struktur der Verleugnung. Sie werden zum Ausdruck gebracht in einer Äußerung des Typs: »Ich weiß zwar …, dennoch aber …«. Im Fall der Höflichkeit zum Beispiel kann diese Formel wie folgt komplettiert werden: »Ich weiß zwar, dass das alles nur illusorisches, höfliches Benehmen ist, dennoch aber ist es großartig, so zu tun, als würden wir wirklich aneinander Anteil nehmen.« Und im Fall von Sportresultaten: »Ich weiß zwar, dass das alles dumm und ohne Bedeutung für mein Leben ist, aber dennoch muss ich in der Zeitung als Allererstes die Sportresultate aufschlagen, so als ob sie das Wichtigste auf der Welt wären.« Der Teil des »dennoch aber …« bezeichnet hier immer das für den Fetischismus wie für die Zwangsneurose charakteristische Moment eines gegen besseres Wissen und gegen alle eigene Überzeugung bestehenden Zwanges.

Diese Struktur des Aberglaubens unterscheidet sich deutlich von der des Bekenntnisses. Das Bekenntnis ist eine Illusion, an die bestimmte Leute tatsächlich glauben; es ist eine Einbildung mit stolzen Eigentümern. Leute sind zum Beispiel stolz, zu erklären, dass sie an Gott glauben oder an den menschlichen Fortschritt oder an die Selbstregulierung der Finanzmärkte. Es ist darum ihre eigene Einbildung – und nicht, wie in den Fällen des Aberglaubens, eine Einbildung ohne Eigentümer. Es ist bezeichnend, dass Mannonis

Formel hier nicht angewendet werden kann: Kein gläubiger Christ würde jemals so etwas sagen wie »Ich weiß, es ist ganz dumm, aber ich muss jetzt in die Kirche gehen«. Und kein neoliberaler Ökonom würde, nicht einmal nach der Banken- und Finanzkrise von 2008, sagen, »Ich weiß, dass das Blödsinn ist, dennoch aber ist es großartig, so zu tun, als ob die Finanzmärkte sich von selbst regeln könnten«.

Aberglaube und Bekenntnis besitzen, wie ich anderswo ausführlich erläutert habe,[46] unterschiedliche affektive Funktionen. Aberglaube erzeugt Lust; Bekenntnis dagegen Selbstachtung. Wie Mannoni bemerkt, ist der Aberglaube eine Struktur, die in allen Kulturen vorkommt.[47] Keine Kultur kann demnach bestehen, ohne Einbildungen zu kultivieren, an die niemand glaubt. Das Bekenntnis dagegen scheint eine sehr spezielle Errungenschaft zu sein, die nur in bestimmten Kulturen auftritt. Monotheistische Religionen zum Beispiel beruhen auf diesem Typus von Einbildungen mit Eigentümern. Dies ist einer der Gründe, weshalb sie als »sekundäre Religionen« zu klassifizieren sind – im Gegensatz zu den »primären«, heidnischen Religionen,[48] die eine ganze Menge heiliger Wesen und entsprechender Illusionen feierten, ohne jemals den Versuch zu unternehmen, sich diese Einbildungen anzueignen.

Darum lassen sich, Mannoni zufolge, zwei Typen von Kulturen unterscheiden: erstens Kulturen, die nur Aberglauben aufweisen; und zweitens Kulturen, in denen Aberglaube überbaut ist von Bekenntnis. Letztere sind eben niemals Kulturen ausschließlich des Bekenntnisses, Kulturen von »faith alone« sozusagen, auch wenn sie immer bemüht sind, als solche zu erscheinen. Doch in jeder Bekenntniskultur finden wir auch Aberglauben – zum Beispiel in christlichen Kulturen Elemente wie den Nikolaus, den Weihnachtsbaum oder den Osterhasen.[49] Eine Kultur des Aberglaubens feiert solche Elemente offen, unverhohlen und ausgiebig. Eine Kultur hingegen, in der die abergläubischen Elemente vom Bekenntnis überbaut sind, versucht, ihre abergläubischen Elemente zu verbergen oder deren Bedeutung herunterzuspielen – zumindest gegenüber Außenstehenden. Sie tendiert mitunter auch dazu, manche dieser Elemente zu zerstören. Bekenntniskulturen zeigen sich feindselig gegenüber dem Aberglauben – und zwar nicht etwa nur gegenüber dem fremden, sondern sogar auch dem der eigenen Kultur zugehörigen.[50] Dies ist auch der Grund, weshalb Bekenntniskulturen so eigentümlich blind sind gegenüber ihrem eigenen abergläubischen Element der Magie. Während abergläubische Kulturen mehr oder weniger offen zugeben, Magier zu besitzen und Magie zu praktizieren, erkennen Bekenntniskulturen dies nicht an; sie meinen, mit dergleichen allenfalls in einem völlig uneigentlichen, übertragenen Sinn zu tun zu haben, wenn sie zum Beispiel vom Charme oder vom Zauberhaften bestimmter Personen oder Dinge sprechen.[51] Und sie lesen Horoskope oder die Liebesratschläge von Frau Christine nur zum Spaß,[52] halten »nur so« die Daumen für ihre Sportstars oder leiten eben »nur so« E-Mails weiter, in denen ihnen für den Fall der Nichtweiterleitung großes Unheil vorhergesagt wird. Diese Blindheit einer Bekenntniskultur für ihre eigenen Aberglaubenselemente und -praktiken führt zu einer folgenreichen Täuschung – einer »perspektivischen Illusion«. Sie tritt dann auf, wenn eine Bekenntniskultur auf eine abergläubische Kultur trifft. Wenn nun die Bekenntniskultur den Aberglauben der anderen Kultur wahrnimmt, missversteht sie diesen Aberglauben und meint, er wäre das Bekenntnis der anderen. Was die anderen aus Aberglauben tun, ironisch distanziert und mithin gegen besseres Wissen, erscheint der Bekenntniskultur, als ob es aus eigener Einbildung erfolgte, ohne ironische Distanz und in Ermangelung besseren Wissens. Die magischen Praktiken anderer Kulturen erscheinen dann als Beweise von deren Unwissenheit. Auf diese Weise verfallen die Angehörigen der Bekenntniskultur der perspektivischen Illusion und denken: »Wir wissen es besser. Darum tun wir es nicht. Die anderen wissen es nicht. Darum tun sie es.«[53]

Auf diese Weise findet die Bekenntniskultur eine komfortable Methode, um das Spannungsverhältnis zwischen ihren eigenen Bekenntnis- und Aberglaubenselementen zu bewältigen. Bis dahin hatte sie mit dem Umstand fertig zu werden, dass sie sich zu manchen Einbildungen bekannte, aber dennoch auch andere Dinge tat, an die sie nicht glaubte. Nun jedoch hat sie die Chance, ihr Bekenntnis als alleiniges, reines Bekenntnis darzustellen und zu empfinden, wohingegen der Aberglaube und die entsprechenden lustvollen Praktiken auf die Seite der anderen gewechselt sind, wo sie nun als deren Bekenntnis erscheinen. Die »horizontale« Spaltung, die das bekennende Subjekt in einen wissenden Teil einerseits und einen gegen dieses bessere Wissen handelnden Teil andererseits trennte, findet sich nun transformiert in eine »vertikale« Spaltung, welche das bekennende Subjekt von einem anderen Subjekt trennt, das angeblich über kein besseres Wissen verfügt und darum scheinbar überzeugt abergläubisch handelt. Solange nun die Bekenner sich ihren scheinbar unwissenden anderen überlegen fühlen, genießen sie dieses Gefühl der Überlegenheit und entwickeln eventuell einen gewissen pädagogischen oder missionarischen Eifer ihnen gegenüber.

Jedoch kann dieses Überlegenheitsgefühl auch rasch in sein Gegenteil kippen – ins paranoische Ressentiment. Dann beginnt der besser wissende und darum nicht magisch handelnde Bekenner neidisch auf sein handelndes und scheinbar nicht wissendes Gegenüber zu blicken. Der andere erscheint nun im Besitz eines Glücks, das den Wissenden verlorengegangen zu sein scheint. So schreibt Achille Mbembe:

> »Die Gestalt Afrikas als Reservoir an Mysterien ist letztlich der westliche Diskurs über den Wunsch nach einem lustvollen und wilden Fest, ohne Hemmungen und Schuldgefühle, über die Suche nach einem Vitalismus ohne Gewissensbisse – ein Verlangen, das Europa in der Nachkriegszeit quält.« (Mbembe 2017: 86 f.)

Um dieses Verlangen nach dem eben noch Verachteten zu erklären, müssen wir diesen Befund hinsichtlich seiner affektiven Dimension betrachten. Aus psychoanalytischer Sicht stellt diese sich wie folgt dar: Nicht wissen und magisch handeln sind Formen des Narzissmus und der Nichtanerkennung des Realitätsprinzips – mithin Formen dessen, was Jacques Lacan im strengen Sinn als »Genießen« (*jouissance*) bezeichnet hat.[54] Wenn Menschen vermuten, dass andere nicht wissen, und darum magisch handeln, dann unterstellen sie diesen anderen damit einen Zugang zu grenzenlosem narzisstischem Genießen. Dieses Genießen aber erscheint für immer verloren für diejenigen, die Zugang zum Wissen gewonnen haben, das heißt: für diejenigen, die das Realitätsprinzip anerkennen mussten. Wissen um die einschränkenden Bedingungen der Wirklichkeit gewonnen zu haben scheint darum einer »symbolischen Kastration« zu entsprechen, die einen für immer vom vermeintlichen, früheren Glück narzisstischen Genießens trennt.

Die perspektivische Illusion, die den Aberglauben der anderen als deren Bekenntnis missinterpretiert, kann auf diese Weise den Eindruck eines glücklichen, uneingeschränkten Genießens auf Seiten der anderen erzeugen. Und dieses Genießen scheint für die Bekenner unmöglich und unzugänglich geworden zu sein, eben aufgrund ihres »kastrierenden« besseren Wissens. Die Fehlwahrnehmung des Aberglaubens der anderen als Bekenntnis übersieht das bessere Wissen dieser anderen und unterstellt ihnen darum die erfolgreiche Vermeidung von Kastration und Zugang zu uneingeschränktem Genießen.

Der Umstand, dass die Position der anderen als Bekenntnis erscheint, ohne Distanzierung durch besseres Wissen und mithin als Privileg grenzenlosen Genießens, bedeutet nun etwas entsetzlich Verstörendes und Skandalöses für die Bekenntniskultur: *Wir sind des Genießens beraubt; aber die anderen sind es nicht.* Und wenn nun die anderen das Genießen besitzen, während es uns mangelt, dann kann dies nur eines bedeuten: Was die anderen haben, muss das sein, was uns fehlt. Das Genießen der anderen ist in Wahrheit *unser Genießen.* Die anderen müssen die »Diebe unseres Genießens« sein.[55] Denn anders als das beschränkte, wirkliche Glück, das wir aus dem Leben kennen und das teilbar und vervielfältigbar scheint, ist das grenzenlose Genießen etwas, das offenbar notwendig nur als eines und als etwas Unteilbares vorgestellt werden kann. Dieses imaginäre Riesenglück lässt sich nicht teilen oder solidarisch gemeinsam genießen; sein Besitz gehorcht dem gnadenlosen Prinzip »Du oder ich«.

Der einzige Weg, unser verlorenes Genießen wiederzugewinnen, kann darum nur sein, das Genießen der anderen zu zerstören; das heißt: ihren Mangel an Kastration zu beheben. Um uns selbst zu »de-kastrieren«, müssen wir die anderen kastrieren. Dies ist der Grund, weshalb wir im Augenblick ständig so erpicht darauf sind, anderen zu besserem Wissen zu verhelfen, ja sie zum Wissen zu zwingen – zum Beispiel jene unbekannten anderen, die allem Anschein nach im Besitz des Genießens sind, nicht zu wissen, dass Rauchen schädlich ist. Für diese »Wilden« scheuen wir keinen Aufwand, um ihnen Warnhinweise und – da sie ja in ihrer unkastrierten Unwissenheit möglicherweise nicht einmal lesen können – Schockbilder auf die Schachteln ihrer Tabakwaren zu platzieren.

Dies wird sie zweifellos zum Wissen zwingen, sie mithin kastrieren und uns de-kastrieren.

Um diese psychoanalytische Überlegung zu vervollständigen, müssen wir noch einen Punkt hinzufügen. Der Hass auf das Genießen der anderen ist selbst Genießen. Dies ist fein bemerkt worden von dem christlichen Kirchenvater Tertullian, der schreibt: »Welche Lust kann größer sein als der Ekel an der Lust selbst!«[56] Wann immer wir meinen, andere im Besitz grenzenlosen Genießens zu sehen, werden wir selbst grenzenlos und fanatisch in unserem Eifer, ihr Genießen zu zerstören. Der Umstand zum Beispiel, dass die Politik, anstatt einfach nur gangbare Regeln für alle Beteiligten zu suchen, gegenwärtig das Rauchen buchstäblich von überall zu vertreiben versucht – nicht nur aus Restaurants und Bars, sondern auch von öffentlichen Plätzen im Freien sowie aus privaten Wohnungen –, scheint von diesem grenzenlosen Fanatismus zu zeugen – von der finsteren Leidenschaft derjenigen, die keine anderen Leidenschaften kennen oder wertschätzen. Diese grenzenlose Leidenschaft, das Genießen, das unter dem Vorwand auftritt, das skandalöse Genießen anderer beschneiden zu müssen, bildet die affektive Grundlage der Paranoia. Die Paranoia entsteht in einem Subjekt, das seine symbolische Kastration verloren hat und darum von grenzenlosem Genießen überschwemmt zu werden droht – allerdings, da das Genießen niemals als lustvoll, sondern immer nur als leidvoll erlebt werden kann,[57] in der unlustvollen Form eines gestohlenen, scheinbar bei anderen angesiedelten Genießens. Paranoia ist die Besessenheit durch die Vorstellung fremden Genießens – eine Besessenheit, die selbst ebendieses Genießen ist.

Das Dahinschmelzen psychischer Distanz. Die Postmoderne

Unter einem »topischen« Gesichtspunkt – das heißt hinsichtlich der verschiedenen Instanzen des psychischen Apparates (nach Freud: dem Ich, dem Über-Ich bzw. Ich-Ideal, sowie dem Es) – kann die Paranoia beschrieben werden als Verlust ebenjenes Abstandes, der in einem nichtparanoischen Subjekt diese Instanzen voneinander trennt. Aufgrund dieses Verlustes von Abstand aber scheint sogar der Unterschied zwischen diesen Instanzen zu verschwinden: In der Paranoia kann es so scheinen, als gäbe es kein Über-Ich oder kein Ich, oder jedenfalls keinen Unterschied zwischen ihnen.

Ein solcher »Verlust von Topik« ereignet sich in vergleichbarer Weise im Alltagsleben im Fall der Liebe. Wie Freud bemerkt, wird in der Liebe die geliebte Person an die Stelle des Ich-Ideals gesetzt.[58] Darum verhält es sich dann plötzlich so, als ob die liebende Person kein eigenes Ich-Ideal mehr hätte. In der Liebe verlieren wir darum die Differenzierung unseres psychischen Apparates; wir werden sozusagen paranoid. Dies mag einer der Gründe sein, weshalb Freud eine homosexuelle Bindung für die Grundlage jener Eifersucht hielt, die typisch für die Paranoia ist.[59]

Diese psychoanalytische Überlegung liefert uns einer Erklärung für den Umstand, dass die Postmoderne eine so auffällige Hochblüte des Ressentiments ist – das heißt: einer bestimmten Art der Paranoia. Denn die Postmoderne hat eine ganz bestimmte Form des Wissens entwickelt – das Wissen, dass es so etwas wie besseres Wissen nicht gäbe. Sie hat uns nicht nur gelehrt, sondern uns sogar spüren lassen, dass vorgebliches Wissen in Wahrheit nur eine Erzählung sei und dass die Epoche der großen Erzählungen vorbei sei. Da nun das bessere Wissen der Mechanismus zur Herstellung psychischer Distanz im Aberglauben sowie (wenn auch in trügerischer Form) im Bekenntnis war, bedeutet diese Aufkündigung besseren Wissens für die Subjekte der postmodernen Ideologie die Aufkündigung ihrer psychischen Distanz. Das lässt sich in Bezug auf die drei Typen von Ideologie kurz veranschaulichen.

Sowohl im Aberglauben wie im Bekenntnis sind die Positionen von Ich und Über-Ich durch eine bestimmte Distanz getrennt – insbesondere auch durch eine »Höhendifferenz«, welche das Über-Ich weiter oben ansiedelt als das Ich. Im Aberglauben nimmt das Subjekt die Position des Über-Ich ein und blickt, mit liebevollem Lächeln, hinunter auf das Ich. Dies ist der Standpunkt des Humors, wie ihn Freud beschrieben hat.[60] Diese abwärtsblickende Perspektive ist typisch zum Beispiel für Religionen, die ihre Götter als Kinder darstellen.[61] Im Bekenntnis hingegen nimmt das Subjekt den Standpunkt des Ich ein und schaut auf zum Über-Ich. Dieses Hochblicken erzeugt Respekt. Es ist charakteristisch für Religionen, die ihre Götter als allmächtige, allwissende Erwachsene beschreiben. Solche Götter sind Wirkungen des nach oben gerichteten Blicks – denn dort oben kann ja offenbar nur etwas in jeder Hinsicht Größeres angesiedelt sein. Diese hochblickende Perspektive hat Freud bekanntlich als etwas typisch Infantiles in den Religionen eingestuft:

> »Diese Vorsehung kann der gemeine Mann sich nicht anders als in der Person eines großartig erhöhten Vaters vorstellen. […] Das Ganze ist so offenkundig infantil …« (Freud [1930a]: 206)

In der Paranoia dagegen sind beide Formen von Distanz verschwunden. Ich und Über-Ich scheinen zusammenzufallen; zumindest haben sie dasselbe Zentrum. Jedoch bei genauerer Betrachtung zeigt sich, dass das Über-Ich immer noch größer ist als das Ich: Denn es scheint dessen schiere Faktizität nun mit normativen Verfügungen zu bombardieren. Das Sollen ist das verräterische Kennzeichen der Präsenz eines Über-Ich: Es gibt hier nicht nur ein Ich, das einfach etwas ist; vielmehr ist dieses Ich überschattet von einem Über-Ich, das ihm ständig befiehlt, etwas zu sein – und zwar es selbst. Darin besteht das Spezielle dieses Sollens: Während ein distanziertes Über-Ich das Ich zu einem höheren Ideal (dem Ideal-Ich) hinbewegen wollte, versucht das paranoische Über-Ich das Ich gerade auf dessen Standpunkt zu fixieren. Dieses Über-Ich befindet sich also genau dort, wo auch das Ich ist; aber es ist offenbar größer als dieses, da es ihm Vorschriften macht. Darum muss dieses Über-Ich als einkreisend, umzingelnd beschrieben werden. »Sei du selbst!«, lautet der tyrannische Befehl dieses einkreisenden, »sartorischen« Über-Ich.[62]

Dieser Verlust von Selbst-Distanz und das Aufkommen einer Besessenheit durch das eigene Selbst ist charakteristisch für die Postmoderne. Sie verdankt sich der Überwindung der früheren Aberglaubens- und Bekenntnistypen der Subjektbildung. Diese Besessenheit durch das eigene Selbst kann gegenwärtig nicht allein beispielsweise in den verzweifelten Versuchen der Selbstoptimierung oder ähnlichen »gesundheitsreligiösen« Anstrengungen beobachtet werden. Sie zeigt sich auch in bisweilen bizarren politischen Bewegungen, zum Beispiel den extremen Tierrechts-Initiativen. Letzteren zufolge sollten nicht nur Menschen keine Tiere mehr essen, sondern auch Tiere sollten keine Tiere fressen. Die Frage für die Kulturtheorie lautet an diesem Punkt freilich: Warum haben Menschen plötzlich ein so massives Interesse daran, dass Tiere nicht mehr von irgendjemandem gefressen werden? Wie konnte dieses Anliegen zu einer so vorherrschenden Priorität werden? – Die einzig mögliche Antwort scheint zu lauten, *dass diese Menschen begonnen haben, sich selbst mit bestimmten zahmen Tieren zu identifizieren.* In ihrer Vorstellung sind sie selbst zu Haustieren geworden. Diese aktuelle Haustieridentifizierung vieler Zeitgenossen erinnert freilich stark an jene Tendenzen, die Nietzsche in seiner »Genealogie der Moral« beobachtete – »aus dem Raubtiere ›Mensch‹ ein zahmes und zivilisiertes Tier, ein *Haustier* herauszuzüchten«, der »Tartüferie zahmer Haustiere (will sagen moderner Menschen)«.[63] Diese Identifizierung entspricht dem für das Ressentiment charakteristischen Wunsch, sich selbst als grenzenlos gut zu empfinden – aufgrund der unterstellten Harmlosigkeit. Gutsein kann hier (wie häufig in der Postmoderne)[64] ausschließlich in negativen Begriffen bestimmt werden: niemanden zu verletzen. Aber alles Leben findet auf Kosten anderen Lebens statt. Selbst der asketische »Lichtesser« wirft noch einen Schatten. Die Unfähigkeit, zu akzeptieren, dass wir in dieser Welt vielleicht nicht imstande sind, weniger Schaden als Nutzen anzurichten (that »life is robbery«, um Alfred N. Whiteheads hellsichtige Formulierung zu zitieren)[65] – oder, wie Nietzsche es ausdrückt, dass

»das Leben essentiell, nämlich in seinen Grundfunktionen verletzend, vergewaltigend, ausbeutend, vernichtend fungiert und gar nicht gedacht werden kann ohne diesen Charakter« (Nietzsche [1887]: 263)

– und die Unfähigkeit, auch nur die geringsten wilden oder ungezähmten »animalischen« sinnlichen Strebungen an sich selbst zu akzeptieren, zeugen von einem Ich, das von seinem Über-Ich umstellt und zu totaler Ich-Konformität gezwungen ist.

Dieselbe Besessenheit zeigte sich in der frühen Postmoderne der 1990er Jahre in Bezug auf das Motiv des sexuellen Kindesmissbrauchs. Trotz der Tatsache, dass Vernachlässigung von Kindern sowie Gewalt gegen Kinder weitaus häufigere und gefährlichere Bedrohungen darstellen, war das kollektive Imaginäre besessen vom Motiv des sexuellen Kindesmissbrauchs. Auch dies kann wohl nur dadurch erklärt werden, dass die Erwachsenen der frühen Postmoderne *sich selbst als Kinder* zu imaginieren begannen; dass

sie mit ihrer Sexualität nicht mehr umgehen konnten und sich
diesen unbequemen Eindringling nicht anders erklären konnten
als mit der Auskunft, dass dieser nur durch äußere Gewalt über
sie gekommen sein könne. Auch hier kann ein humorloses Über-
Ich, dem jegliche Distanz fehlt, dem Ich nicht erlauben, sich auf
eine so wenig ichkonforme Sache wie die Sexualität einzulassen.
Paranoische De-Sexualisierung, wie sie sich in der sogenannten
Asexualität oder »Postsexualität« zeigt,[66] ist eines der typischen
Symptome des postmodernen Ressentiments.

An diesem Punkt mag deutlich werden, dass Nietzsches Re-
konstruktion der Genese des Ressentiments möglicherweise an
einem Punkt falsch ist. Denn es ist vielleicht gar nicht nötig, dass
es wirkliche Niederlagen und wirkliche Verlierer gibt, damit das
Ressentiment entsteht. Dies ist wohl weder eine hinreichende noch
eine notwendige Bedingung dafür. So hat zum Beispiel der Fall
von Masada wohl Menschen zu Heroismus und Stolz veranlasst,
aber nicht zu Ressentiment. Auf der anderen Seite beobachten wir
gegenwärtig, wie viele Menschen im Ressentiment gefangen sind,
die niemals in irgendeinem ernstzunehmenden Sinn wirklich verloren haben. Hier sollten wir uns einmal mehr an den Grundsatz
des stoischen Philosophen Epiktet erinnern, der betonte, dass es
nicht die Tatsachen, sondern vielmehr die Meinungen sind, welche die Menschen in Aufruhr versetzen.[67] Daraus müssen wir die
Schlussfolgerung ziehen, dass wir es beim Ressentiment wohl oft
mit »rebels without a cause« zu tun haben – mit empörten Ver-
lierern, die nie verloren haben. Das Ressentiment muss auf einen
imaginären Verlust zurückgeführt werden, nicht auf einen realen.
Reale Wirkungen können durch imaginäre Ursachen ausgelöst
werden.[68] Unsere Erklärung lautet demnach: Das Ressentiment
entsteht, wenn Menschen – eventuell angeleitet von ihrer Kultur –
beginnen, die Tatsache ihres Erwachsenwerdens als gewaltigen
Verlust zu empfinden; und wenn sie meinen, dass es andere gäbe,
denen dieser Verlust erspart geblieben wäre.

Was tun?

Stellen wir uns nun die Frage: Was ist notwendig, um eine gleiche, freie und solidarische Gesellschaft aufzubauen? Welche Individuen sind dafür nötig? Kann sie aus stolzen, starken, gefährlichen, wilden Tieren gebaut werden oder eher aus ängstlichen, schwachen Haustieren? Unsere Antwort auf diese tiermetaphorische Frage wird wohl kaum anders als jene lauten können, die Nietzsche gegeben hätte. Dies bedeutet freilich nicht, dass in dieser Gesellschaft Raubtierverhältnisse herrschen können oder sollen wie im aktuellen Neoliberalismus; es geht vielmehr um die Frage, welches Selbstbild diese Gesellschaft ihren Individuen nahelegt und wie diese Individuen in ihrem Verkehr einander begegnen. Welches äußere Erscheinungsbild, welches »als ob« im gegenseitigen Benehmen, ist hierfür nötig? – Die Antwort kann wohl nur lauten: Benehmt euch und verhaltet euch zueinander, als ob ihr starke und gefährliche Wesen wärt, nicht nur fähig, anderen Schmerz zuzufügen, sondern auch in der Lage, Schmerz zu ertragen. Mit dieser Ethik und diesem Appell müssen demokratisch gesinnte Regierungen ihren Bürgerinnen und Bürgern begegnen:»Ihr seid erwachsen. Ihr sterbt nicht sofort, wenn ihr ein wenig Lärm hört oder Erwachsenensprache. Also benehmt euch wenigstens so, als ob ihr erwachsen wärt; auch wenn ihr euch vielleicht gerade nicht danach fühlt.« Wenn Regierungen dagegen ihre Bevölkerungen wie äußerst verletzliche Wesen, wie Kinder oder Haustiere behandeln, so werden diese Wesen massive Ressentiments gegeneinander entwickeln, und dann kann die Konsequenz wohl nur sein, dass man sie in Käfige steckt, die sie vor ihresgleichen schützen. Eine Gesellschaft aus Haustieren ist eine vollkommen repressive Gesellschaft.

Nun sehen wir uns in der Lage, unsere eingangs gestellte Frage zu beantworten, wodurch das Ressentiment nicht nur in die Welt kam, sondern auch wie es zur Vorherrschaft gelangte. Interessanterweise waren es in westlichen Gesellschaften in den letzten Jahrzehnten meist grüne und sozialdemokratische Kräfte, die nach Polizei und bürokratischer Regulierung (des zivilen Lebens, und nicht etwa der Banken und Finanzmärkte) riefen. Dies ist die spezifische Überdeterminierung, die es dem Ressentiment ermöglicht, hegemonial zu werden: In diesem Fall half eine scheinbar fortschrittliche Gruppe mit scheinbar fortschrittlichen Zielen (die Schwachen schützen, ganz man selbst sein, sich von Entfremdung und Heteronomie befreien) tatkräftig mit, höchst antifortschrittliche Wirkungen hervorzubringen (die Zerstörung des öffentlichen Raumes, das Blockieren demokratischer Diskussion, das Vermeiden von Dissens). Mit dem Gefühl – oder wenigstens dem Versprechen – der Befreiung trugen sie zur Implementierung restriktiver Regelungen bei und installierten sich selbst als deren Bürokratie; genau wie Nietzsches »Priester«. Die institutionelle Paranoia, die sie – insbesondere durch das Evozieren von Bildern unendlich schwacher, völlig hilfloser Opferfiguren – erzeugen, verlangt immer nach Sofortmaßnahmen, ohne Abwägung oder Diskussion über das Maß oder die Angemessenheit der Mittel. Nicht selten ist dies begleitet von einem »overruling« von demokratischer Kontrolle, Legalität und Gewaltentrennung.

Da die Angemessenheit der Mittel in der Paranoia nicht zur Diskussion steht, bilden das Ressentiment und die ihm entsprechenden Pseudo-Politiken regelmäßig selbst die entscheidenden Hindernisse gegen dasjenige, was sie selbst als ihr Ziel ausgeben. Gesundheitsreligiöse Politik vernichtet nicht nur vieles andere, sondern verhindert sogar auch noch Gesundheit selbst; dies belegen neue Krankheitsbilder wie die »Orthorexie« (eine Mangelerscheinung, die durch exzessive gesunde Ernährung verursacht wird). Sicherheitsreligiöse Politik gefährdet letztlich die Sicherheit, weil sie das Gefühl der Unsicherheit in der Bevölkerung verstärkt und weil sie den Geheimdiensten und getarnten Ermittlern unkontrollierte Befugnisse zugesteht, die – wie man nach den Londoner U-Bahn-Attentaten im Fall des unglücklichen Jean Charles de Menezes sehen konnte – bis zur Tötung unbeteiligter Bürger gehen können.[69] Dasselbe gilt für paranoische Besessenheiten und deren jeweilige angeblich höchste Güter. Wenn zum Beispiel der Neid vorgibt, nach der Aneignung einer bestimmten Sache zu streben, so ist er in Wahrheit selbst das größte Hindernis gegen diese Aneignung.[70] Und wenn die Eifersucht sich als eine gesteigerte Leidenschaft für die geliebte Person geriert, so muss doch festgehalten werden, dass in Wahrheit der Eifersüchtige seine Eifersucht seiner Liebe und seiner geliebten Person vorzieht (wie sich in dem Film

»The Appointment«[71] hübsch beobachten lässt). Ebenso ist auch Ressentiment kein Streben nach Gleichheit, sondern ein Hindernis dagegen. Dies hat Nietzsche hellsichtig erkannt, als er schrieb: »Historisch betrachtet, stellt das Recht auf Erden [...] den Kampf gerade *wider* die reaktiven Gefühle vor.«[72]

Man möchte hier Nietzsches Einsicht gerade gegen seine eigenen meist feindseligen und angeekelten Bemerkungen über Demokratie und Gleichheit wenden: Denn Demokratie und Gleichheit, so lässt sich sagen, sind nur erträglich für starke, stolze Menschen. Nur solche – »Herren« im Sinn Nietzsches – sind in der Lage, Gleiche zu sein. Sklaven dagegen brauchen immer einen Herrn.[73]

Ethik und Politik ohne Ressentiment

Wie also kann eine Gesellschaft sich von Paranoia befreien und zu weniger furchtsamen Formen der Subjekt-Bildung übergehen? Was könnte uns Postmoderne weniger ressentimentgeladen machen? – Vergessen wir nicht, dass bestimmte zivilisierte kulturelle Praktiken in der Geschichte Individuen darin trainiert haben, sich von sich selbst zu distanzieren. Richard Sennett hat dies anschaulich beschrieben. Vielleicht wäre es ein beträchtlicher ethischer wie politischer Erfolg, die Trennung zwischen privater Person und öffentlicher Rolle wieder zu etablieren und zu verteidigen. Solange es sie gab, haben Menschen anderen deren Glück im öffentlichen Raum nicht missgönnt. Denn sie sahen deren Fröhlichkeit und Eleganz, deren Verbindlichkeit, Höflichkeit und Charme sowie deren Glück und Genuss als das an, wozu diese anderen sich entsprechend der Rolle, die sie im öffentlichen Raum zu spielen hatten, verpflichtet fühlten. Sie interpretierten das Rauchen oder Flirten der anderen nicht als deren Neigungen und obszöne Privatpassionen, sondern als deren Pflichten. Durch diese Unterscheidung wurden diese anderen nicht »homogenisiert« zu vermeintlich »unwissenden«, »unkastrierten«, urvaterhaften Bestien im Besitz obszönen Genießens, sondern sie wurden verstanden als gleichermaßen kastrierte Subjekte, die den Anforderungen der Öffentlichkeit als einer Pflicht zu genügen versuchten. Wer in der Lage ist, auf erwachsene Weise auf andere zu blicken und diese ebenfalls als Erwachsene wahrzunehmen, wird ihnen wohlwollend und großzügig begegnen. Dieses Wohlwollen gegenüber Gleichen ist andererseits die Bedingung dafür, sich gegen aufkommende Ungleichheit in der Gesellschaft zur Wehr zu setzen.

5. Die anmaßenden Gesten der Bescheidenheit. Über Gespaltenheiten im erwachsenen Sprechen[1]

Die Verkehrungen der Vernunft

Es ist zwar traurig, wenn man es miterleben muss, aber andererseits nicht unkomisch, wenn man es beobachten darf, wie das, was wir »Vernunft« nennen möchten, und alle Maßnahmen, die wir im Namen solcher Vernunft derzeit treffen, sich regelmäßig in ihr Gegenteil – in schiere Unvernunft – verkehren. Wenn wir zum Beispiel Vernunftmaßnahmen ergreifen der Sicherheit zuliebe, dann lassen wir Eingriffe zu, die unsere Bürgerrechte oder unsere Würde – oder beides – völlig vernichten. Oder wenn wir Vernunftmaßnahmen ergreifen zugunsten von Umwelt, Gesundheit oder Kosteneffizienz, dann setzen wir auf solche, die uns die Lebensfreude ruinieren. Wenn wir der Überzeugung sind, dass wir ökologischeren Treibstoff verwenden sollten, dann treffen wir Maßnahmen, die die Getreidepreise in die Höhe treiben und Millionen Menschen an den Rand einer Hungersnot bringen. Wenn wir etwas für die Studierendenmobilität oder gegen hohe Studienabbrecherzahlen tun wollen, dann zerstören wir die Universitäten als ganze, als Orte neugierigen Nachdenkens und kritischer Selbstreflexion der Gesellschaft – ohne dabei überhaupt die Mobilität zu erhöhen oder die Abbrecherquoten zu senken. Wenn wir die Effizienz verabsolutieren und ihr alles opfern, dann opfern wir letztlich sogar noch die Effizienz selbst.

Es lassen sich unschwer weitere Beispiele finden. So kann man wohl sagen, dass dieses Sichverkehren von vermeintlicher Vernunft in Unvernunft ein typisches Phänomen der Gegenwart darstellt. Allgemein lässt sich feststellen, dass das, was wir heute als Vernunft bezeichnen, regelmäßig etwas Exzessives, Panisches und

Blindes – und mithin Unvernünftiges – an sich hat. Indem diese sogenannten Vernunftmaßnahmen sich letztlich regelmäßig gegen jegliche Vernunft richten, bringen sie uns immer um das, wofür es sich zu leben lohnt.

Hieran zeigt sich zugleich, welchen Wert diese Frage hat, die ich in meinem Buch von 2011 aufgeworfen habe – die Frage, wofür es sich zu leben lohnt: Diese Frage ist ein Gradmesser der Vernunft – ein Rationalitätskriterium. Und zwar in ihrer Funktion als Frage. Das Wichtige dieser Frage besteht nicht darin, dass wir versuchen, Antworten zu finden, um entscheiden zu können, ob es besser wäre, zu meditieren oder doch lieber kickboxen zu lernen; ob es besser ist, ein Kind zu bekommen oder doch eher ein Tier anzuschaffen; ob es besser ist, mehr zu arbeiten oder mehr Freizeit zu haben; oder ob es besser ist, sich gesund zu ernähren oder lieber doch öfter auf die Pauke zu hauen. Das sind alles berechtigte Fragen, auf die man auch Antworten finden kann. Aber der entscheidende Wert dieser Frage, wofür es sich zu leben lohnt, ist ein ganz anderer. Er liegt im Akt, diese Frage zu stellen und damit alles, was wir Vernunft nennen, an dieser Frage zu messen. Denn nur wenn wir das tun, bekommen alle Formen von Teilvernunft, auf die wir gegenwärtig so sehr Rücksicht nehmen, ihren eigentlichen Sinn. Und nur wenn wir sie an dieser Frage, »Wofür lohnt es sich eigentlich zu leben?«, messen, hindern wir diese Formen von Teilvernunft daran, sich in völlige Irrationalität zu verwandeln. Denn nur gemessen an dieser Frage, haben teilvernünftige Prinzipien wie Sicherheit, Gesundheit, Umweltschutz, Kosteneffizienz etc. ihren partiellen Sinn. Nur eine Vernunft, die dieser Frage standhält, verdient ihren Namen.

Wenn wir hingegen irgendeines dieser Prinzipien absolut setzen; wenn wir also zum Beispiel sagen: »Jetzt müssen wir sofort alles tun für die Gesundheit«, dann kehrt sich die Gesundheit gegen die Menschen und gegen das, wofür es sich zu leben lohnt. Dann ist es plötzlich nicht mehr so, dass die Gesundheit für die Menschen da ist und dass die Gesellschaft die Individuen darin unterstützt, gesund zu bleiben und sie dagegen absichert, durch Krankheit auch noch in Armut zu verfallen. Vielmehr, wenn wir die Gesundheit absolut setzen und sie nicht messen an der Frage, wofür es sich zu leben lohnt, dann sind plötzlich die Menschen für ihre Gesundheit da und nicht die Gesundheit für die Menschen. Und dann beginnen die Individuen plötzlich der Gesellschaft Gesundheit zu schulden. In diesem Zustand befinden wir uns heute.

Dies ist, glaube ich, das Bedrohliche, wogegen wir uns wenden müssen, und der Inhalt einer politischen Plattform, die ich, zusammen mit Intellektuellen aus ganz Europa, zuletzt gestartet habe (siehe dazu www.adultsforadults.eu). Es geht bei alldem nicht darum, irgendeinen verrückten Liberalismus zu predigen, der sagt: »Alle müssen das Recht haben, sich selbst zu schädigen« oder irgendeine ähnliche, quasi Sade'sche Perspektive. Sondern es geht darum, zu verhindern, dass wir eine Gesellschaft haben, in der die Individuen der Gesellschaft Gesundheit schulden, damit diese an ihnen besser sparen kann – anstatt vielmehr ihre politische Aufgabe wahrzunehmen und zu überlegen, was getan werden muss, damit sich die Gesellschaft so etwas Kostspieliges wie diese Individuen leisten kann, aus denen sie besteht.[2] Dasselbe gilt natürlich für die anderen Dinge auch; Kosteneffizienz zum Beispiel ist auch für die Menschen da und nicht umgekehrt etc.

Zu fragen, wofür es sich zu leben lohnt, ist somit eine Methode, um die Vernunft zu sich selbst zu bringen und sie vor ihrer Verkehrung in Unvernunft zu bewahren. Man könnte darum auch sagen, dass das Stellen der Frage, wofür es sich zu leben lohnt, eine Übung ist, die in eine bestimmte Ethik einschult – nämlich in eine Lebenshaltung, die versucht, *auf vernünftige Weise vernünftig zu sein*.

Die Lebensfrage zu stellen bedeutet also, die Vernunft zu verdoppeln. Denn es genügt offenbar nicht, einfach vernünftig zu sein – sonst kommt es zu den eben beschriebenen Verkehrungen der Vernunft in ihr Gegenteil. Vielmehr muss also die Vernunft auf sich selbst angewendet werden, indem wir uns sagen: Wenn wir schon vernünftig sein wollen, dann müssen wir auch auf vernünftige Weise vernünftig sein. Es ist übrigens interessant zu bemerken, dass es eine Reihe von ethischen Prinzipien oder Tugenden gibt, die nur in ihrer Verdoppelung zu ihrem eigentlichen Sinn gelangen. Der Philosoph Epikur hat dies zum Beispiel von der – von Aristoteles so hoch geschätzten – Tugend der Mäßigung erkannt: Die Mäßigung ist sehr in Ordnung, so Epikur – aber nur dann, wenn man sie maßvoll betreibt, denn sonst gerät man in einen obszönen Exzess der totalen Versagung; in eine maßlose Mäßigung, die klarerweise das absolute Gegenteil jeglicher Mäßigung darstellt.[3] Man muss sich also maßvoll mäßigen, um überhaupt Mäßigung zu betreiben.

Das gilt auch für weitere ethische Prinzipien: Man muss zum Beispiel auf geschmackvolle Weise geschmackvoll sein; denn durch penetrantes Geschmackvollsein, durch endlose Ansammlungen untadeliger Gestaltungsentscheidungen, würde man anderen Leuten schnell auf die Nerven gehen, und das wäre geschmacklos. Man muss auch auf höfliche Weise höflich sein: nämlich nur so weit, wie andere es auch erwidern können. Ansonsten würde man sie durch Höflichkeit beschämen, und das wäre wieder unhöflich.

Dieselbe Verdoppelungsidee schien mir dann auch in einem zentralen Gedanken des stoischen Satirikers Juvenal wiederzukehren, der das entscheidende Prinzip verfochten hat: Wir dürfen niemals um des nackten Lebens willen die Gründe, für die es sich zu leben lohnt, opfern.[4] Wenn wir das nämlich tun, dann sorgen wir nur dafür, dass wir nicht sterben – aber wir haben vorher kein Leben. Man könnte den Satz des Juvenal also auch so zusammenfassen: Man muss auf lebendige Weise am Leben sein. Es genügt nicht, einfach nur das Leben zu erhalten – das nackte Leben, ohne die Gründe. Die Frage, wofür es sich zu leben lohnt – deren Wortlaut ich eben Juvenal entnommen habe –, führt also zu dieser Figur der Verdoppelung. Alles, was wir an Tugenden, positiven Charaktereigenschaften, ethischen Prinzipien entwickeln können, müssen wir, glaube ich, an dieser Frage messen, weil sich die Dinge sonst nicht verdoppeln; und wenn sie sich nicht verdoppeln, dann verkehren sie sich in ihr Gegenteil, und dann wird die Höflichkeit unhöflich, der Geschmack geschmacklos, das Leben leblos und die Vernunft irrational.

Die Verdoppelung. Ebenen des Sprechens.
Das Ich und das Über-Ich

Ich werfe nun einen Blick auf die Mechanik, die hinter diesen Argumenten steckt. Diese Figur der Verdoppelung war für mich eine sehr unerwartete Entdeckung. Denn ich wollte ja eigentlich die aus der griechischen Antike herrührende Tradition des materialistischen Denkens erforschen – jenes Denkens, das im 20. Jahrhundert zum Beispiel bei Bertolt Brecht wiederkehrt, der die Kommunarden von Paris in ihrer Resolution zu ihren Feinden sagen lässt:

> »In Erwägung daß ihr uns dann eben
> Mit Gewehren und Kanonen droht
> Haben wir beschlossen, nunmehr schlechtes Leben
> Mehr zu fürchten als den Tod.«[5]

Da ist also bei Brecht genau die Wiederkehr der Formulierung Juvenals, auf die es hier ankommt: schlechtes Leben mehr zu fürchten als den Tod; das heißt: die Gründe, für die es sich zu leben lohnt, nicht zu opfern für das nackte Leben – das ist letztlich der Antrieb für jede Haltung, die sich irgendetwas nicht gefallen lässt, für jede politische Befreiung.

Beim Verfolgen dieser Spuren in die Antike bin ich also plötzlich auf die Figur der Verdoppelung gestoßen und auf ein Problem, auf das ich überhaupt nicht vorbereitet war: Warum muss man diese Verdoppelung einführen, damit die Dinge sich nicht verdrehen? Und für welche Fälle gilt das überhaupt? – Bei der Vernunft, der Mäßigung: ja; aber kann man auch sagen: Man muss auf große Weise groß sein, oder auf schnelle Weise schnell, oder auf pünktliche Weise pünktlich? – Es war also nicht klar, wo die Verdoppelung überhaupt ihr Recht hat. Immerhin fiel mir schnell auf, dass dieser Zusammenhang zwischen Verdoppelung und Verkehrung ins Gegenteil in der Geschichte der Philosophie eine bestimmte Prominenz hat: etwa bei G. W. F. Hegel oder auch bei Bertrand Russell, die sich über den Zusammenhang einig waren, aber diametral entgegengesetzte Positionen zur Lösung der Antinomien vertraten: Während der eine meinte, man müsse verdoppeln, um Widersprüche zu vermeiden, erklärte der andere das Verdoppeln für unzulässig, denn es sei gerade die Ursache der Widersprüche.[6]

Dann aber erinnerte ich mich auch, wo ich zum ersten Mal auf diese Figur der Verdoppelung gestoßen war. Ein Philosoph, dem ich viel verdanke – vielleicht am meisten von allen –, der französische Philosoph Louis Althusser, schreibt einmal in seinem Beitrag zum Buch »Das ›Kapital‹ lesen« (1965) eine Bemerkung gegen bestimmte andere Philosophen, die Sätze sagen von der Art: »Wie grau und abstrakt ist nicht alle Theorie, und wie bunt und reich und konkret ist nicht das Leben« etc. Auf Sätze dieser Art entgegnet Althusser: Ja, das ist eine ernstzunehmende, bei genauem Hinhören freilich auch anmaßende Form intellektueller Bescheidenheit.[7] – Auch Althusser produziert hier die Figur der Verdoppelung: Er sagt, es ist Bescheidenheit, aber sie ist anmaßend; das heißt also: Man muss auf bescheidene Weise bescheiden sein, sonst ist man es nicht. Warum? – Hier zeigt sich etwas, das in der Psychoanalyse eine wichtige Rolle gespielt hat, und zwar in Sigmund Freuds Theorie der Verneinung.[8] Stellen Sie sich vor, ich würde zu Ihnen sagen: »Es ist alles in Ordnung, Sie können ruhig sitzenbleiben; es besteht keine Gefahr.« – Wäre das eine beruhigende Lektion der Beruhigung? Sie sehen, Sprechen hat etwas Eigenartiges an sich: Wir sagen nicht nur das, was unsere Worte bedeuten, sondern dadurch, dass wir es sagen, geben wir der Sache auch noch eine weitere Bedeutung. Und die kann sogar im Widerspruch zu dem stehen, was unsere Worte bedeuten. Wenn ich Sie noch so sehr beruhige mit meinen Worten, kann der Umstand, dass ich Sie überhaupt beruhigen will, für Sie sehr beunruhigend sein. Das ist die Struktur dessen, was Sigmund Freud als »Verneinung« aufgefasst hat; etwa wenn Analysanden zu ihm sagen: »Ich weiß nicht, wer die Person in meinem Traum sein könnte – aber die Mutter ist es nicht.« Der Umstand, dass das ausgesprochen wird, straft die ausgesprochenen Worte Lügen.

Jacques Lacan hat nun in Bezug auf diese Struktur des Sprechens sehr zu Recht hervorgehoben, dass wir es hier nicht nur mit zwei Ebenen des Sprechens zu tun haben, sondern auch mit zwei verschiedenen Subjekten:[9] mit dem Subjekt der Aussage einerseits – dieses äußert sich durch das, *was* gesagt wird; und andererseits dem Subjekt des Aussagens – dieses äußert sich durch jene Bedeutung, die dadurch zustande kommt, *dass* es gesagt wird. Das sind zwei Subjekte – oder, wie man mit Freud auch sagen könnte: zwei psychische Instanzen –, die hier in einem bestimmten Abstand zueinander angesiedelt sind. Bei den von Althusser kommentierten Sätzen kann man das gut sehen: Jemand gibt sich zunächst, durch sein Gesagtes, sehr bescheiden, ist aber tatsächlich aufgrund seines Sprechens sehr unbescheiden. Ebenso bei meinem vorgestellten Beruhigungsversuch: Jemand gibt sich beruhigend, ist aber eben dadurch sehr beunruhigend.

Diese Spaltung spielt auch in vielen Alltagsvorgängen eine Rolle.

Sie ist zum Beispiel auch am Werk, wenn wir mit Ironie zu tun haben oder sogar mit schwarzem Humor. Dann sind oft schlechte Worte tatsächlich gute Worte und umgekehrt. Ich möchte das mit einer kleinen Anekdote illustrieren. Ich war 2006 eingeladen zu einem Kongress in Oxford, den die British Society for Phenomenology abgehalten hat über das Werk des Philosophen Slavoj Žižek, mit dem mich damals schon eine langjährige Freundschaft verband. Viele Forscher haben bei dieser Konferenz zu verschiedenen Aspekten seiner Theorie vorgetragen, und Žižek war selbst anwesend und hat diese Analysen dann seinerseits immer wieder kommentiert, was einen sehr produktiven Austausch ergab. Nach mehreren Tagen ging die Konferenz zu Ende, und Žižek verabschiedete sich während der letzten Kaffeepause. Da standen mehrere Kollegen am Fenster; ich war zufällig der Letzte in der Reihe, und Žižek sagte zu allen »Auf Wiedersehen!«, »Auf Wiedersehen!« etc. Als er aber zu mir kam, sagte er: »And fuck you!« – Und ich war sofort sehr stolz. Denn er hat mir durch diese Äußerung gezeigt, dass ich nicht nur einfach ein Bekannter unter anderen bin, sondern wirklich ein enger Freund; und er hat mir auch gezeigt, dass er mich nicht für einen Trottel hält, der fragen könnte: »Wieso sagst du so etwas Böses zu mir?«, sondern für jemanden, der eben versteht, dass das auf der Ebene des Aussagens eine der warmherzigsten Formen der Verabschiedung ist, die ein Mensch liefern kann.

Das zu verstehen, ist nun gar keine besonders reife Interpretationsleistung, für die man jahrelang Philosophie studiert haben muss, sondern das würde Ihnen allen ähnlich gelungen sein, weil Sie erwachsene, vernünftige Menschen sind. – Noch. Da ändert sich nämlich gerade etwas, und zwar in eine bestimmte Richtung. Diese lässt sich gut erkennen, wenn man vergleicht und daran denkt, dass zum Beispiel Kinder so etwas nicht verstehen würden. Kinder sind nicht ironiefähig. Die würden zwar ab einem bestimmten Alter schon alles verstehen, was Sie zu ihnen sagen. Aber wenn Sie sagen: »Du kannst ganz beruhigt sein, es besteht keine Gefahr«, dann hören die nicht das Beunruhigende heraus. Und natürlich sagt man zu einem Kind schon gar nicht das, was Žižek zu mir gesagt hat, aber die würden das auch nicht verstehen.

Das hängt zusammen mit dem, was Sigmund Freud über psychische Instanzenbildung erkannt hat: Dass wir so etwas verstehen

können rührt daher, dass wir eine in mehrere, verschiedene Teil-
apparate gegliederte Psyche haben – gegliedert zum Beispiel in ein
Es, ein Ich, ein Über-Ich. Wichtig ist in diesem Fall die Gliederung
in ein Ich und ein Über-Ich: auf der Ebene des Ich verstehen wir
die Inhalte; auf der Ebene des Über-Ich aber können wir auch noch
darüber nachdenken, was es bedeutet, dass uns diese Inhalte mit-
geteilt werden. Und dadurch, dass zwischen Ich und Über-Ich ein
Abstand besteht, können wir Ironie verstehen – die Aussage also
nicht nur so verstehen, wie sie das Ich auffassen würde. Darum
kann vieles, was für uns auf der Ebene des Ich unerträglich ist, aus
einer zweiten Perspektive, die eine andere ist, plötzlich erträglich
werden. Freud hat diese Fähigkeit als »Humor« bezeichnet.[10] Seine strukturelle Erklärung besagt, dass im Humor die psychische
Besetzungsenergie vom Ich weg verlagert wird an einen anderen
psychischen Ort – eben hin zum Über-Ich, das einen anderen
Standpunkt hat. Und dieses Über-Ich kann nun auf das Ich her-
unterschauen – ähnlich wie ein Erwachsener auf ein Kind – und
kann das, was das Ich ängstigt, in Erregung versetzt, zornig macht
etc., liebevoll lächelnd kommentieren und zu ihm sagen: »Na, du
kleiner Wurstel, jetzt hast du dich ein bisschen gefürchtet, nicht?«,
oder auch: »Keine Sorge, da kommen noch viel schlimmere Dinge«
etc. Wie Freud sagt, verrät das Über-Ich hier seine Abkunft von der
Elterninstanz. Freuds Beispiel ist der Todeskandidat, der an einem
Montag zum Galgen geführt wird. Das ist natürlich schrecklich für
ihn auf der Ebene des Ich; aber der Delinquent entwickelt dann
das, was man Galgenhumor nennt, und sagt: »Na, die Woche fängt
ja gut an.« Auch dieser Mann hat also ein Über-Ich und zwar eines,
das von seinem Ich sehr verschieden ist und darum schon für die
ganze Woche plant, während das Ich diese Chance nicht mehr hat.
Diese Humorleistung setzt eben voraus, dass Ich und Über-Ich an
verschiedenen Orten angesiedelt sind, so dass es möglich ist, eine
bestimmte Beweglichkeit der Besetzungsenergie herzustellen; dass
man sie vom Ich abziehen und zum Über-Ich verlagern kann. Von
dort aus betrachtet, sehen die Dinge dann wieder ganz anders aus;
von dort aus haben auch Aussagen eine andere Bedeutung, auch
Gesten – und sogar Gehängtwerden.

Das Ich als Epizentrum eines Distanzverlusts

Daran kann man, glaube ich, erkennen, was sich derzeit gerade ändert in Bezug auf das Ich als Produkt einer bestimmten Kulturepoche. Wenn man nämlich unsere Kultur strukturell beschreiben möchte in Bezug auf das, was derzeit gerade mit dem Ich passiert, dann kann man wohl sagen, dass der Kultur der Gegenwart genau dieser Abstand zunehmend abhandenkommt – also die Gliederung in ein Ich und ein Über-Ich, die verschiedene Standpunkte haben, so dass das eine mit Humor den Standpunkt des anderen kommentieren kann. Stattdessen bekommen wir derzeit, so scheint mir, ein sehr humorloses Ich – ein Ich, das sozusagen von seinem Über-Ich umzingelt ist. Beide haben denselben Standpunkt, und das Über-Ich wirkt nun sozusagen zentripetal auf das Ich ein und sagt: »Du musst immer und um jeden Preis ganz du selbst sein!« Das ist es auch, was man ein narzisstisches Ich nennen kann. Sie sehen daran übrigens auch schon, weshalb Narzissmus und Hedonismus keineswegs dasselbe sind, sondern das absolute Gegenteil. Der Narzissmus ist absolut humorlos, freudlos und lustfeindlich, weil die Lust eben voraussetzt, dass man Humor hat und von sich selbst ein wenig Abstand nehmen kann – so dass man so etwas wie eine kleine Verrücktheit, einen kleinen Rausch, etwas Dummes, das aber trotzdem lustig ist – so wie zum Beispiel die Liebe oder etwas Ähnliches –, großartig finden kann. So etwas geht nur mit Humor. Wenn wir das hingegen ganz ernst nehmen müssen, dann graut uns davor, und wir finden das entsetzlich. Genau das passiert in der Kultur der Gegenwart, wo ja bekanntlich genau diese Dinge plötzlich furchtbar abstoßend erscheinen. Alles, was uns vor etwa 15 Jahren noch Freude gemacht hat, Trinken, Rauchen, Flirten, Stöckelschuhe tragen, einer Dame in den Mantel helfen usw. – das ist jetzt alles absolut tabu und grauenhaft. All das versagt sich ein vom Über-Ich umzingeltes Ich.

Auf der anderen Seite aber versagt es sich noch etwas anderes – nämlich in Richtung dieses Über-Ich: Wenn man ständig ganz man selbst sein muss, dann darf man eigentlich auch keinem Ideal nachstreben, so dass man sich fragen müsste: Bin ich jetzt wirklich ein guter Kämpfer für diese oder jene Sache? etc. Ideale werden in der Postmoderne als etwas äußerst Kränkendes empfunden. Ein Ideal

ist ja immer besser als wir – und das ist doch gemein! Also: Weg
mit dem Ideal! Das lässt sich etwa sehen an diesen Debatten über
das sogenannte »Normierende«: Es ist doch eine Zumutung, wenn
jemand zu mir sagt: »Sei ein Mann!« Der normiert mich ja! Wohingegen ich doch ganz ich sein will. —> *Bezieht sich auf antique Männerbilde.*

Während wir also an uns selbst weder die lustbringenden kleinen Verrücktheiten noch die großen Ideale dulden können, die uns
Würde geben, können wir an den anderen vor allem deren Glück
nicht ertragen. Dieses empfinden wir auch als dezentrierend – vor
allem, wenn wir immer ganz wir selbst sein müssen. Um nämlich
das Glück der anderen als Glück auch für uns selbst empfinden
zu können, müssten wir uns selbst als etwas anderes als nur uns
selbst empfinden – als etwas Allgemeines; und wir müssten auch
den anderen als etwas Allgemeines empfinden können. Alles, was
uns heute stört, könnten wir dann ebenso gut begrüßen und gut-
heißen. Wenn wir zum Beispiel sagen: »Diese Leute braten da ihr
Lammfleisch im Hof meiner Siedlung, und das duftet dann bis auf
meinen Balkon herauf. Das ist doch unzumutbar! Polizei!«, dann
könnten wir das doch genauso gut begrüßen, indem wir sagen:
»Ah, das ist doch schön, dass endlich Menschen, die von woanders
herkommen, diesen bisher völlig vernachlässigten Platz besiedeln
und hier Freude ausstrahlen, und wenn ich einen kleinen Salat mache, bin ich vielleicht auch eingeladen zu der Party.«

Es scheint mir also nicht übertrieben, wenn man aus psychoanalytischer Sicht sagt: Alles, worüber wir uns heute so sehr ärgern am
anderen; alles, was uns so wahnsinnigen Zorn einjagt und was zu
einer Kultur der Beschwerde führt, wie der amerikanische Kunst-
kritiker Robert Hughes das genannt hat,[11] muss man insofern ernst
nehmen, als wir uns dabei über das Glück des anderen beschwe-
ren und nicht in der Lage sind, dieses Glück des anderen auch als
Glück für uns selbst zu empfinden. Das hängt eben, wie ich meine,
damit zusammen, dass wir narzisstisch geworden sind und darum
an uns selbst nichts Allgemeines wahrnehmen können – und auch
am anderen nicht. Wir sehen den anderen nur als einen finsteren
Genießer, der in irgendeiner dunklen Passion versinkt, die uns
unzugänglich ist. Anstatt zu sagen: »Das ist doch schön, dass der
andere guter Laune ist, das ist auch gut für mich, dann bin ich auch
leichter guter Laune; und vielleicht ist der andere auch gar nicht

einfach per se guter Laune, sondern entfernt sich dabei ein Stück von sich selbst, nimmt sich zusammen und versucht, etwas Allgemeineres zu werden als er selbst, eben damit er mir angenehmer ist« – anstatt so zu reagieren, neiden wir dem anderen vielmehr sein Glück und empfinden es als einen gewaltigen Diebstahl – einen »Diebstahl des Genießens«.[12]

Das lässt sich an einem Beispiel gut sehen: Eine typische Konfliktzone ergibt sich in Spitälern. Wenn da zum Beispiel Leute mit österreichischem Hintergrund und Leute mit Migrationshintergrund als Patienten im selben Spitalszimmer untergebracht sind, kommt es regelmäßig zu Friktionen.[13] Denn die Österreicher werden zirka zweimal in der Woche von einer Lebensperson eine halbe Stunde lang besucht, während die Person aus der Türkei, sagen wir, den ganzen Tag Besuch hat von Ur-Oma bis Ur-Enkelkind. Die bringen gute Sachen mit und bieten sie großzügig auch den Österreichern an, und das alles finden die Österreicher vollkommen unerträglich. Da gehört dann eigentlich auch wieder Polizei her, denn es ist doch eine Frechheit, dass die so ein Glück haben und so eine Großfamilie. Würde man aber die Österreicher fragen: »Na, wollen Sie auch eine Großfamilie?«, dann würden die erschrocken rufen: »Aber nein, um Gottes willen, ich weiß schon, warum ich als Single lebe!« – Hier sehen Sie, etwas vergröbert dargestellt, das psychoanalytische Problem des Genießens: Es gibt ein bestimmtes Glück, das uns selbst gar nicht zugänglich ist. Denn durch das, was wir beim Erwachsenwerden – beim Durchgang durch Ödipuskomplex und symbolische Kastration – zurücklassen mussten (als wir etwa einsahen, dass sehnlich Wünschen und Wahrwerden nicht dasselbe ist), ist uns die Fähigkeit zu einem solchen vermeintlich riesigen Glück abhandengekommen. Am anderen aber scheint uns dieses gigantische Glück oft problemlos möglich; dort glauben wir problemloses Genießen beobachten zu können. Also das, was wir selbst nicht ertragen würden, zum Beispiel die Großfamilie, das scheint für den anderen ein riesiges Glück zu sein. Wir sind also kastriert, vom Genießen getrennt; der andere aber nicht – der genießt. Und dann denken wir schnell: Wahrscheinlich ist sein Genießen sogar der Grund für unsere Kastration. Also der hat die Großfamilie und Freude daran, und deshalb habe ich keine Großfamilie und keine Freude – so als ob es gleichsam nur eine Großfamilie und eine Freude gäbe. Das führt zu der speziellen, und eigentlich erstaunlichen Struktur des Neides: Man beneidet den anderen nie um etwas, das man auch haben kann oder will; sondern wenn man den anderen beneidet, dann für etwas, das einem selbst ganz unerträglich wäre.[14]

Hier zeigt sich, was sich verändert, wenn wir das Glück des anderen nicht mehr als etwas Allgemeines wahrnehmen, das auch beim anderen derselben Distanz, denselben Gesetzmäßigkeiten und Unzulänglichkeiten unterworfen ist wie bei uns, sondern es im Gegenteil als etwas Spezielles, nur ihm Eigenes, Intimes, Vollkommenes empfinden, das darum nur eine Bedrohung unseres Glücks sein kann. Diese Unfähigkeit, mit dem Glück des anderen als etwas Allgemeinem umzugehen, führt zu einer gewaltigen Entsolidarisierung der Gesellschaft – nach dem Prinzip: »Seien Sie nur ja nicht glücklich oder froh; ich kriege sonst sofort den Verdacht, Sie hätten mir mein Glück gestohlen.«

Wenn das typische Ich einer bestimmten Epoche so narzisstisch wird und seine Instanzengliederung – hier das Ich, dort, anderswo, das Über-Ich – verliert, dann ist das immer ein Effekt bestimmter gesellschaftlicher Praktiken und Institutionen. Es ist nicht die plötzliche Entscheidung vieler Iche, so zu werden, sondern entspringt einer bestimmten Massenerziehung – zum Beispiel durch die sogenannte *political correctness*: Das war eine Massenerziehung, die uns ein völlig falsches Bild vom Sprechen plausibel gemacht hat. Sie hat uns eingeredet: »Es gibt gute Worte, und es gibt böse Worte. Und wenn du die bösen Worte sagst, dann bist du böse; wenn du aber die guten Worte sagst, dann bist du ganz bestimmt auf der sicheren, guten Seite.« – Das aber ist kindliches Sprechen. Das ist nichts für Erwachsene. Leute, die so sprechen lernen, verstehen jemanden wie meinen Freund Žižek nie. Und sie verstehen andererseits auch nicht, dass vernünftige Fremde es durchaus als Beleidigung empfinden können, wenn man ihnen gegenüber so betont gute Worte gebraucht, indem man zum Beispiel sagt: »Ah, Sie sind die Person mit dem Migrationshintergrund.« Leute, die so sprechen, fühlen sich da zu Unrecht sicher und bemerken nicht, dass sie bei solchem Sprechen unweigerlich woanders stehen als dort, wo ihre Worte stehen.

Ein anderes Beispiel von institutioneller Erziehung zum Narzissmus kann man auch an den Universitäten, glaube ich, gut beobachten. Wir beklagen uns oft über unsere Studierenden und sagen: Es ist unglaublich, was die für niedrige Aufmerksamkeitsspannen haben; die halten kaum noch 20 Minuten Vorlesung durch, und dann brauchen sie sofort wieder ein Musikvideo; oder sie lesen gar kein ganzes Buch mehr etc. Aber dieses ganze *attention deficite syndrome*, das von vielen Kollegen bei den Studierenden beklagt wird, ist auch nicht die Schuld dieser Studierenden, sondern unter anderem verschuldet von einer Universitätsbürokratie, die von den Universitäten Besitz ergriffen hat und die begonnen hat, Realitäten durch Berichte von Realitäten zu ersetzen. Also wichtig war plötzlich nicht mehr, dass die Studierenden ein Studium haben, sondern wichtig war nun, dass sie einen Abschluss haben – auch wenn sie mit diesem Abschluss überhaupt keine Chance auf einen Job bekommen. Deswegen werden Studierende zunehmend gestresst mit den Formalitäten ihres Studiums. Die meisten Studierenden müssen sich dauernd um das Administrative ihres Studiums kümmern: bis wann sie eine Prüfung machen müssen und welche, in welcher Reihenfolge und wie viele Punkte es dafür gibt etc. Das nimmt 75 Prozent ihrer Aufmerksamkeit ein. Es ist klar, dass solche Studierende sich nicht mehr um die Inhalte kümmern können, und der Effekt ist sehr fraglich – also wir bekommen dann vielleicht pünktliche Philosophinnen, aber ich weiß nicht, ob wir diese Stärke wirklich am meisten benötigen.

Ähnlich verhält es sich bei dem in Österreich vor kurzem ergangenen (inzwischen aber glücklicherweise wieder aufgehobenen) Urteil des Verwaltungsgerichtshofes, demzufolge es völlig unzumutbar sei, wenn Nichtraucher in einem Lokal auf dem Weg zur Toilette einen Raucherraum durchqueren müssen. Ein solches Urteil erscheint mir gefährlich in Bezug auf seine massenerzieherischen Wirkungen: Denn so etwas bewirkt immer eine bestimmte Ich-Formation. Menschen fangen an, sich selbst auch so zu empfinden, wie sie da beschrieben werden. Die werden das Gefühl bekommen: »Jetzt habe ich es amtlich, ich bin ein völlig verletzbares und kränkbares Wesen; meine Lungen sind unendlich schwach; wenn ich das nur sehe, werde ich schon krank« etc. Die Leute ernst zu nehmen und sie nicht zu Kleinkindern zu erziehen, würde hingegen heißen, ihnen zu signalisieren: »Ihr seid erwachsen. Ihr könnt so etwas ertragen, ohne gleich zu sterben. Wenn es euch nicht passt, dann haltet eben die Luft an, und atmet erst wieder tief durch, wenn ihr auf der Toilette seid, aber hört auf, das höchste Gericht mit solchen Kindereien zu behelligen.«

Hier wird verständlich, was der bereits zuvor zitierte Philosoph Louis Althusser gemeint hat mit seiner These: »Die Ideologie ruft die Individuen als Subjekte an.«[15] Die Ideologie, die in bestimmten Apparaten oder Institutionen verkörpert ist, betreibt eine bestimmte Formierung der Individuen und bewirkt, dass diese sich mit Selbstverständlichkeit als jenes Ich empfinden, das die Institution ihnen als Vorbild hinstellt: »Du bist ganz verletzlich« – »Ja stimmt, das bin ich«. Das heißt bei Althusser »Anrufung« bzw. »eine Anrufung annehmen«. Man kann allerdings, glaube ich, und da bietet die Philosophie vielleicht eine gewisse Schulung, zumindest in einer Gesellschaft, in der noch nicht alle Anrufungen nach diesem Muster funktionieren, sich hier vielleicht eine gewisse Freiheit verschaffen und sagen: Na, Moment mal, ich möchte aber lieber anders appelliert werden; ich möchte anders angerufen werden; ich möchte nicht als ein solches Armutschkerl und als ein solcher gesundheitsgefährdeter Schwachmatiker adressiert werden; sondern ich möchte als vernünftiger politischer Bürger behandelt werden, der auch etwas aushält, und alles andere lasse ich mir nicht gefallen. Das wäre wohl die Möglichkeit, die man aus der Philosophie gewinnen kann, die ja eine Lehre darin ist, scheinbar evidente Dinge auch noch aus ganz anderen Blickwinkeln zu betrachten. Und dieses sensible Ohr für die Art, wie wir angerufen werden, ist vielleicht ein philosophischer Gewinn, den man aus solcher Auseinandersetzung beziehen kann. Man muss nicht jede Anrufung annehmen; wir haben da, wenigstens derzeit noch, eine gewisse Wahlfreiheit.

Diese Überlegung liefert auch den Schlüssel zur Lösung eines weiteren zeittypischen Problems – eines Problems, das man nach seinem Entdecker auch das »Liessmann-Paradox« nennen könnte:[16] *Warum ist es so, dass die realen sozialen Netzwerke löchriger werden, während die individuellen und virtuellen Netzwerke sich verdichten?* – Wie es scheint, könnte man das auch wie folgt formulieren: Strukturelle, gesellschaftliche Solidarität geht verloren, und man bürdet das den Individuen als Bringschuld auf, es in ihrem individuellen moralischen Verhalten wiederherzustellen. Also das, was strukturell nicht mehr geregelt wird, das sollen die Individuen plötzlich von sich aus leisten, und dann sollen sie wahnsinnig »teamfähig« oder dergleichen sein, während die Gesellschaft zugleich wahnsinnig unsolidarisch wird. Das ist ähnlich lächerlich wie das, was man zuletzt in der Finanzkrise gefordert hat: Zuerst hat man die Finanzmärkte dereguliert, und dann hat man gefordert, die Banker sollten nicht so gierig sein. Das ist völlig lächerlich. Man muss strukturelle Verhältnisse schaffen, das ist die Aufgabe der Politik, und nicht moralische Appelle an die Individuen richten. Wie Bertolt Brecht einmal in Bezug auf Fluglinien bemerkt hat:

> »Wenn ich höre, daß ein Schiff Helden als Matrosen benötigt, frage ich, ob es morsch und alt ist. […] Wenn der Kapitän ein Genie sein muß, sind seine Instrumente wohl unzuverlässig.« (Brecht 1971: 106)

Und wenn die Banker Heilige sein müssen, dann ist etwas mit der politischen Steuerung der Gesellschaft nicht in Ordnung. Es ist freilich kein Zufall, dass solche verschärfte Moral immer die gesellschaftliche Erosion begleitet. Denn sie hat eine bestimmte Stützfunktion für solche Entwicklungen. Das ist die These meines Buches »Zweite Welten«:[17] Um bestimmte Grausamkeiten und Schweinereien in der großen gesellschaftlichen Wirklichkeit realisieren zu können, müssen wir im Kleinen, im Individualleben bestimmte Behübschungen vornehmen. Nur dann ertragen das die Individuen oder tragen noch selbst dazu bei, dass es sich insgesamt so entwickelt. In Zusammenhang mit dem Wort »Teamfähigkeit«, auf dessen auffällige Konjunktur Konrad Paul Liessmann hingewiesen hat, kann man das gut beobachten. Auch hier ist wieder zu sehen, dass sich sogar die Bedeutung dieses Wort »Teamfähigkeit« derzeit in ihr Gegenteil verkehrt. Was meinen Menschen, die bei einem Qualifikationsgespräch in einer Firma zum Beispiel fragen: »Sind Sie aber auch teamfähig?« Man hat da soeben alle seine sachlichen Qualifikationen vorgelegt, und dann kommt diese Frage. Damit ist eigentlich immer gemeint, dass ein bestimmtes Kollektiv Wert darauf legt, dass ja niemand zu originell, selbstbewusst, stark, unbeugsam, stolz auftritt. Wenn sich jemand nur richtig klein macht gegenüber den anderen, dann ist er teamfähig – nach dieser seltsamen Terminologie. Man muss aber – das hat Friedrich Nietzsche gelehrt[18] – in der Philosophie jede Metapher beim Wort nehmen. Leute, die von Teamfähigkeit in diesem Sinn sprechen, verstehen überhaupt nichts von Teams. Wenn man wissen will, was Teamfähigkeit ist, dann muss man sich einen Mannschaftssport ansehen und schauen, wie das dort funktioniert. Dazu könnte man sich zum Beispiel daran erinnern, wie die UEFA Champions League 2012 verlaufen ist und wer sie gewonnen hat. Das war der Chelsea Football Club aus London mit seinem Star Didier Drogba. Und wenn es irgendjemanden gibt, der so etwas wie Unbeugsamkeit, Stolz, Eigenwilligkeit usw. verkörpert, dann ist das dieser Spieler. Ein unglaublich willensstarker Mann, der dem FC Bayern damals in der 87. Minute noch dieses wuchtige Kopfballtor geschossen hat. Und man konnte damals deutlich sehen, dass diese Mannschaft von Chelsea, die gerade durch ihre geschlossene Teamleistung gewonnen hat, genau so einen Spieler brauchte, um ein Team zu sein, und dass das, was er gezeigt hat, somit das absolute Maximum an Teamfähigkeit ist. Man kann aber zugleich sagen, dass genau so einer wie Drogba der Allererste wäre, der diesen Ressentiment-Mafias zum Opfer fallen würde, die heute in den Betrieben auf »Teamfähigkeit« pochen. Das ist genau der Typ, den diese »Teams« ausschließen würden. Also auch hier verkehrt sich, wie eingangs gezeigt, in der Postmoderne etwas in sein Gegenteil.

Man sieht hier also, wie dieses zwischenmenschlich warm anmutende Getuschel sich günstig auswirkt auf die gesellschaftliche Entsolidarisierung. In dem Maß, in dem narzisstisch geprägte Individuen das Glück und die Würde des anderen hassen, halten die Leute in der Kleingruppe einander gegenseitig klein und unterwürfig. Und sie betäuben damit an den anderen und an sich selbst einen Sinn für das Große an sich – für ihren Stolz und ihre Würde. Die würden sie aber brauchen, um sich gegen die großflächige gesellschaftliche Zersetzung zur Wehr zu setzen und sich nicht alles gefallen zu lassen, was im großen Realen an sozialen Netzwerken hier kaputtgeht.

Es ist nicht oft so, dass die Philosophie Ratschläge geben kann, und ich tue das besonders selten, aber an dieser Stelle schließe ich mit zwei Ratschlägen. Ich möchte sagen: Lassen Sie sich nicht dazu verführen, das Glück des anderen als Ärgernis zu empfinden. Und umgekehrt: Misstrauen Sie jedem, der Sie als schutzbedürftig und schwach hinstellt. Jene Gouvernanten und scheinbaren Beschützer, die das tun, beschützen Sie überhaupt nicht. Die wollen Ihnen nur jenes erwachsene, stolze Ich wegnehmen, das zu politischen Bürgerinnen und Bürgern gehört.

6. Der zweifelhafte Schatz der Identität

Ein beträchtlicher Teil der neoliberalen Pseudopolitiken und der durch sie geschürten Empfindlichkeiten beruht auf der Aufmerksamkeit für die Fragen der (kulturellen, ethnischen, religiösen, sexuellen etc.) Identität. Wenn man Menschen keine Zukunftsperspektive mehr zu geben vermag, lenkt man ihren Blick eben ab auf ihre Vergangenheit, ihre Herkunft oder auf den Punkt, an dem sie stehen. In den beiden folgenden Abschnitten sollen darum zunächst einige der Widersprüchlichkeiten und Paradoxien der Identitätsfrage zur Darstellung gebracht werden, um dann der weiterführenden Frage nachzugehen, welche Organisation von gesellschaftlicher Einbildung zu der gegenwärtig verbreiteten Präferenz für alles Unbestimmte und Veränderliche führt. Diese Frage nach der Organisation von Einbildung leitet dann auch zu den nachfolgenden Kapiteln über: Aus ihr wird zum Beispiel erklärbar, warum Frauen bestimmte ihrer geschlechtsspezifischen Privilegien plötzlich als Nachteile wahrnehmen; und ebenso, warum das Glück des jeweils anderen plötzlich nur noch als Beraubung erscheint.

»Für gar nichts bin ich mir zu schade. Es muss schon etwas sein!«[1] Einige Variationen, Abschweifungen und Divertissements über Identität

Ungefähr am Höhepunkt der Postmoderne, gegen Ende der 1990er Jahre, als die Universitäten vor allem in den USA und Großbritannien sich in immer neuen Maßnahmen überboten, die sicherstellen sollten, dass die Identitäten aller ihrer Beteiligten mit Respekt und Rücksicht behandelt würden, blühte auch die Ökonomisierung der Universitäten auf. Sie hatte zur Folge, dass alle Beteiligten der Universität permanent kontrolliert und überprüft wurden und ständig über das, was sie taten, berichten mussten. (Vielleicht standen die beiden Entwicklungen auch in einem Zusammenhang: Denn es war ziemlich genau dieselbe Art von Leuten, die davon profitierten

und sich nun in den neuartigen punktezählenden Kontrollappa-
raten sowie in den meist strichezählenden geschlechter- etc. -ge-
rechten Gleichbehandlungsapparaten etablierten.)

Eine Kollegin aus Österreich, die an einer britischen Universität lehrte und unter Druck gesetzt wurde, über ihr Lehren zu berichten, fand damals eine großartige Erwiderung. Sie sagte einfach:
»This is against my culture.« Großartig war auch, dass die Leitung
ihrer Universität ihr damals dieses Argument abkaufte und sie
sofort von jeder Berichtspflicht und Evaluierung freistellte. Der
Verweis auf die eigene Identität genügte am Höhepunkt der Postmoderne also sogar, um den postmodernen Evaluationsschwa-
dronen zu entwischen.

*

Abgesehen von diesem Beispiel habe ich nie ganz eingesehen, warum Leuten, die doch politisch zu denken gelernt hatten, gerade
ihre Identität so wichtig war. Mir fiel immer öfter auf, dass von
dem Kampf um die angemessene Würdigung einer solchen Identität niemals die ganze identitäre Gruppe profitierte, sondern immer
nur diejenigen, die in deren Namen sprachen (oft sogar, ohne ihr
anzugehören).[2] Aber selbst wenn die ganze Gruppe danach eine
umfassende gesellschaftliche Anerkennung ihrer Identität erlangt
hätte, so hätte ich mich gefragt, ob damit denn wirklich etwas erreicht worden wäre.

Warum kämpften die Leute plötzlich nur noch um Anerkennung? Und nicht etwa um Gleichheit?[3] Ist Anerkennung denn
nicht, wie Nietzsche gegen Hegel festhielt, nur etwas für Sklaven?[4]
Und warum kämpften sie um das Recht, so zu sein, wie sie angeblich waren? Warum nicht mindestens ebenso sehr um das Recht,
auch noch etwas anderes zu sein? Oder warum nicht um das Recht,
ohne jeden Verweis auf irgendein Sosein oder irgendeine angebliche Identität angesprochen und behandelt zu werden? Und warum ist den Leuten überhaupt plötzlich das Sein so wichtig? Könnte
es nicht sein, dass diese Frage nur erfunden wurde, um abzulenken
von der Frage nach dem Haben bzw. dem Nichthaben?

*

Ende der 1990er Jahre arbeitete ich an einer staatlichen US-amerikanischen Universität. Wenige Tage nach Beginn meiner Anstellung wurde ich auf ein Amt dieser Universität geschickt, dessen Sinn mir anfangs nicht ganz klar war. Eine Beamtin fragte mich dort, welcher Rasse ich angehörte. Ich reagierte verwundert. Bis dahin hatte ich gedacht, höchstens die Gestapo würde mich so etwas fragen.

Ich sagte höflich, dass meine Rasse meines Wissens bisher noch nie festgestellt worden sei. Und erkundigte mich, wen ich denn danach fragen müsste. Etwa meinen Hausarzt? Die Beamtin schob mir ein Formular über den Tisch und sagte, ich sollte das Richtige einfach ankreuzen. Neben Bezeichnungen wie »African« und »Hispanic«, die ich schon des Öfteren gehört hatte, fanden sich darunter auch andere wie z. B. »Kaukasian«, die mir noch nie untergekommen waren.

Ich dachte angestrengt nach. Österreich und Spanien waren in ihrer Geschichte einmal ein einziges Land gewesen. Auch Bekannte in dem mexikanischen Stadtviertel Chicagos, wo ich wohnte, hatten mich wegen meiner recht dunklen Haar- und Hautfarbe schon scherzhaft gefragt, ob ich denn nicht auch ein »greasy spoon« (eine Gringo-Bezeichnung für Mexikaner) sei. War ich demnach also vielleicht »Hispanic«? Ich zögerte, verunsichert. Die Beamtin nahm mir genervt den Zettel weg und kreuzte für mich »Kaukasian« an. Ich fragte, was denn das überhaupt heiße. Sie sagte mir, »Kaukasian« bedeute einfach »weiß«, und dadurch, dass ich gezögert hätte, hätte ich ganz klar bewiesen, dass ich weiß sei, denn die Weißen, sagte sie (deren Hautfarbe übrigens deutlich blasser war als die meine), machten immer solche Faxen.

Immerhin fragte ich noch, wozu dieser Vorgang gut sei. Um mich vor Diskriminierung zu schützen, erwiderte die Beamtin freundlich. Um mich vor Diskriminierung zu schützen, hatte man mich also diskriminiert; d. h. meine Identität von anderen Identitäten abgesondert (und auch gleich ein bisschen schlecht über sie geredet).

*

Etwa seit Mitte der 1990er Jahre werden Arbeiter, deren Muttersprache Türkisch ist, in Österreich als Muslime wahrgenommen,
und man beschreibt alle Schwierigkeiten, die diese Arbeiter selbst
oder andere Leute mit ihnen haben, als Probleme der Religion oder
der Kultur. Das ist etwas Neues. Denn bis Mitte der 1990er Jahre
hatte man solche Arbeiter vor allem als Kommunisten wahrgenommen. Sie bildeten damals oft schon die größten und meist die lus-
tigsten Blöcke bei den Demonstrationszügen am 1. Mai; zusammen
mit den ähnlich großen und lustigen (aber freilich, bei aller internationalen Solidarität, doch säuberlich getrennt von ihnen marschie-
renden) kurdischen Blöcken. Dass die Konflikte, die es früher auch
gab, etwa ab 1995 als Probleme der kulturellen oder religiösen Identität wahrgenommen wurden, war also etwas Neues. Dabei konnte
ich mich gut erinnern, dass es dieselben oder ähnliche Konflikte
sogar schon gegeben hatte, als noch keine oder sehr wenige Arbeiter
mit türkischer Muttersprache in Österreich lebten. Auch als noch
alle deutscher Muttersprache waren, durfte man als Kind im Ge-
meindebau nicht mit bestimmten anderen Kindern spielen, und die
jeweiligen Eltern wollten nicht miteinander sprechen.

*

Als der Bildhauer Alfred Hrdlicka 1988 sein Denkmal gegen Krieg
und Faschismus in Wien realisierte, zeigten sich zwei sehr unterschiedliche Gruppen empört über seine Bronzefigur des »straßen-
waschenden Juden«: die israelitische Kultusgemeinde einerseits
und andererseits diejenigen Österreicher, die den Tätern des Nationalsozialismus weltanschaulich am nächsten standen. Durch
diese Situation wurde mir zum ersten Mal deutlich, dass zwei
gegnerische Gruppen, so feindlich sie einander auch gesinnt sein
mögen, selbst noch in ihrem Konflikt oft eine Gemeinsamkeit pflegen – zum Beispiel die, dass sie beide nicht an etwas Bestimmtes
erinnert werden möchten.
   Es verhält sich wie in Sergio Leones Western »The Good, the
Bad and the Ugly«, als die Helden einmal zu Zeugen einer Schlacht
des amerikanischen Bürgerkriegs werden. Darin liegen Unionssol-
daten und Konföderierte auf den beiden Seiten eines Flusses und
bekämpfen einander aufs Mörderischste. Aber beide Armeen ach-

ten peinlich darauf, die hölzerne Brücke zu schonen, die die beiden Flussufer miteinander verbindet, und die sie brauchen, um einander zu attackieren. Erst die beiden hinzugekommenen Halunken machen dieser gespenstischen Allianz mit Hilfe von Dynamit ein Ende. Die verfeindeten Parteien selbst aber hätten diesen Punkt ihrer stillschweigenden Übereinstimmung niemals aufgegeben.

Dasselbe scheint mir auch von den Konflikten in manchen städtischen Außenbezirken zu gelten, wo Deklassierte mit Migrationshintergrund auf solche ohne Migrationshintergrund prallen. Es gibt hier offenbar ein starkes gemeinsames Interesse aller gegnerischen Seiten daran, ihren Konflikt als kulturellen oder identitären Konflikt darzustellen. Beide Seiten, die Migranten ebenso wie die politisch nach rechts driftenden Nichtmigranten, finden das offenbar schmeichelhafter, als zum Beispiel diesen Konflikt mit solchen zu vergleichen, die es vor wenigen Jahrzehnten auch zwischen kulturell homogenen Bevölkerungsgruppen gab; ihn also zum Beispiel als Konflikt zwischen mehr oder weniger aufstiegswilligen Billiglohngruppen oder zwischen Halbaufgestiegenen und Nichtaufgestiegenen zu beschreiben. Freilich ist ein solcher Konflikt schwerer zu lösen als ein unverblümt ausgetragener. Denn man müsste die Beteiligten erst dazu bringen, die von ihnen zärtlich festgehaltene, irreführende Beschreibung des Konflikts – z. B. als eines kulturellen, religiösen, ethnischen etc. Konflikts – aufzugeben.[5]

*

In Österreich, das früher ein traditioneller Beamtenstaat war, gab es zu dieser Zeit eine Praxis, die für die postmoderne Identitätspolitik als Vorbild gedient haben könnte. Allen Beamten, aber auch anderen Leuten, die man für niedriges Gehalt motiviert und dem Staat bzw. dessen parteipolitischen Repräsentanten verbunden halten wollte, gab man statt Geld lieber billige, aber klingende Titel. Die langjährige Verwaltungsbeamtin wurde zur »Kanzleirätin«, der langgediente Gymnasiallehrer zum »Oberstudienrat«, der parteispendenfreudige Unternehmer zum »Kommerzialrat«, der verdiente Schulinspektor zum »Regierungsrat«, der erfolglose ältere Künstler zum »Professor«. Auch in der vom Neoliberalismus zerfressenen gesellschaftlichen Situation der Postmoderne gibt man gern hübsche Namen für weniger hübsche Sachverhalte, Dinge oder Aufgaben. Die Putzfrau avancierte zur »Raumpflegerin«, der Kellner zur »Gastronomiefachkraft«, die Müllverbrennungsanlage zum »Abfallentsorgungszentrum«, der Hinauswurf von Studierenden aus der Universität am Ende eines neuartigen Kurzstudiums zum »lebenslangen Lernen«; bisher Behinderte wurden zu »Personen mit Förderbedarf« etc.

Anstatt sicherzustellen, dass Frauen für gleiche Arbeit gleich bezahlt werden, sorgt man nur dafür, dass sie ähnlich aussehen und im kulturellen Umgang ähnlich roh behandelt werden wie Männer; im Übrigen versucht man, sie damit zufriedenzustellen, dass man ihnen geschlechtsspezifische Titel gibt – was übrigens bedeutet, dass gerade dort, wo bisher keinerlei Unterscheidung ausgewiesen war, wie etwa bei den akademischen Abkürzungen »Mag.«, »Dr.« oder »Prof.«, nunmehr eine klassische Geschlechterdiskriminierung durchgesetzt ist und Frauen gegenüber den männlichen Kollegen als etwas anderes, Spezielles, Erwähnungsbedürftiges dargestellt werden.[6]

Benachteiligte aller Missstände behandelt man so, als ob sie keine anderen Sorgen hätten als mit einem speziellen, meist zartbesaiteten Namen bezeichnet zu werden. Und in einer Art von magischer Weltauffassung behauptet die mit solchen Maßnahmen betraute Bürokratie, dass mit den besseren Namen auch bessere Tatbestände herbeigeführt werden könnten. Allerdings muss man bei nüchternerer Betrachtung wohl eher sagen, dass die besseren Tatbestände nicht nur meist ausgeblieben sind; vielmehr hat – wie man aus der Perspektive einer Theorie »zweiter Welten« leicht erklären kann[7] – das hübschere verbale Benennen jegliche reale Verbesserung der Dinge ersetzt. Gerade weil es bessere Namen gibt, sind die Tatsachen schlecht geblieben.

Man erspart uns nur Benennungen, die diese Tatsachen deutlich bezeichnen. Als wären wir zu feinfühlig, um das ertragen zu können. Und es ist doch auffällig: Je härter die Verhältnisse werden, desto mehr werden wir wie Weicheier behandelt. Wahrscheinlich, damit wir nicht auf den Gedanken kommen, uns gegen die Verhärtung der Verhältnisse zu wehren.

Ist es eigentlich wirklich das größtmögliche Glück, das Maximum gesellschaftlich einlösbarer Ansprüche, immer als das benannt und behandelt zu werden, was man ist – und als nichts sonst? Ein französischer Scherz kann hier vielleicht einen Hinweis liefern. Er stellt die Frage nach dem Unterschied zwischen Höflichkeit und Takt. Die Antwort lautet: Höflichkeit ist, wenn man beim Öffnen einer Tür in einer fremden Wohnung eine nackte Dame erblickt und sagt: »Pardon, Madame«. Takt hingegen besteht darin, in derselben Situation zu sagen: »Pardon, Monsieur«.

Wenn zum Beispiel manche Gender- und Queerbewegungen heute im Kampf gegen vermeintliche »Heteronormativität« dafür kämpfen, Geschlecht nicht mehr als polare, spannungsgeladene Differenz, sondern als ruhiges Kontinuum zu definieren, stellt sich immer noch die Frage, was ein respektvoller Umgang mit denjenigen ist, die sich selbst irgendwo in der unbestimmteren Mitte dieses angeblichen Kontinuums verorten. Soll man sie auch so ansprechen (und wenn ja, mit welcher Bezeichnung?)? Oder wäre es nicht taktvoller, ihnen eine Maskerade zuzugestehen und ihnen zu erlauben, eine bestehende Geschlechterrolle zu beanspruchen, auch wenn sie dieser biologisch oder in ihrem Selbstverständnis nicht entsprechen? Es scheint eine Tendenz protestantischer Kulturen zu sein, das Geschlechtslose bzw. Unbestimmte zu privilegieren – was wohl der fundamentalistisch-christlichen Sexualfeindlichkeit sowie auch dem wahrheitsfanatischen Misstrauen gegenüber gesellschaftlichen Masken und spielerischen, höflichen Formen des Umgangs entspricht. So fordern Aktivisten, die in ihrem Habitus meist an Pastorenkinder erinnern, ein Menschenrecht auf geschlechtslose Benennungen. In den heidnisch geprägten katholischen Kulturen hingegen wird das meist anders gesehen. Die Shemales in Barcelona zum Beispiel, die in den Filmen von Pedro Almodóvar und in den Comics von Nazario die Hauptfiguren sind, legen meist großen Wert darauf, als Damen behandelt zu werden. Denn eine Geschlechterrolle bringt schließlich nicht nur »Normierungen« oder Verpflichtungen, sondern auch bestimmte Privilegien mit sich. Es ist doch ganz hübsch, wenn man mit Handkuss begrüßt wird oder an einer Türe den Vortritt gelassen bekommt, auch wenn man vielleicht eine kleine Überraschung unter dem Rock trägt.

Der postmoderne sogenannte Kampf um die Identität muss

unter diesen Gesichtspunkten als eine typische neoliberale Politik-strategie begriffen werden. Er ermuntert die Individuen, sich eine Identität zu suchen und sich auch auf diese allein zu beschränken. Alles darüber Hinausgehende an sich; alles, was sie nicht nur zu Leuten mit Privatinteressen und familiären, ethnischen etc. Bin-dungen oder sexuellen Beschränkungen, sondern vielmehr zu Kosmopoliten, Weltbürgern, Citoyens oder Grandes Dames ma-chen könnte, sollen sie erst gar nicht beanspruchen. Jeder Uni-versalismus soll ihnen fremd sein. Und auch jeder kritische Bruch mit den eigenen Wurzeln und kulturellen Herkunftsbedingungen. Slavoj Žižek hat demgegenüber treffend bemerkt, dass der Wahl-spruch revolutionärer Solidarität heute nicht lautet: »Erkennen wir die Unterschiede an!« Es geht, so Žižek, »nicht um einen Pakt der Kulturen, sondern um einen Pakt der Kämpfe, die im Inneren der Kulturen geführt werden, ein[en] Pakt zwischen dem, was in jedweder Kultur die Identität von innen her aushöhlt und gegen ihr unterdrückendes Wesen angeht.«[8] Wenn wir um irgendetwas an uns kämpfen müssen, dann ist es nicht das Besondere unserer stupiden Identität, sondern das Allgemeine an uns, das uns in die Lage versetzt, mit dieser Identität kritisch zu verfahren und gege-benenfalls mit ihr zu brechen.[9] Und uns mit anderen zu solidarisie-ren, die das ebenfalls tun.

»Unzivilisiert ist es«, schreibt Richard Sennett einmal, »andere mit dem eigenen Selbst zu belasten.«[10] Wir sollten dieses Prinzip um sein Gegenstück ergänzen: Unzivilisiert ist es auch, andere auf deren vermeintlich wahres Selbst festzulegen und sie damit zu be-lasten.

**Im Rausch der Unbestimmtheit. Vage Identitäten,
trügerische Freiheiten, beharrliche Konstruktionen**

*Vom Aberglauben zum Bekenntnis: Je mehr man an etwas glaubt,
desto mehr wird dieses Etwas zu Nichts*

Eine der Geschichten, die die postmoderne Ideologie sich gerne
über sich selbst erzählt, lautet, dass sie die Epoche wäre, die an
keine großen Erzählungen mehr glaube. Dieser Erzählung müssen wir mit dem größten Misstrauen begegnen. Denn es mag
zwar vielleicht vorkommen, dass die Menschheit klüger wird,
aber sie wird es sicherlich nicht immer dann, wenn sie selbst es
glaubt.

Der Psychoanalytiker Octave Mannoni hat dazu eine außer-
ordentlich erhellende Theorie vorgelegt. In seinem Aufsatz »Ich
weiß zwar, dennoch aber …« erörtert er das Beispiel eines afrikanischen Maskenkultes, dessen Ausübende den Ethnologen die Auskunft geben, sie selbst wüssten auch nicht mehr, was dieser Kult
bedeute, denn der Glaube daran sei verlorengegangen.[11] Früher, so
die Informanten, habe man an die Masken geglaubt.

Anstatt der Hypothese einer zerstörten Kultur nachzugehen,
schlägt Mannoni vor, diesen Zustand, diese seltsame Diskrepanz
zwischen Nichtglauben und Doch-Tun, als den Normalzustand
dieses Maskenkultes zu betrachten: Dieser Kult wurde immer
schon in dem Bewusstsein betrieben, man selbst glaube nicht; ja
man wisse nicht einmal mehr, was er bedeute; nur die Früheren
hätten an ihn geglaubt.

Auch in unserer Kultur gibt es ja, wie Mannoni anmerkt, viele
Situationen, in denen eine Illusion aufrechterhalten wird, ohne
dass man angeben könnte, wer an sie glaubt: Beim Zaubertrick im
Varieté zum Beispiel wissen wir genau, dass nichts Übernatürliches
vor sich geht, und freuen uns doch, wenn der Trick perfekt gelingt.
Mannoni bezeichnet diesen Typus von Einbildung, zu der es keine
Träger gibt, als »croyance« (ein Terminus, den man im Deutschen
am ehesten mit dem Wort »*Aberglaube*« wiedergeben kann), und
er unterscheidet die »croyance« von der »foi«, dem *Bekenntnis*, zu
dem wir immer stolze Träger finden, die erklären, dass sie an etwas
Großes glauben beziehungsweise an etwas, das sie dafür halten –

etwa an Gott, an den Fortschritt der Menschheit oder an die Selbstregulierung der Finanzmärkte.

Das bedeutet: Das Bekenntnis (die »foi«) beruht immer auf dem Prinzip der Identifizierung mit der Illusion. Die Formen des Aberglaubens, die »croyances«, machen zwar Spaß, aber sie erlauben keine Identifizierung. Das Bekenntnis erzeugt Selbstachtung. Der Aberglaube dagegen Lust. Oder, nochmals psychoanalytisch formuliert: Das Bekenntnis operiert auf der Ebene der Ichlibido; der Aberglaube auf der Ebene der Objektlibido.[12]

Aus Mannonis Erörterung lassen sich nun weitreichende Konsequenzen ableiten. Die erste Einsicht lautet, dass die Einbildungen umso bunter und materieller – etwa als aufwendiger Maskenkult – existieren, je mehr sie in der Form der »croyances« auftreten und mithin an einen unbestimmt bleibenden Träger adressiert sind.

Sobald man hingegen anfängt, selbst an die Einbildungen zu glauben, werden sie blasser, abstrakter und verlieren an Materialität. Das kann man zum Beispiel an der Geschichte der Religionen beobachten: Im antiken Polytheismus sind die Göttinnen und Götter konkret: Sie sind verschieden, durchaus mitunter sichtbar, haben ein Geschlecht, Begierden, Narrheiten, Trunkenheiten etc. Aber die Menschen glauben nicht an sie; sie erzählen sich stattdessen amüsante Mythen über sie. Erst als die Menschen beginnen, selbst zu glauben, verlieren die Götter ihre Verschiedenheit, ihre Bestimmtheit und Sichtbarkeit. In den späteren, sogenannten »Sekundärreligionen« gibt es nur noch einen einzigen, unsichtbaren, asexuellen, allwissenden und offenbar immer nüchternen Gott.[13]

Darin liegt die zweite bedeutende Konsequenz von Mannonis Theorie: Die Form des Aberglaubens ist in allen Kulturen zu finden. Das Bekenntnis hingegen ist eine spätere, nur in manchen Kulturen anzutreffende Errungenschaft. Nicht alle Kulturen haben den Ehrgeiz entwickelt, auch selbst an die von ihnen gepflegten Einbildungen zu glauben.

Und dies bedeutet, drittens: In früheren Epochen hat man darum nicht stärker geglaubt, sondern weniger stark, lockerer. Mannoni widerspricht damit dem weitverbreiteten Mythos vom Aufklärungsprozess, demzufolge die Menschen im Mittelalter in einem glücklichen, naiven Glauben an den lieben Gott geborgen gewesen wären, während wir seit der Neuzeit in »transzendentaler Obdachlosigkeit« durch die Welt irrten. Vielmehr verhält es sich genau umgekehrt: Früher haben die Menschen Illusionen lediglich zur Darstellung gebracht (und sich darüber vielleicht mit der heiteren Auskunft verständigt, dass frühere Menschen wohl daran geglaubt hätten); erst später haben sie begonnen, das Darstellen zu unterlassen, weil sie immer heftiger selbst an diese Einbildungen glauben wollten.[14]

Mannonis Einsichten decken sich an diesem Punkt mit dem Befund Max Webers über die sogenannte »Entzauberung der Welt«.[15] Auch Weber macht für diesen Prozess, der die Welt um allen charmanten Glamour materialisierter Illusionen bringt, nicht etwa Wissenschaft oder materialistische Philosophie verantwortlich, sondern vielmehr eine auf dem Prinzip verstärkter Identifizierung beruhende Religion – das protestantische Christentum.

Das, was sich selbst gerne als Aufklärungsprozess begreift, ist somit alles andere als Zugewinn an Vernunft und ein Abschütteln von gläubigen Identifizierungen; es ist vielmehr ein Vorgang verstärkter Identifizierung – ein Verinnerlichungsprozess, der keinen Spaß mehr duldet, weil er so ernsthaft glauben will; und der deshalb kaum mehr an irgendetwas glauben kann, eben weil er so ernsthaft daran glauben möchte. Je stärker die Identifizierung mit der Einbildung wird, desto bildloser wird die Einbildung.

Genau das ist der Zusammenhang, in dem man die postmoderne Erzählung vom Ende der großen Erzählungen begreifen muss. Dieses Gefühl ist real, aber es ist trügerisch, da es nicht das Ende aller Illusionen bedeutet, sondern vielmehr eine neue Stufe verstärkter Identifizierung. Wir beobachten einen Prozess, in dessen Verlauf die Individuen in immer verstärkterem Maß dazu angeleitet werden, sich mit ihren Einbildungen zu identifizieren. Bei verstärkter Identifizierung geht allerdings zunehmend das Objekt der Einbildung verloren. Die Ichlibido geht auf Kosten des Objekts.

Darum bilden die hochgradig Identifizierten sich ein, sie glaubten an gar nichts oder zweifelten an allem. Wie wir aber von Descartes wissen, bringt der Zweifel an allem Möglichen auf seiner Kehrseite immer die Selbstgewissheit eines zweifelnden Ich mit sich. Und diese Selbstgewissheit ist nicht allein eine kognitive

Qualität; sie ist vor allem auch eine libidinöse Besetzung. Ihr entsprechen starke Affekte: Wir können – LEIDER – an gar nichts
glauben, weil wir – HURRA – so sehr an uns selbst glauben und
uns dies durch unser Zweifeln immer neu bestätigen müssen.

Freilich ist diese forcierte ichlibidinöse Lust nicht in derselben
Weise als lustvoll erfahrbar wie die objektlibidinöse Erheiterung an
Masken, Zaubertricks oder dummen Göttergeschichten. Vielmehr
dominiert hier jene bereits von Freud erkannte manifeste Unlust,
die dennoch nicht aufgegeben werden kann – jene »neurotische
Unlust«, der Jacques Lacan den zwiespältigen Namen »jouissance«
(Genießen) gegeben hat.[16] Der Zweifler, der an nichts glauben kann
und bei keiner lustigen Dummheit mitmachen kann, weil er immer so vernünftig sein muss, steht unter dem Diktat eines tyrannischen Über-Ich, das ihn mit dem grausamen Befehl »Genieße!«
drangsaliert.

Der Subjekt-Effekt:
Je mehr man an sich selbst glauben möchte,
desto weniger erträgt man es, etwas Bestimmtes zu sein

Unter diesem Aspekt müssen die typisch postmodernen Vorlieben
für flottierende Subjekte, für gebrochene, queere, gekreuzte, werdende und andere unbestimmte Identitäten begriffen werden:[17]
Es sind, mit der Ideologietheorie Althussers gesprochen, Formen
verstärkter Subjektivierung, das heißt verstärkter ideologischer
Rekrutierung und Unterwerfung von Individuen. Diese Unbe-
stimmtheiten sind intensivierte »Subjekt-Effekte« (»effets d'assu-
jettissement«).[18]

Der Subjekt-Effekt stellt sich, Althusser zufolge, nicht schon
dann ein, wenn ein Individuum ein symbolisches Mandat über-
nimmt – nach dem Motto, »Ja, es ist wahr! Hier bin ich: Arbeiter,
Unternehmer, Soldat!«[19] (Man kann die Aufzählung weiterführen:
Professorin, Künstler, transsexuelles Wesen etc.). Er ist vielmehr
erst dann vorhanden, wenn eine imaginäre Umkehrung auftritt:
Wenn die Individuen also meinen, »immer schon Subjekt gewesen zu sein«; wenn sie meinen, ihre Position freiwillig gewählt zu
haben, als schon vorhandene Subjekte das jeweilige Mandat übernommen zu haben.

Gerade die von Judith Butler als Befreiungsperspektive kon-
zipierte Möglichkeit »performativer Umgestaltung« einer symbolischen Rolle führt darum nicht aus dem Subjekt-Effekt, der ideologischen Unterwerfung der Individuen, heraus, sondern vielmehr
direkt in sie hinein. Genau dann, wenn die Individuen das Gefühl
haben, ihre Rolle selbst zu gestalten, sind sie Subjekte geworden.[20]
    Althussers Ideologietheorie folgt in diesem Punkt strikt der Leh-
re Spinozas über das trügerische, imaginäre Gefühl der Freiwilligkeit. Spinoza schrieb:

> »Ja, wenn [die Menschen] nicht die Erfahrung gemacht hät-
> ten, daß wir vieles tun, was wir nachher bereuen, und daß
> wir oft, wenn entgegengesetzte Affekte uns bedrängen, das
> Bessere sehen und dem Schlechteren folgen, dann würde sie
> nichts abhalten, sogar zu glauben, wir täten alles freiwillig. So
> glaubt das Kind, es erstrebe freiwillig die Milch; ebenso der
> zornige Knabe, er wolle freiwillig Rache, und der ängstliche,
> er wolle freiwillig die Flucht. Imgleichen glaubt der Trunkene,
> er rede infolge eines freien Beschlusses seiner Seele, was er
> nachher in nüchternem Zustand lieber verschwiegen haben
> wollte.« (Spinoza 1976: 115)

Dasselbe kann man unter postmodernen Verhältnissen sagen: So
glaubt die gebrochene Identität, sie wäre freiwillig gebrochen, und
das unbestimmte Geschlecht, es wäre freiwillig unbestimmt. Und
das Gefühl der Freiwilligkeit verstärkt sich, je diffuser und unbe-
stimmter sein Gegenstand erscheint. Denn man kann mit größerem Freiwilligkeitsgefühl etwas wenig Bestimmtes oder Unbe-
stimmtes sein als etwas Bestimmtes. Auch hier frisst die forcierte
Ichlibido sozusagen die Materialität ihres Objekts auf.
    Dies ist es, was der Soziologe Richard Sennett als »Tyrannei der
Intimität« bezeichnet hat.[21] Und das verleiht seiner Theorie gerade
unter Verhältnissen neoliberaler Ökonomie und entsprechender
postmoderner Ideologie deren besondere Aktualität.

Die Tyrannei der Intimität – und der Triumph der Idiotie

Die Tatsache, dass es in westlichen Gesellschaften etwa seit Anfang
der 1990er Jahre gelungen ist, beträchtliche Teile der Bevölkerungen mit der Frage nach ihrer Identität zu beschäftigen, muss als ein

zentraler Erfolg neoliberaler Ideologie betrachtet werden. Solange alle nur darüber nachsinnen, was sie sein wollen, kommen sie nicht mehr dazu, zu überlegen, was sie haben wollen. Und das ist nützlich, wenn man dabei ist, ihnen Dinge zu entziehen, die sie in Zukunft nicht mehr werden haben können – wie z. B. demokratische Mitbestimmung, Zugang zu Arbeit oder Einkommen, Bildung, Infrastruktur, sozialer Sicherheit, Altersvorsorge oder gar Würde und Eleganz.

Diese neoliberale Ideologie der Identitätsversessenheit dient aber nicht allein dazu, von anderen, entscheidenden Fragen abzulenken. Sie bildet auch selbst einen Teil jener Zerstörung und Privatisierung des öffentlichen Raumes, die für neoliberale Verhältnisse charakteristisch ist. *Die Frage nach der Identität tritt immer dort auf, wo die frühere Unterscheidung zwischen öffentlicher Rolle und privater Person, zwischen öffentlichem Raum und privatem Raum, liquidiert worden ist* (sowie überall dort, wo man die letzten bestehenden Reste dieser Unterscheidung durch das Stellen der Frage selbst »performativ« liquidieren kann).

Richard Sennett hat gezeigt, dass der öffentliche Raum, wie er in westlichen Gesellschaften etwa seit der Renaissance existierte, ein theatralischer Raum war: Dort hatte man eine Rolle zu spielen – und dieses Spiel hatte die Funktion, anderen die Begegnung mit der privaten Person zu ersparen. Darin bestand, Sennett zufolge, die für den öffentlichen Raum charakteristische Tugend der Zivilisiertheit: »Zivilisiertheit bedeutet, mit den anderen so umzugehen, als seien sie Fremde, und über diese Distanz hinweg eine gesellschaftliche Beziehung zu ihnen aufzunehmen.«[22]

Der für die postmoderne Ideologie charakteristische sogenannte »performative turn« hingegen besteht darin, dass nun – wie in der Gattung der Performance generell – die theatralische Trennung zwischen Person und Rolle aufgehoben wird. Nun will jeder sich selbst spielen. Und jede fühlt sich dann frei, wenn sie ganz sie selbst sein kann. Oder, genauer, ideologietheoretisch formuliert: Alle werden ermutigt, nichts als sich selbst zu spielen. Und sich frei zu fühlen, wenn sie nichts als sie selbst zu sein brauchen. Sennett bezeichnet diese ichlibidinöse Präferenz, psychoanalytisch korrekt, mit dem Begriff des »Narzissmus«.

Am Beispiel des Privatfernsehens kann man gut erkennen, was

das bedeutet: Nun können, anders als früher, alle Leute tatsächlich ins Fernsehen kommen – auch die Unbekleideten, Inkompetenten, Unbedeutenden, Betrunkenen etc. Aber eben nur unter der Bedingung, dass sie dort nichts als ihre privaten Marotten preisgeben, und nicht etwa in ihrer allgemeinen Fähigkeit, etwas von gesellschaftlicher Relevanz zu sagen. Hier kann man sehen, dass Sennetts Unterscheidung von privater Person und öffentlicher Rolle zusammenfällt mit der aus der Französischen Revolution stammenden Unterscheidung zwischen *bourgeois* und *citoyen*. Und so sieht man, was verlorengeht, wenn Fernsehen keine öffentliche Dimension mehr besitzt und Leute darin nicht mehr in öffentlichen Rollen auftreten dürfen. Sie werden dann ausschließlich als *bourgeois* behandelt – oder, wie es die griechische Antike formulierte: als Idioten, das heißt: als diejenigen, die sich um nichts anderes kümmern als um ihren eigenen Kram. (Unter den Voraussetzungen des sogenannten »reality-TV« muss auch Michel Foucaults Theorie der Sexualität in einem neuen Licht betrachtet werden: Es ist nicht allein die Theorie einer zum Sprechen und Bekennen von Identität ermunternden, anstelle einer bloß repressiven Macht; es ist vielmehr vor allem auch eine Theorie einer zunehmenden Subjektivierung der Individuen, die dazu dient, sie der Möglichkeit einer öffentlichen Rolle zu berauben.)

Diese Beschränkung und *Homogenisierung*[23] des anderen zum bloßen Idioten ist es, was in der postmodernen Ideologie als »Toleranz« missverstanden wird. Die von dem Komiker Sacha Baron Cohen entwickelten Figuren des »Ali G« sowie des »Borat« haben die Effekte dieser sogenannten Toleranz deutlich gezeigt: Wenn man den anderen so behandelt, als ob er nichts anderes wäre als seine idiotische Identität; wenn man ihm nicht die Fähigkeit zugesteht, diese Identität zugunsten einer Rolle zu überschreiten und sich in der Öffentlichkeit zivilisiert zu benehmen, dann ist man buchstäblich rassistisch. Der postmoderne Rassismus besteht darin, den anderen auf dessen bloße Identität zu beschränken, mithin nicht das Geringste von ihm zu erwarten und ihn zum Idioten zu homogenisieren – zum kulturfernen Kasachen, zum unendlich dummen Rapper, oder zum pornographischen Unterschichtler, zum bildungsfernen Studierenden, zum religiös, ethnisch, sexuell etc. Empfindsamen und »mikroaggressiv« Verletzbaren etc.[24]

In der postmodernen »Toleranz« wird jedem Individuum das uneingeschränkte Recht zugestanden, ein völliger Idiot zu sein. (Daher der Boom von freilich ironischer Ratgeberliteratur wie »The Complete Idiot's Guide to Understanding Ethics«, oder »Derrida for Dummies«.) Dem muss man heute als Gegenprinzip einen abgewandelten Satz von Hannah Arendt entgegenhalten: Niemand hat das Recht, ein kompletter Idiot zu sein. Und niemand hat das Recht, jemand anderen als solchen zu behandeln und nichts von ihm zu erwarten.

»Spiele deine Rolle gut«

> »Bedenke: Du bist Darsteller eines Stücks,
> dessen Charakter der Autor bestimmt. [...]
> Deine Aufgabe ist es nur, die dir zugeteilte Rolle gut zu spielen;
> sie auszuwählen, steht einem andern zu.«
>
> Epiktet 2004: 25

Etwas anderes als bloß man selbst zu sein würde bedeuten, eine Rolle zu spielen. Wie jedes Spiel bringt auch dieses Schauspiel der öffentlichen Rolle zumindest zwei Dimensionen mit sich, die unter den von Sennett präzise benannten und analysierten, narzisstischen Bedingungen postmoderner Ideologie als problematisch erscheinen können.

Erstens bedeutet Spielen immer, dass man versuchen muss, *gut zu spielen*. Wer die Fiktion des Spiels – dessen Aberglauben, dass das Gelingen des Spiels von entscheidender Wichtigkeit wäre – nicht mit aufrechtzuerhalten hilft, ist ein Spielverderber. Das bedeutet, dass jedes Spiel ein Ideal und mithin eine Idealforderung an die Spieler bereithält. Gerade dies bedeutet aber auch, dass man die Sache besser oder schlechter machen kann. Eine Geschlechterrolle zum Beispiel ist durch günstige biologische Voraussetzungen oder sorgfältige Konstruktion allein noch keineswegs gut ausgefüllt. Man muss sie auch kunstvoll beherrschen, und dazu muss man sie üben.

Unter narzisstischen Voraussetzungen wird diese Idealforderung als kränkend empfunden. Dass man nicht allein schon durch das, was man ist, sondern erst durch das, was man kann, Erfüllung und Glück empfinden soll, wird als unnötiger, umständlicher theatralischer Umweg, wenn nicht gleich als Heteronomie aufgefasst.[25] Bevor man eine schwierige Rolle übt, konstruiert man sich lieber eine neue. Narzissten wünschen sich immer eine gute Rolle, anstatt dem Hinweis des Stoikers Epiktet zu folgen, wonach es vielmehr darauf ankommt, sie gut zu spielen. Das ist der Grund, weshalb viele postmoderne Narzissten derzeit – der unabschließbaren und gnadenlosen Tyrannei ihres Über-Ich entsprechend – permanent und zwanghaft mit der Neukonstruktion ihrer Rolle beschäftigt sind und dadurch niemals zu dem objektlibidinösen Glück gelangen, ihrem Ideal durch geschicktes Spiel wenigstens punktuell und momentan nahegekommen zu sein. Denn gerade in Letzterem bestünde das Glück, das man diesbezüglich erfahren kann. So bemerkt Sigmund Freud:

> »Es kommt immer zu einer Empfindung von Triumph, wenn etwas im Ich mit dem Ichideal zusammenfällt.« (Freud [1921c]: 122)

Wenn aber das Ideal aufgrund seiner als kränkend empfundenen Distanz gegenüber dem Ich abgewehrt werden muss, dann versagt man sich damit diese Glücksmöglichkeit – und verschafft nur dem tyrannischen Über-Ich einen bösen Triumph. Wenn es keine Geschlechterrollen gibt, die man besser oder schlechter spielen kann, sondern jeder, jede und jedes nur noch seine oder ihre ganz eigene, unvergleichliche Schneeflocke ist, dann kann auch niemand jemals irgendetwas gut spielen. Dann sind nicht alle schlussendlich glücklich, sondern vielmehr unrettbar unglücklich. Dies bestätigt die Einsicht Sennetts, der bemerkt, der Narzissmus besitze, »die doppelte Eigenschaft, die Versenkung in die Bedürfnisse des Selbst zu verstärken und zugleich ihre Erfüllung zu blockieren«.[26]

Das ist der Grund, weshalb keine Identität jemals ganz die eigene ist. Solche idyllische, ganz eigene Identität gibt es nur scheinbar, solange sie – zum Beispiel durch Unterdrückung oder Marginalisierung – daran gehindert wird, sich zu realisieren. Sobald sie hingegen realisierbar ist, also öffentlich zur Darstellung gebracht werden kann, hat sie schon ihre eigenen Regeln und Gesetzmäßigkeiten, die sich nicht den Wünschen des Ich mehr beugen, und ihre Darstellung muss darum gekonnt werden. Nur solange die eigene Identität unterdrückt oder marginalisiert ist, kann man sich darüber hinwegtäuschen. Dann wird der andere zum »Dieb des Genießens«;[27] er hilft uns, das idyllische Bild unserer unterdrückten Identität aufrechtzuerhalten. Nur dank ihm können wir uns vorstellen, dass wir ohne ihn völlig problemlos und glücklich – und ohne jede Anforderung von Können – mit unserer Identität zurechtkämen.

Das ist des Weiteren auch der Grund, weshalb unter narzisstischen Bedingungen gerade negative Identitäten so hohe Beliebtheit gewinnen: Denn, wie die Psychoanalytiker Bela Grunberger und Pierre Dessuant in ihrer grundlegenden Studie über Narzissmus, Christentum und Antisemitismus festgestellt haben: Alles, was materiell ist und mithin Regeln und Gesetze hat, ist dem Narzissmus unerträglich.[28] Darum eignen sich nur Inhalte, die keine positiven Regeln und Bedingungen des Könnens auferlegen, zur totalen, narzisstischen Identifizierung: So kommt es, dass die aktuellen Heroinnen und Heroen des Talkshow-Fernsehens und der Populärkultur das Intimste, das sie bekennen können, in ihrer ungeklärten sexuellen Identität, ihrer Metrosexualität, in ihrem Low-Desire-Syndrome oder in ihrer Postsexualität erblicken.

»Überschreite deine Prinzipien!«

Die zweite Dimension des Spiels, die unter den narzisstischen Bedingungen postmoderner Ideologie als problematisch bzw. unerträglich erscheint, besteht darin, dass das Spiel der öffentlichen Rolle immer einen bestimmten Befehl mit sich bringt. Es befiehlt eine bestimmte Überschreitung der privaten Scham- und Moralgrenzen; Spiele sind, wie Freud einmal hellsichtig bemerkt, »vom Gesetz gebotene Exzesse«.[29] In Ermangelung solcher Exzess-Gebote können zum Beispiel die antiautoritär erzogenen, sexuell befreiten und informellen Nach-68er, die einander zwar zwanglos und distanzlos duzen, in der Disco doch fast immer nur einzeln tanzen, während andererseits die äußerst strikten Höflichkeitsregeln unterworfenen Konservativen eben dank dieser Regeln in der Lage sind, zum Beispiel beim Wiener Opernball engumschlungen mit fremden Personen über das Parkett zu schweben.

Die Regeln der Kultur sind keine Verbote; sie verbieten den Individuen nichts, sondern sie gebieten ihnen vielmehr das, was diese sich selbst von sich aus niemals erlauben würden. Genau dazu benötigen wir die Gebote der Kultur – als Ermöglichungsbedingungen von Lust, als Lustressourcen; denn – wie Freud in seiner Theorie der vielfältigen und konfliktuellen Sexualtriebe erkannte – gehemmt sind wir selber.[30]

Schlussfolgerungen

Vor diesem Hintergrund müssen die aktuellen Faszinationen durch vermeintliche Unbestimmtheit sowie die Mode-Themen beurteilt werden, von denen die diversen *cultural studies* heimgesucht und in immer diversifiziertere Subdisziplinen gespalten werden. Zwei Gefahren der Verkennung, die dabei besonders akut erscheinen, sollen zum Abschluss kurz benannt werden.

(1) »Ach, ich Armes!«
Erstens ist die Vorliebe für unbestimmte Identitäten ein typisches Phänomen innerhalb privilegierter Gruppen. Dem narzisstischen, von Grunberger / Dessuant benannten Grundprinzip entsprechend, erscheint der Schwache immer als der Gute. Darum ist man gerade unter Privilegierten heftig bemüht, einen Aspekt der eigenen Nichtprivilegiertheit zu finden und ihn in den Vordergrund zu stellen gegenüber den vielen Aspekten, unter denen man sich selbst als privilegiert betrachten müsste. Hier wird eine mögliche Wahrheit ideologisch, indem sie zur Verdeckung vieler anderer, als peinlich empfundener Wahrheiten benutzt wird. Die eigene vermeintliche moralische Dezentrierung als privilegiertes Individuum wird narzisstisch durch die Selbst-Imagination als Opfer zu rezentrieren versucht.

(2) »Erfindet euch anders!«
Zweitens versucht der Narzissmus in der Theorie, Probleme nicht zu lösen, sondern ihnen aus dem Weg zu gehen. Dies führt zu dem scheinbar wohlwollenden, in Wahrheit allerdings auch immer missbräuchlichen und eigennützigen Interesse an minoritären oder

benachteiligten Gruppen: Diejenigen, die das jeweilige Problem nicht haben, werden dann zum Bild der Lösung für diejenigen, die es haben – zum Beispiel die Homosexuellen für die Heterosexuellen; die Lesben für die Heten; die Postsexuellen für die Sexuellen; die Unbestimmten für die Bestimmten etc. Anstatt also Regeln zu ersinnen, wie z. B. Heterosexuelle unter freieren Verhältnissen gut und lustvoll miteinander auskommen könnten, schwärmt man einfach nur von der Konstruiertheit der Geschlechtsidentität bzw. der sexuellen Orientierung und signalisiert damit den unter den unfreien Verhältnissen Leidenden stillschweigend: »Wer sich heute nicht selbst anders konstruiert, als Lesbe, Schwuler, Trans-, Zwischen- oder Asexueller, ist eben selber schuld.«

Demgegenüber muss in Erinnerung gerufen werden, dass Konstruktionen nur deshalb, weil sie Konstruktionen sind, noch lange nicht auch leicht verändert werden können. Für die Veränderbarkeit von Dingen und Verhältnissen kommt es nicht darauf an, ob sie historisch produziert oder aber naturwüchsig und vorgefunden sind. Dies hängt vielmehr von ihrer eigenen Beharrlichkeit ab. Einen Typus besonders beharrlicher Konstruktionen übersieht die Gender-Theorie ihrerseits beharrlich – und sie begeht damit einen Fehler aufs Neue, den man früher der vor allem an der bürgerlichen Kleinfamilie orientierten Psychoanalyse vielleicht mit gewissem Recht zum Vorwurf gemacht hat:[31] Sie ignoriert die vielfältigen gesellschaftlichen, auch intergenerationellen, mit den Eigentumsverhältnissen verflochtenen Institutionen der Sexualität.

Durch ihren Fokus auf sexuelle Identitäten und Orientierungen übersieht die Gender-Theorie – übrigens ganz so, wie es einer neoliberalen Sichtweise entspricht –, dass Geschlechterverhältnisse nicht nur zwischen vereinzelten Individuen zum Tragen kommen. Vielmehr kreuzen sich in der Sexualität ja unweigerlich ökonomische und rechtliche Parameter, die bis in die umfassendsten Organisationsformen hinaufreichen – wie es Friedrich Engels mit dem Titel seiner Schrift »Ursprung der Familie, des Privateigentums und des Staates« gut zum Ausdruck gebracht hat.[32] Und dies gilt, wie Deleuze und Guattari treffend bemerkt haben,[33] sogar für die scheinbar intimsten Wünsche selbst. Sogar sie sind von diesen Strukturen durchzogen. Eine entscheidende De-

terminante sexuellen Wunsches bildet darum der *Institutionen-
wunsch* – also z. B. ob man monogam zusammenleben will oder
aber polygam; ob in langer oder nur serieller Monogamie; ob man
zusammen Kinder haben will oder nicht; ob man die Eltern und
Geschwister der anderen Person kennenlernen will oder nicht
etc.[34] Durch die irreführende Fokussierung auf die Fragen von
Identität und Orientierung wurde das politische Problem der sexuellen Institutionenbildung weitgehend vernachlässigt und völlig dem konservativen Gegner überlassen. Indem man gegen eine
vermeintliche »heterosexuelle Matrix« polemisierte, übersah man
nicht nur, dass die Toleranz für homosexuelle Beziehungen inzwischen bereits auch entlegene Kreise der Gesellschaft erfasst hat,
sondern vor allem auch, dass die nach 1968 bereits erkämpften
Terrains freierer Liebe und der ihr entsprechenden sozialen Zu-
sammenschlüsse zunehmend verlorengegangen sind, so dass die
monogame Zweierbeziehung, möglichst mit Fortpflanzung, heute
wie seit langem nicht mehr – und nun übrigens auch weitgehend
für Homosexuelle – als »the only game in town« herrscht und als
tyrannische »monogame Matrix« alle anderen Liebesverhältnisse
zum Undenkbaren und Unaussprechlichen stempelt; so sehr, dass
zum Beispiel Frauen, die keine Kinder haben, sich heute schon
wieder hochgezogene Augenbrauen und befremdete Fragen gefallen lassen müssen.[35] Anstatt sich an den Möglichkeiten eigener
Unbestimmtheit zu berauschen, sollte man sich lieber wieder den
harten, überaus bestimmten, wenn auch nicht unveränderbaren
sozialen Verhältnissen widmen, welche der Liebe im 21. Jahrhundert ihre Formate aufzwingen.

7. Täuschungen bekommen Getäuschte.
Männer erklären Frauen Dinge:
Aus modernem Amüsement wird postmoderner Ernst

Die im letzten Kapitel beschriebene Organisation gesellschaftlicher Einbildung, die zu der Präferenz für alles Unbestimmte, Veränderliche und Vage führt, hat auch Folgen für die diversen emanzipatorischen Kämpfe. Sie führt zu einem Ironieverlust in der Kultur, der zur Folge hat, dass Gespaltenheiten im Sprechen nicht mehr erkannt werden und dass Gespieltes, das bisher auch als solches verstanden wurde, plötzlich fälschlich als etwas Wirkliches wahrgenommen wird. Kulturtheoretisch ist dies ein Beleg dafür, dass Kulturen in ihrer Geschichte keineswegs, wie sie meinen, aufgeklärter oder weniger abergläubisch werden, sondern lediglich verbissener und spielfeindlicher. In politischer Hinsicht hat dieser Tatbestand zur Folge, dass zum Beispiel Frauen bestimmte Vorteile und Privilegien, ja sogar bestimmte wirksame Waffen, die sie gegenüber Männern besitzen, plötzlich als Nachteile und Erschwernisse zu beschreiben und abzulehnen beginnen. Was ihnen zu Macht verhelfen könnte, geht ihnen dadurch verloren; und das, was ihnen die Männer vielleicht gern weggenommen hätten, nehmen die Frauen somit sich selbst weg.

Das Sprachspiel des männlichen Erzählens und Erklärens

In ihrem Buch »Wenn Männer mir die Welt erklären« (2015, im Original: Men Explain Things to Me, London 2014) beschreibt Rebecca Solnit kritisch, wie Frauen zu Opfern männlicher Erklärungsfreude werden. Besonders bizarr ist ihr Ausgangsbeispiel, worin ein älterer Unternehmer ihr etwas über ein Buch zu erläutern beginnt, über das er einen Artikel in einer Zeitung gelesen hat – ohne freilich zu bemerken, dass seine Gesprächspartnerin selbst die Verfasserin dieses Buches ist. Solnit schreibt: »… das durch und durch provokative Selbstvertrauen der vollkommen Unwissenden ist meiner Erfahrung nach geschlechtsspezifisch. Männer erklären mir die Welt, mir und anderen Frauen, ob sie nun wissen, wovon sie reden, oder nicht. Manche Männer jedenfalls.«[1] Seither beklagen sich Frauen häufiger über diese »Standardsituation« heterosexuellen männlichen Verhaltens, dem aufseiten der Männer die fälschliche Annahme zugrunde zu liegen scheint, sie wüssten mehr über die Sache als die Frauen, zu denen sie sprechen.[2] Dies wurde in der Folge mit einem Kunstwort benannt, welches das Übel durch dessen üble Benennung bannen soll: »mansplaining« (männliches Erklären).

Besonders interessant erscheint bei diesem Kulturphänomen die Frage nach seiner geschichtlichen Zuordnung: Warum macht sich diese Unsitte gerade jetzt störend bemerkbar? Haben Männer früherer Zeiten den Frauen etwa weniger zu erklären versucht? Oder waren Frauen damals, vielleicht aufgrund geringerer Emanzipation, noch mit schwerwiegenderen Verfehlungen beschäftigt, so dass sich erst jetzt, nachdem die allerärgsten Grobheiten einigermaßen beseitigt sind, mehr Aufmerksamkeit auf dieses verstecktere Übel richten konnte? Waren Frauen früher etwa unwissender und mithin etwa froh, Dinge erklärt zu bekommen, während sie jetzt, zum Beispiel aufgrund gestiegener Absolventinnenzahlen an Universitäten, ja den Männern an Wissen mindestens ebenbürtig, wenn nicht überlegen sein müssten?

Vielleicht lohnt hier noch eine andere Vermutung. Das männliche Erklären entspringt ja nicht notwendigerweise und ausschließlich einem – sei es wirklichen auch nur fälschlich vermuteten – Wissensgefälle. Es ist vielmehr auch ein Versuch der Männer, die Frauen zu unterhalten und ihnen interessant zu erscheinen. Erklären (oder auch Erzählen) ist nicht nur etwas Erkenntnisbezogenes, »Epistemologisches«, mit Informations- und Neuigkeitswert,[3] sondern auch etwas Höfliches oder Galantes mit dem Wert der Vermeidung von langweiligem und peinlichem Schweigen sowie der Herstellung mehr oder weniger großer geselliger Verbindlichkeit.

Da die Anbahnung eines Gesprächs und das Etablieren einer Konversation traditionell genauso die Aufgabe der Männer war wie das Anbahnen von Bekanntschaften oder erotischen Beziehungen, mussten notwendigerweise sie damit beginnen, irgendetwas zu erzählen – ob sie nun etwas wussten oder nicht. Es war in der traditionellen Geschlechterordnung ein Privileg der Frauen, den Männern diese riskante und oft peinliche Aufgabe überlassen zu dürfen. Nicht sie, sondern allein die Männer mussten sich auf dieses unübersichtliche und glatte Terrain begeben, auf dem man immer Gefahr lief, sich Gelangweiltheit oder auch eine schroffe Abfuhr einzuhandeln. Trotz aller gegenteiligen Beteuerungen scheint an diesem Privileg übrigens auch heute noch von den meisten heterosexuellen Frauen stillschweigend weiter eisern festgehalten zu werden.

Und noch ein weiterer Faktor spielt bei dieser ungleichen Verteilung der Erklärungsaufgabe in der traditionellen Geschlechterordnung eine entscheidende Rolle: das Alter. Üblicherweise interessierten sich ältere Männer für jüngere Frauen. Sie ermöglichten den jungen Frauen dadurch oft Kontakte sowie Zugang zu Luxus und Wohlstand, der gleichaltrigen Männern nicht offenstand.[4] Auch in Rebecca Solnits drastischem Ausgangsbeispiel ist es ein älterer Mann, der ihr und ihrer Freundin etwas erklären möchte.[5] (Gleichaltrige Männer scheinen bei dieser Party gar nicht eingeladen gewesen zu sein.) Solnit aber lässt die Relevanz dieses Altersgefälles für das geschlechterspezifische »Erklärungsgefälle« unbeachtet. Auch wenn der männliche Gesprächspartner in Solnits Erlebnis vielleicht ein besonders arrogantes, herablassendes Exemplar gewesen sein mag, folgte sein Verhalten offenbar nicht allein seinen individuellen Schwächen, sondern ebenso sehr einem kulturellen Muster, aus dem einem älteren Mann gegenüber einer jüngeren Frau eine Verpflichtung erwuchs. Männer mussten Frauen etwas erklären – entweder weil sie die Älteren waren und damit über mehr Erfahrung und ähnliche Begleiterscheinungen des Alters verfügten; oder aber um zumindest so zu tun, als ob sie die Älteren wären. Dieses strenge Prinzip galt nämlich sogar dann, wenn kein Altersunterschied bestand. Um zu den Frauen höflich zu sein, hatten die Männer sie auf jeden Fall so zu behandeln, als ob die Frauen jünger wären. Denn: »Ein Mann ist immer älter als eine Frau«, wie der Held einer fulminanten Geschichte von Jules Renard seiner (übrigens älteren) Begleiterin einmal erklärt.[6] Im Gestus des männlichen Erklärens steckte somit immer auch der höfliche Akt, den Frauen den Platz der Jüngeren zu überlassen. Die Empörung über die männliche Unverschämtheit, den Frauen etwas erklären zu wollen,[7] läuft darum Gefahr – nach der Logik des »Beuteverzichts«[8] –, etwas preiszugeben, das in Wahrheit in mehrfacher Hinsicht ein Vorteil und Privileg für die Frauen war.

Die Ironie des weiblichen Fragens

Auf der anderen Seite sah das Muster der traditionellen Ordnung für die Frauen eine Rolle vor, die manche von ihnen heute noch mit bewundernswerter Meisterschaft zu spielen wissen: Sie mussten sich interessiert geben und so tun, als ob sie von den Inhalten der männlichen Erzählungen noch nie gehört hätten. Gerade die intelligentesten und brillantesten Frauen verstanden es, ihnen bereits bekannten Welterklärungen und Spekulationen mit leuchtenden Augen zu folgen, vertraute Geschichten mit dem Habitus der Spannung zu verfolgen und sogar über Witze älteren Datums glücklich zu lachen. Während die Männer sich so zu verhalten hatten, als ob sie etwas Interessantes zu sagen und auch Freude an dessen Mitteilung hätten, mussten die Frauen so tun, als ob sie interessiert zuhörten.

Es kommt in diesem Spiel also zu einem gewissen Tausch der Geschlechterrollen – anstelle schweigsamer Männer und gesprächiger Frauen entsteht in diesem »als ob« der Anschein mitteilungsfreudiger Männer und gerne zuhörender Frauen. Dies ist ein in diesem Zusammenhang des Öfteren wiederkehrendes Muster, ähnlich wie die »Hysterisierung« des verliebten Poeten, der seiner oft »männlich zwanghaft« schweigsam bleibenden Geliebten Gedichte schreibt. In Bezug auf derartige Fälle bemerkt Jacques Lacan hellsichtig, dass die Zurschaustellung von Männlichkeit als weiblich empfunden wird:[9] denn *was* gezeigt wird, mag zwar männlich sein; aber der Umstand, *dass* es vorgeführt wird, wirkt feminin. Die Frauen ihrerseits können bei diesem Spiel – wie die Dame in der höfischen Minne – in einer testenden, abwartenden Position verharren, ohne etwas von sich preisgeben zu müssen. Es ist vielleicht nicht ganz einfach zu sagen, wer bei diesem Tausch mehr gewinnt. Aber zum Verständnis des Phänomens ist es wichtig, den Tausch zu erkennen – und das männliche Sprechen nicht bloß schlicht als Fortsetzung üblicher männlicher Präpotenz zu begreifen.

Manche Frauen verstanden es auch, Männern eine Freude zu machen, indem sie ihnen Fragen gerade zu den Dingen stellten, zu denen diese Männer etwas sagen und damit brillieren oder sich ein wenig gockelhaft aufplustern konnten. Nicht selten war dieses weibliche Fragen, dieses Spielen eines »als ob«, angetrieben von

einer gehörigen Portion an »sokratischer Ironie« – also jener vom
Philosophen Sokrates oft praktizierten bloß scheinbaren, gespiel-
ten Unwissenheit, die den Gesprächspartner dazu bringen soll,
Erklärungen zu liefern, sich damit in weiterer Folge vielleicht in
Unstimmigkeiten zu verstricken und schließlich die Unhaltbarkeit
seiner vermeintlich gewissen Position selbst zu erkennen.[10]

Dies erkennt deutlich der Gesprächspartner des Sokrates, Me-
non, und er beklagt sich:

> »o Sokrates, ich habe schon gehört, ehe ich noch mit dir zu-
> sammengekommen bin, daß du allemal nichts als selbst in
> Verwirrung bist und auch andere in Verwirrung bringst.
> Auch jetzt kommt mir vor, daß du mich bezauberst und mir
> etwas antust und mich offenbar besprichst, daß ich voll Ver-
> wirrung geworden bin, und du dünkst mich vollkommen,
> wenn ich auch etwas scherzen darf, in der Gestalt und auch
> sonst, jenem breiten Seefisch, dem Zitterrochen, zu gleichen.
> Denn auch dieser macht jeden, der ihm nahekommt und ihn
> berührt, erstarren. Und so, dünkt mich, hast auch du mir jetzt
> etwas Ähnliches angetan, daß ich erstarre. Denn in der Tat,
> an Seele und Leib bin ich erstarrt und weiß dir nichts zu ant-
> worten; wiewohl ich schon tausendmal über die Tugend gar
> vielerlei Reden gehalten habe vor vielen, und sehr gut, wie
> mich dünkt. Jetzt aber weiß ich nicht einmal, was sie über-
> haupt ist, zu sagen.« (Platon, Menon 80a-d)

Sokratische Ironie ist in der Regel eine Täuschung ohne Getäuschte. Und wenn es doch Getäuschte gibt, dann sind sie mit Sicherheit
nicht aufseiten der Fragenden oder Zuhörenden, sondern einzig
auf der der selbstgewiss Erklärenden zu finden. Viele Frauen wussten sicherlich auch früher schon viele Dinge besser als die von ihnen befragten Männer oder hatten bestimmte Geschichten schon
einmal oder mehrmals vorher gehört, aber sie amüsierten sich an
dem Spiel beiderseitig vorgegaukelter Neuigkeit, das, von außen
betrachtet, das Bild einer gelungenen Unterhaltung bot – und auch
an der kniffligen Ungewissheit der Frage, wer von beiden Beteiligten bei diesem Spiel wohl der Dümmere oder Eitlere war.

Auch die Frage der Macht war, wie alle Beteiligten – und jedenfalls die Frauen mindestens ebenso gut wie die Männer – wussten,
bei diesem Spiel durchaus zwiespältig. Obgleich die erzählenden

und erklärenden Männer scheinbar den Ton angaben, waren es
doch die Frauen, die sie dazu brachten. In dem von June Carter
Cash und Johnny Cash so hinreißend interpretierten Song »Jack-
son«, der die traditionellen Verhältnisse zwischen den Geschlech-
tern mitunter zu beträchtlicher Kenntlichkeit hin parodiert, singt
der männliche Part einmal:

»When I breeze into that city,
people are gonna stoop and bow
All them women are gonna make me,
teach'em what they don't know how …«[11]

[»Wenn ich in diese Stadt rausche,
dann werden sich die Leute verbeugen und verneigen …
Alle Frauen werden von mir gelehrt bekommen wollen,
was sie bis jetzt noch nicht können.«][12]

Es sind also die Frauen, die die Männer dazu bringen, ihnen etwas
»beizubringen«. Schließlich veranlassen sie die Männer auf diesem
Weg ja auch dazu, deren übliche Wortkargheit und unpersönliche
Unverbindlichkeit aufzugeben, unter der Frauen sonst oft genug
leiden, und sich um ihretwillen sozusagen »feminin« gesprächig zu
geben, um bekömmlicher zu werden.

Die politisch korrekte Neufassung des Dialog-Songs »Baby, it's
cold outside« zeigt dies auf wohl unfreiwillig komische Weise.
Während in den klassischen Fassungen entweder der Mann[13] oder
aber die Frau[14] die jeweils andere Person mit listigen Einwänden
und Aktionen am Fortgehen hindert, wird hier in der »korrekten«, auf »consent in relationships« ausgerichteten Version[15] die
geäußerte Absicht der Frau, zu gehen, einfach »respektiert«: »Na,
wenn du das so willst, dann geh«, »Baby, I'm fine with that«, sagt
der Mann. Genau diese sture Borniertheit aber, diese emotionale
Verweigerung, das unsensible Überhören der appellativen und
fragenden, »dialektischen« Dimension in der Äußerung der Frau
wird Männern andererseits zu Recht oft von Frauen vorgewor-
fen und auch als Unterdrückungsmethode charakterisiert (siehe
dazu Illouz 2012: 198). Die »respektvolle, emanzipierte« Utopie
zeigt hier das Idealbild der neoliberalen, nach männlichen Regeln funktionierenden Welt: den aseptischen Umgang von des-

interessierten, unverbindlichen, zur Ironie unfähigen, isolierten Individuen.

Die wirklichen Machtverhältnisse und die gespielten Rollen stimmen hier somit keineswegs überein und dürfen von ihrer Theorie und Kritik nicht verwechselt werden. So, wie – um zur Verdeutlichung ein etwas bizarreres Beispiel heranzuziehen – im männlichen Masochismus die demütigende Herrin scheinbar absolute, geradezu obszöne Macht über ihren Sklaven ausübt, während in Wahrheit jedoch der Mann der spielbestimmende Regisseur ist, verhält es sich, mit umgekehrter Verteilung, auch im Spiel von männlichem Erklären und interessiertem weiblichen Zuhören: Die weibliche Zuhörerin mag die Rolle der unwissenden Neugierigen spielen, aber in Wahrheit ist sie die Regisseurin, die ihren Erklärer wie eine Marionette tanzen lässt. Die »zweite Rolle«, welche den Frauen nach Ansicht Friedrich Nietzsches so sehr liegt,[16] ist nicht notwendigerweise die schwächere Position. Auf der Ebene des »ausgesagten« Inhalts dieser Inszenierung (sozusagen auf der Bühne) scheinbar unterlegen, ist sie auf der Ebene des Aussagens (hinter der Bühne) die bestimmende Kraft.[17] Diese Gespaltenheit, die der Struktur der Sprache eignet, zu übersehen ist ein schwerwiegender methodischer Fehler, der in diesem Fall dazu führt, die politischen Kräfte- und Machtverhältnisse falsch zu beurteilen.

Mag die passive Rolle beim Erklären den Frauen ursprünglich aufgrund ihrer ohnmächtigen Position erwachsen sein, so entstand ihnen daraus – in einer listigen Wendung der Geschichte – eine überaus mächtige Waffe. Nicht wenige Frauen entwickelten eine Unterredungskunst, welche die des Sokrates vielleicht noch übertraf. Denn in ihrer »Dialektik« vermochten sie es, die Männer dazu zu bringen, selbst jene Ideen und Überzeugungen zu äußern, die sie ihnen nahebringen wollten. Den Männern fiel es dann schwer, das, was sie sich selbst nun bereits einmal hatten sagen hören, nicht für ihre eigene Idee oder Überzeugung zu halten und in der Folge (unter der Zustimmung sich überzeugt gebender Frauen) dem Geäußerten ernsthaft zu glauben. Friedrich Nietzsche hat diese traditionell weibliche oder jedenfalls von Frauen zu großer Perfektion gebrachte Kulturtechnik scharfsinnig erkannt:

»Den Nächsten zu einer guten Meinung verführen und hinterdrein an diese Meinung des Nächsten gläubig glauben: wer tut es in diesem Kunststück den Weibern gleich? –« (Nietzsche [1886]: 82)

Es erscheint fraglich, ob selbst die scharfsinnigste Präsentation von Gegenargumenten jemals die Überzeugungskraft erreicht, die dem weiblichen Fragen und scheinbar passiven Zuhören und Sich-überzeugen-Lassen in diesem Sprachspiel eignet.[18] Die weibliche Dialektik dürfte in diesem Punkt der männlichen (Mono-)Logik überlegen sein. Sie aufzugeben könnte – wie in vielen anderen Bereichen der Geschlechterverhältnisse auch – bedeuten, einen sehr kleinen manifesten Machtgewinn um den Preis eines beträchtlichen latenten Machtverlusts zu erlangen. »Emanzipation« würde dann lediglich heißen, dass die Frauen ihre besseren Waffen gegen schlechtere eintauschen und in Zukunft nach den Spielregeln und an den Kampfplätzen der Männer spielen und kämpfen müssten.

Auch wenn es nicht darum ging, jemanden von etwas zu überzeugen, sondern lediglich darum, eine gepflegte, amüsante Konversation zu entwickeln, handelte es sich beim Sprachspiel des männlichen Erklärens um ein Spiel des »als ob«. Dieses heute schon weitgehend historisch – und mithin für viele offenbar unverständlich gewordene – Spiel war, ähnlich wie andere Formen von Höflichkeit,[19] ein kleines Theater. Niemand musste selbst an die dargestellte Fiktion glauben oder von ihr getäuscht werden. Es ging lediglich darum, diese Fiktion gemeinsam gegenüber einem unsichtbaren Dritten, einem »naiven Beobachter«, aufrechtzuerhalten. Solange dieses Spiel von beiden beteiligten Seiten verstanden wurde – und dies ist in glücklichen Fällen sogar heute noch gelegentlich der Fall –, hatten alle Beteiligten (einschließlich derjenigen, die zuhörten) daran Freude. Es war – in milder Form – die Freude des »heiligen Ernstes«, die nach Johan Huizingas Erkenntnis jedem Spiel eignet und die zur Voraussetzung hat, dass die Beteiligten das Spiel als Spiel erkennen.[20] Wer sich damit amüsierte, musste also wissen, dass das Spiel ein Spiel war.

Ironieverlust in der Kultur.
Die Täuschungen bekommen Getäuschte

Die für die Kulturtheorie sowie für die politische Kulturkritik entscheidende, brisante Frage ist, wie es geschehen konnte, dass dieses Wissen verlorenging. Etwas, das lange Zeit als Täuschung ohne Getäuschte existierte, als solche durchschaut wurde und dadurch den Ungetäuschten Amüsement verschaffte,[21] schien plötzlich nicht mehr gleichermaßen undurchschaubar zu sein. Auf einmal schien es doch Getäuschte zu geben. Und darum musste man plötzlich darauf bedacht sein, Täuschung zu vermeiden und auf die Freude des Spiels zu verzichten.

Diese Entwicklung lässt sich auf vielen Ebenen der Kultur beobachten. Beim Betrachten von Filmen aus den 1950er Jahren, wie sie oft im Samstagnachmittagsprogramm des Fernsehens gezeigt werden, erfasst einen oft fast unweigerlich ein tiefgreifendes Erstaunen darüber, welche bizarren und kaum jemals glaubhaften Illusionen unsere Eltern oder Großeltern geduldet und hingenommen haben müssen. Auch frühe James-Bond-Filme liefern massenhaft Beispiele für den geringen Anspruch früherer Zuschauer, dem Gezeigten Glauben zu schenken: James Bond mag zum Beispiel bei finsterer Nacht mit einem Schlauchboot auf einer einsamen, durchwegs von Schurken bewohnten Insel gelandet sein; in der nächsten Einstellung sieht man ihn schon bei Sonnenschein in einem luxuriösen amerikanischen Cabriolet die Straßen der Insel befahren, ohne dass auch nur im Geringsten ein Versuch unternommen würde, zu erklären, woher er plötzlich das Auto hat. Auch die Kampfszenen scheinen etwas rührend Langsames und Symbolisches, Unrealistisches an sich zu haben. Mit neidischem Staunen schließlich sehen wir in alten Filmen, wie rauschend, glamourös und heiter unsere Eltern oder Großeltern ihre Partys feiern konnten.[22] Wir versuchen zwar, es ihnen durch Mode und retrogrades Autodesign gleichzutun, bleiben aber doch gerade dabei weit hinter ihnen – die ihrerseits in ihrer Euphorie für das Neue, Moderne, eben niemals irgendetwas anderes nachahmten – unweigerlich zurück; von der dürftigen Vergnüglichkeit unserer Partys ganz zu schweigen.

Viele staunende Betrachter von heute neigen angesichts solcher Kulturphänomene vergangener Epochen dazu, deren geringes Verlangen nach Glaubwürdigkeit auf größere Naivität zurückzuführen – oder auf stärkere Bereitschaft, Glauben zu schenken. Diese Einschätzung lässt sich mit einer gelungenen Formulierung des Psychoanalytikers Octave Mannoni mit den Worten resümieren: »Früher hat man an die Masken geglaubt« (»autrefois on croyait aux masques«).[23]

Doch wie Mannoni subtil gezeigt hat, beruht dieses scheinbar naheliegende Urteil auf einer groben Fehleinschätzung – einer retrospektiven Illusion. Der gnädigere Umgang früherer Generationen mit bestimmten Einbildungen rührt nicht daher, dass diese naiver oder gläubiger gewesen wären, sondern – im Gegenteil – daher, *dass sie an weniger glaubten als wir. Früher hat man weniger geglaubt* – mit dieser Formel lässt sich die bahnbrechende kulturtheoretische Schlussfolgerung zusammenfassen, die sich aus Mannonis psychoanalytischer Studie gewinnen lässt. Man hat unglaubliche Illusionen deshalb geduldet, weil man kaum den Anspruch erhob, ihnen zu glauben.

In früheren Epochen war der Anteil der Einbildungen ohne Eigentümer (*croyances*) höher; der an eigener Einbildung (*foi*) geringer.[24] Damals erfreuten sich die Leute vor allem an Illusionen, an die niemand glauben musste, die aber gerade dadurch Lust verschafften. Erst spätere Kulturepochen verstärkten den Anteil des Selbstgeglaubten, das seinen Trägern zwar weniger Lust, aber dafür mehr Selbstachtung verschafft. Man könnte sagen: In diesem Prozess wurde die Menschheit kindlicher. Hatte sie früher mehr Freude daran, über etwas zu lächeln, das sie als weniger vernünftig – mithin als infantiler – einstufte als sich selbst, so bekam sie es später irgendwann nötig, so wie Kinder zu Vernünftigerem hochzublicken und sich dabei erwachsen zu fühlen.

Diese Kulturentwicklung, die gemäß der retrospektiven Illusion, die sie auslöst (da frühere *croyance* fälschlich als *foi* der Vorfahren begriffen wird), den trügerischen Eindruck eines Aufklärungsprozesses erweckt, ist in Wahrheit viel eher ein Aneignungs- und Verinnerlichungsprozess. In seinem Verlauf muss viel von der Vielgestaltigkeit und dem anschaulichen Farbenreichtum früherer Einbildungen unterdrückt und aufgegeben werden. Alles, was man nicht mit dem Brustton aufrechter Überzeugung selbst glauben kann, muss verschwinden. Götter werden darum älter, weiser, geschlechtsloser, unsichtbarer und weniger zahlreich;[25] und James-Bond-Filme brauchen gründlich in *martial arts* geschulte Darsteller für ihre nun beinhart »realistischen« Nahkampfszenen und dürfen nicht mehr völlig unerklärt lassen, woher der Titelheld seine Fahrzeuge bezieht. Man kann diese, immer wieder in größeren Schüben auftretende asketische Kulturentwicklung auch als Humor- oder Ironieverlust bezeichnen. Sogar die Geschichte der *political correctness* selbst kann als Beispiel für diese Entwicklung betrachtet werden: War PC zunächst ein ironischer Vorwurf innerhalb der Linken der 1960er und 1970er Jahre, der sich spöttisch gegen zu buchstabengetreue linke Orthodoxie richtete, so verwandelte er sich in den 1990er Jahren in eine ernstgemeinte normative Forderung innerhalb der Mittelschichten.[26] Auch hier kam die Einbildung ohne Eigentümer zuerst und ging der angeeigneten Einbildung voran. So wurde aus ursprünglich wohlverstandener, erwachsener Ironie mit dem Lauf der Zeit eine Form kindlichen Ernstes.

Der Übergang zur Postmoderne stellte einen mächtigen Schub dieser Art dar. Plötzlich musste jedes heiklere Wort, wie Dusini / Edlinger gut erkannt haben,[27] unter Anführungszeichen gesetzt werden – nicht nur, weil kaum noch jemand wusste, wie nun innerhalb der permanenten Ersetzungsdynamik ständig wieder verfallender Worte der *dernier cri* des korrekten Bezeichnens lautete, sondern auch, weil man offenbar nicht wissen konnte, ob eine ironische Wortwahl auch verstanden werden würde. Öffentliche Vernunft und erwachsene Fähigkeit, mit Sprache umzugehen, durften nun nicht mehr mit Selbstverständlichkeit erwartet werden. Anführungsstriche sollten davor schützen, entweder die anderen für Idioten halten zu müssen oder selbst von ihnen dafür gehalten zu werden.

Die Täuschungen hatten nun offenbar Getäuschte bekommen. Kaum irgendein ironisches Spiel von früher konnte nun sicher sein, nicht von irgendjemandem für bitteren Ernst gehalten zu werden. Man durfte nun nachkommenden Personen keine Türe mehr offen halten, weil ja der Eindruck hätte entstehen können, sie könnten sie nicht selber öffnen. Und man durfte Damen nicht mehr in den Mantel helfen, denn das hätte ja bedeuten können, dass man selbst – oder die Damen oder irgendwelche (sichtbaren oder unsichtbaren) Dritten – fälschlich glaubten, sie könnten ihre Mäntel nicht allein anziehen.

Alle Beteiligten scheinen plötzlich von großer Furcht erfasst, für dumm gehalten zu werden – oder für jemanden, der jemand anderen dafür hält. Diese Furcht vor »falschen« Einbildungen führt zu einer Entleerung des öffentlichen Raumes. Dies ist ihre neoliberale Seite. Man kann im öffentlichen Raum nun nicht mehr die schönen und solidarischen Fiktionen der Höflichkeit, der Eleganz, des Zuvorkommens etc. zur Darstellung bringen, denn irgendjemand könnte dabei ja dumm wirken. Das bedeutet aber eben auch, dass man sich mit anderen nicht mehr zusammenschließen kann, um wie die Zuschauer, die nach Mannonis kluger Bemerkung im Theater mit den Schauspielern unter einer Decke stecken,[28] gemeinsam eine Fiktion aufrechtzuerhalten; eine Einbildung, die niemandes Einbildung ist und die niemanden täuscht – außer einen unsichtbaren Dritten, dem gegenüber man sich verbündet hat. Der öffentliche Raum zerfällt damit in vereinzelte, grundsätzlich unsolidarische Individuen und bleibt von nun an ausschließlich negativ bestimmt: Vom öffentlichen Raum haben die Individuen gefälligst nichts mehr zu erwarten, was sie nicht ganz allein selbst aufbringen können. Und das Beste, was sie füreinander tun können, ist, einander nicht zu belästigen.[29]

Ein Feminismus, der diese Entwicklung befördert, trägt zur Zerstörung des öffentlichen Raumes bei und bringt die Frauen (sowie alle, die im öffentlichen Raum Wert darauf legten, dafür gehalten zu werden) um ein beträchtliches Maß an Erleichterungen und Glanz, die den Alltag verschönen konnten. Wie auch bei vielen anderen emanzipatorischen Initiativen wird hier Befreiung mit Entzauberung der Welt und Beuteverzicht verwechselt und einem puritanischen Ideal neoliberaler Welt Vorschub geleistet; die Sache der Frauen gerät damit zum Dienstmädchen für die Agenda des räuberischen Kapitals. Emanzipation bedeutet hier Verinnerlichung und Verzicht auf einen beträchtlichen Anteil an Wohlleben, den der öffentliche Raum für die Frauen bereithielt.

Freilich ist abzuwägen, ob es nicht eine Befreiung gibt, die einen solchen Verlust wert sein könnte; die also noch mehr Vorteile einbringt, als hier verlorenzugehen drohen. Wenn aber alle Vorteile, welche die Frauen in der alten Ordnung besaßen, verleugnet und ignoriert werden, dann ist eine solche Abwägung unmöglich. Die Gründe, aus denen viele von ihnen an den alten Verhältnissen festhalten könnten, müssen dann unverständlich und irrational erscheinen. Die gesteigerte Unzufriedenheit, die viele Frauen gegenwärtig gerade nach vermeintlich erfolgreichen Emanzipationsschritten zeigen, ist wohl die unvermeidliche Folge. Dies aber eröffnet freilich wieder neue Möglichkeiten und Betätigungsfelder für jene meist bürokratischen Kämpferinnen und Kämpfer, die jenem allgemeinen Typus entsprechen, der im Eingangskapitel unter dem Titel beschrieben wurde: Leute, die von ihren Fehlern leben.

8. Kindliche Götter. Das Unter-Ich: Beschreibung einer inferioren Beobachtungsinstanz

Die im vorigen Kapitel geäußerte Vermutung, dass die Menschheit nicht immer dann vernünftiger wird, wenn sie es selbst glaubt, lässt sich an der Geschichte und am Alter ihrer Götter ablesen. Der Umstand, dass ältere Religionen auch kindliche, unvernünftige Götter kannten und verehrten, scheint uns zu beweisen, dass Menschen damals über mehr erwachsenen Humor verfügten. Später hingegen scheinen sie, infantiler, ein stärkeres Bedürfnis zum Hinaufblicken zu etwas Größerem, Vernünftigerem entwickelt zu haben. Dies gilt im Übrigen auch für das Hinaufblicken zu aktuellen, profaneren olympischen Gestalten, etwa den Prinzipien Gesundheit, Sicherheit, Nachhaltigkeit und Kosteneffizienz. Für die Götter mag das gleichgültig sein, aber für die Menschen bleibt dies nicht ohne Folgen. Infantile Menschen mit vernünftigen Göttern tendieren zu deutlich geringerer Sozialverträglichkeit und geselliger Solidarität als ihre humorvolleren, erwachseneren Vorfahren mit ihren kindlichen Göttern.

Junge Götter und alte

In seiner Schrift »Lob der Narrheit« lässt Erasmus von Rotterdam seine allegorische Titelheldin eine typisch närrische, aber gerade darin auch äußerst kluge Frage stellen: »Warum bleibt Amor immer ein Junge?«[1] Diese Frage nach dem Grund für die niemals endende Kindlichkeit einer Göttergestalt verweist kulturgeschichtlich auf ein eigentümliches Phänomen: In anderen Kulturen als der unseren – ja sogar in den Kulturen des antiken Griechenland und Rom, auf die wir uns gerne beziehen – gab es junge, kindliche Götter. Bekanntlich verehrten die antiken Kulturen auch noch weitere Gottheiten, die mit den bei uns bekannten wenig Ähnlichkeit aufweisen: ausschweifende, sexuell gierige, ehebrecherische, eifersüchtige, eitle, zornige oder auch betrunkene Göttinnen und Götter – durchwegs also Gestalten mit infantilem oder suboptimalem

Affektmanagement. Dies wurde schon von antiken Philosophen gelegentlich als Skandal empfunden;[2] und es hat manche Gelehrte des 19. Jahrhunderts zweifeln lassen, ob die Griechen denn wirklich an ihre Götter geglaubt hätten.[3]

Nicht alle Religionen haben überhaupt Götter, wie Émile Durkheim festgestellt hat.[4] Aber wenn es in einer Religion oder Kultur Götter gibt, dann lässt sich kulturgeschichtlich eine Gesetzmäßigkeit erkennen, nämlich: Je älter eine Religion, desto jünger sind ihre Götter. Beziehungsweise genauer: Je jünger eine Religion, desto eher sind ihre Götter *ausschließlich* alt, weise, unkörperlich, nahezu geschlechtslos und jedenfalls asexuell.

Selbst im Christentum lassen sich im älteren Katholizismus ja noch an manchen pausbäckigen kleinen Engeln die Spuren der antiken Infantilgottheiten erkennen, so wie auch an den Heiligengestalten zumindest noch markante Geschlechtsunterschiede manifest sind, wohingegen der jüngere Protestantismus seine Feindlichkeit gegen das Bild wohl in erster Linie aufgrund seiner Säuberungssehnsucht gegenüber diesem aus dem antiken Erbe stammenden Personal entwickelt hat.[5] Die von Jan Assmann im Anschluss an Theo Sundermeier getroffene Unterscheidung zwischen »Primärreligionen«, die fürchten, nicht genug Heiliges anzuerkennen und zu verehren, und »Sekundärreligionen«, die umgekehrt befürchten, zu viel davon zu respektieren,[6] lässt sich wohl auf diesen Umstand zurückführen. Denn es geht hierbei nicht nur um sakrale Quantität, sondern vor allem um das Bestreben, das Sexuelle und Affektive am Heiligen aus der Kultur zu verbannen. Diese Kulturentwicklung, die uns von der Antike trennt, hat Sigmund Freud in einer schönen Bemerkung auf den Punkt gebracht:

> »Die Alten feierten den Trieb und waren bereit, auch ein minderwertiges Objekt durch ihn zu adeln, während wir die Triebbetätigung an sich geringschätzen und sie nur durch die Vorzüge des Objekts entschuldigen lassen.« (Freud [1905d]: 60)

Komplementäre und gleichgerichtete Götter

Wenn es richtig ist, dass die Menschen sich die Götter nach ihrem eigenen Bild erschaffen, wie Epikur, Spinoza und Ludwig Feuerbach behaupteten, so muss die Psychoanalyse hier wohl noch eine kleine Präzisierung hinzufügen: Sie erschaffen sich die Götter nicht nach einem wirklichkeitsnahen Bild, das sie von sich selbst haben, sondern nach einem Wunschbild. Die Menschen wollen selbst einem bestimmten Bild entsprechen, und dementsprechend konfigurieren sie ihre Götter. Dabei aber können die Götter unterschiedliche Funktionen und Ausgestaltungen annehmen. Sie können zum Beispiel jene Persönlichkeitsanteile und Affektausstattungen übernehmen, die die Menschen an sich selbst nicht mehr haben oder wahrhaben wollen. Sigmund Freud fasst dieses Muster der Überlassung an die Götter wie folgt zusammen:

> »Ein fortschreitender Verzicht auf konstitutionelle Triebe, deren Betätigung dem Ich primäre Lust gewähren könnte, scheint eine der Grundlagen der menschlichen Kulturentwicklungen zu sein. Ein Stück dieser Triebverdrängung wird von den Religionen geleistet, indem sie den einzelnen seine Trieblust der Gottheit zum Opfer bringen lassen. ›Die Rache ist mein‹, spricht der Herr. An der Entwicklung der alten Religionen glaubt man zu erkennen, daß vieles, worauf der Mensch als ›Frevel‹ verzichtet hatte, dem Gotte erlaubt war, so daß die Überlassung an die Gottheit der Weg war, auf welchem sich der Mensch von der Herrschaft böser, sozialschädlicher Triebe befreite. Es ist darum wohl kein Zufall, daß den alten Göttern alle menschlichen Eigenschaften – mit den aus ihnen folgenden Missetaten – in uneingeschränktem Maße zugeschrieben wurden, und kein Widerspruch, daß es doch nicht erlaubt war, die eigenen Frevel durch das göttliche Beispiel zu rechtfertigen.« (Freud [1907b]: 21)

Man könnte hier von »komplementärer Vergöttlichung« sprechen. So wie später dem Staat werden hier den Göttern bestimmte Gewalt-, Glücksspiel- oder Affektmonopole abgetreten.

Später jedoch scheinen die Menschen auch den Göttern nicht mehr erlauben zu wollen, was sie selbst sich mühsam versagen. Dann werden die Götter so weise, friedlich, gut – und eben alt –, wie es die Menschen selbst wenigstens perspektivisch anstreben oder wie sie es wenigstens von jener Instanz erhoffen, von der sie meinen, beurteilt zu werden. »Analoge Vergöttlichung« beseitigt die Komplementärfunktion der in Olymp oder Himmel angesiedelten Wesen und sorgt für eine strikte Ausrichtung von Göttern und Menschen an den selben Normen.

Dieser Unterschied zwischen der Methode komplementärer Vergöttlichung und jener der analogen Götter- und Menschen-Beschränkung lässt sich gegenwärtig an Verständnisschwierigkeiten zwischen islamischer und christlicher Kultur beobachten. Wenn zum Beispiel der Vater des Amokläufers von Orlando, Texas, erklärt, es sei die Sache Gottes und nicht der Menschen, die Homosexuellen zu bestrafen, so wird dies im christlich geprägten Westen als homosexuellenfeindliche Äußerung gelesen – und nicht als Suspendierung von menschlicher Feindseligkeit gegen Homosexuelle.[7] Diese Lesart ist typisch für eine Welt, in der nicht einmal mehr die Götter böse sein dürfen. Friedrich Nietzsche bezeichnet dies als die »widernatürliche Kastration eines Gottes zu einem Gotte bloß des Guten« (Nietzsche [1888]: 622).

Freilich waren die komplementär konzipierten Götter, die alle Narrheiten der Menschen auf sich zu nehmen hatten,[8] auch für die Bewohner der Antike keineswegs unproblematische Gesellen. Die älteren Kulturen unterschieden sich von der unseren nicht darin, dass sie Dinge als schlichtweg gut empfunden hätten, die uns abstoßend erscheinen. Vielmehr besaßen sie, wie Freud verdeutlicht hat, ein Bewusstsein von der Ambivalenz des Heiligen, wohingegen wir diese Ambivalenz entweder zu verleugnen oder zu liquidieren versuchen. Die Alten hingegen kannten Verfahren, um die Ambivalenz nach ihrer zuträglichen Seite hin zu realisieren. Das Feiern war – wie auch Freuds zitierte Bemerkung vom »Feiern des Triebes« verrät – dazu die entscheidende Kulturtechnik. Man muss das (ungute) Heilige heiligen, beziehungsweise feiern – dann erscheint es nicht als etwas Unreines, sondern – nach der anderen Seite seiner von Freud und Benveniste erkannten Doppelbedeutung[9] hin – als etwas Großartiges, Erhabenes, Sublimes. Im heutigen Alltagsleben sind von dieser Kulturtechnik noch Spuren beobachtbar, wenn auch ohne ausdrücklichen Bezug zum Heiligen oder zu Göttern: etwa, wenn Menschen sich gemeinsam und festlich eine ungewöhnlich üppige Mahlzeit (»eine richtige Schweine-rei«), eine »Bad Taste Party« oder auch ein sonst gemiedenes Stück Trivialkultur (wie z. B. in den von Susan Sontag beschriebenen Ver-fahren der »Camp«-Kultur) gönnen und sie dadurch in eine für sie sublime Erfahrung verwandeln.[10] Was die Götter betrifft, scheinen diese Techniken unserer Kultur schon früh abhandengekommen zu sein; ähnlich, wie es in den letzten Jahrzehnten auch mit den ambivalenten Genüssen geschieht. So erscheint uns vieles, was wir früher zu feiern vermochten, heute nur noch abstoßend; und unsere früheren Götter gerieten uns, wie Freud unter Bezug auf Heinrich Heine bemerkte, zu Dämonen.[11]

Begutachtung von oben und von unten

Für die Psychoanalyse ist diese Kulturentwicklung nicht nur des-halb von Interesse, weil sie ein verändertes Verhältnis zu den Af-fekten mit sich bringt. Die Götter waren ja nicht nur Vorbilder oder Nachbilder der Menschen, sondern auch Allegorien für Elemente der menschlichen Psyche – sie versinnbildlichten die dort unter-gebrachten Beobachtungs- und Beurteilungsinstanzen. Ob eine Kultur alte oder junge, trieblose oder triebhafte Götter hat, macht darum auch einen Unterschied in Bezug darauf, aus welcher Rich-tung die Menschen sich in ihrer Selbstbeurteilung beobachtet und bewertet fühlen.[12] Kulturen mit alten Göttern, die nach allen mora-lischen Kriterien über den Menschen zu stehen scheinen, fühlen sich von oben beobachtet. Freuds Begriff des »Über-Ich« scheint dieser spät in der Kulturgeschichte zur Vorherrschaft gelangten Be-obachtungsposition zu entsprechen. Angesichts der überlieferten jungen Götter aber muss die Psychoanalyse den Schluss ziehen, dass auch eine andere Beobachtung – eine Beobachtung von un-ten – möglich ist. Hierfür erscheint der Begriff »Unter-Ich« nahe-liegend. Im Unterschied zu Freuds Begriff des »Es«, der keinerlei beobachtende Funktion für diese Instanz ausweist, würde das »Un-ter-Ich« anerkennen, dass die Psyche auch nach dieser Seite hin nicht nur Triebansprüche, sondern auch normative Forderungen und Bewertungen zu bewältigen hat.[13]

Einsicht und Nachsicht

Die Tatsache, dass auch von inferioren Instanzen normative und nicht bloß faktische (z. B. triebhafte) Forderungen ausgehen, wird in unserer Kultur eigentümlich leicht übersehen. Dabei ist sie an vielen Formen des Verhaltens ablesbar. Gegenüber bestimmten, als naiver eingeschätzten Beobachtern gönnen Menschen sich manches nicht, was sie sich selbst sonst durchaus zugestehen würden. So rauchen manche zum Beispiel nicht in Gegenwart von Kindern; nicht nur, um sie nicht durch toxische Substanzen zu belasten, sondern auch, um ihnen kein schlechtes Vorbild zu sein. Andere geben sich selbst religiös oder schicken ihre Kinder wenigstens in religiöse Schulen, auch wenn sie selbst der Religion indifferent oder ablehnend gegenüberstehen. Auch erwachsene andere können in diese vermutete Beobachtungsposition geraten: Die Formel »Was sollen denn die Leute denken?« fasst vieles zusammen, was topisch nur als inferior verortete Anstandsforderung begriffen werden kann.[14] Nahezu sämtliche Rücksichten auf die Augen der anderen, auf Äußerlichkeiten wie elegantes oder zivilisiertes Auftreten, Höflichkeit, Chic etc. müssen – im Unterschied zu den stärker verinnerlichten Moralforderungen – als Forderungen vonseiten einer als unwissend, aber doch maßgebend empfundenen Instanz beschrieben werden, die eben nur Äußerlichkeiten wahrzunehmen imstande ist.[15] Hier zeigt sich ein signifikanter Unterschied: Die Forderungen, die von oben kommen, werden, wenn auch nicht immer als erfüllbar (im Sinn des Kant'schen »Du kannst, denn du sollst«), so doch durchwegs als sinnvoll empfunden. Sie sind sozusagen »ich-synton«. Die Forderungen hingegen, die von unten kommen, werden als »ich-dyston« empfunden. Sie laufen durchwegs auf die von Octave Mannoni beschriebene Ichspaltung im Verhalten hinaus, die sich in der Formel »ich weiß zwar, dennoch aber« zusammenfassen lässt.[16] Während der Versuch des Ich, diesen jeweiligen Forderungen zu entsprechen, nach der höheren Seite hin als Einsehen und Gehorchen bezeichnet werden kann, ist das normkonforme Verhalten nach der niederen Seite hin wohl ein Nachgeben und nachsichtiges Gewährenlassen. Im einen Fall blicken die Menschen zu etwas auf und verschaffen sich im Gehorsam Selbstachtung; im anderen lassen sie vielleicht kopfschüttelnd,

eventuell liebevoll lächelnd oder aber auch furchtsam etwas geschehen, für das ihnen selbst notwendigerweise jede Einsicht fehlt.[17]
Freuds Vergleich der nicht begründeten Verbote der »Tabu-Gesell-
schaften« mit Kants absolutem kategorischen Imperativ ist darum
irreführend.[18] Kants Imperativ ist ein Gebot einer gesetzgebenden
menschlichen Vernunft, mit der für jegliches vernünftige Wesen
Identifizierung möglich sein muss; die Verbote der Tabus hingegen
sind gerade deshalb nicht begründbar, weil sie nicht von oben, sondern von einem grundsätzlich ich-dystonen Unten her kommen.

Worüber sich liebevoll lächeln lässt

In seiner Studie über den Humor bemerkt Freud, dass die humoristische Einstellung durchaus auch gegenüber der eigenen Person
eingenommen werden kann (man könnte vielleicht sogar sagen,
dass sich erst daran überhaupt das Vorhandensein von Humor
zeigt); und dass dieses Vermögen eine Beziehung zwischen zwei
verschieden hoch angesiedelten Stufen der eigenen Psyche voraussetzt. Man müsste sagen, so Freud,

> »jemand behandle sich selbst wie ein Kind und spiele gleich-
> zeitig gegen dies Kind die Rolle des überlegenen Erwachse-
> nen.« (Freud [1927d]: 279)

Durch diesen Bezug auf eine als Kind betrachtete Instanz wird es
möglich, »die Interessen und Leiden, die diesem groß erscheinen,
in ihrer Nichtigkeit« zu erkennen und zu belächeln.[19] In der Folge unternimmt Freud den Versuch, diesen Blick innerhalb seiner
Topik als Blick des Über-Ich auf das Ich zu bestimmen. Immerhin
würde diese überraschende, liebevolle Haltung des Über-Ich seiner
»Abkunft von der Elterninstanz nicht widersprechen«.[20]

   Andererseits mutet dieser theoretische Schritt, wie Freud selbst
bemerkt, doch ein wenig paradox an. Denn: »Wir kennen das Über-
Ich sonst als einen gestrengen Herrn.«[21] Und dieser Herr ist noch
dazu zwar streng, aber alles andere als gerecht. Denn das Über-Ich
bestraft immer, egal, ob man ihm gehorcht oder nicht, und sogar
noch strenger, wenn man ihm gehorcht.[22] Und wenn einem unver-
schuldet Missgeschicke widerfahren, so zeigt dieser Herr keineswegs Mitleid, sondern verstärkt sogar noch seinen Druck. Dieses

doppelte, von Freud bemerkte Paradoxon zeigt, dass das Über-Ich seiner Natur nach ein gefährlicher Tyrann ist, der nur im günstigsten Fall dazu gebracht werden kann, das Ich nicht mit obszönen *double-binds* zu drangsalieren. Die Abkunft des Über-Ich von der Elterninstanz ist, auch nach Freuds eigener Einsicht, ebenfalls kein Beleg für dessen Fähigkeit zu liebevoller Nachsicht. Im Gegenteil, wie Freud feststellt: Je milder die Eltern waren, desto strenger wird das Über-Ich, denn sein Vorbild sind nicht die Eltern, sondern deren Über-Ich.[23]

Darüber hinaus bemerkt Freud, »daß das Über-Ich, wenn es die humoristische Einstellung herbeiführt, eigentlich die Realität abweist und einer Illusion dient«.[24] Andererseits aber hatte Freud gerade das Über-Ich als den Vertreter des Realitätsprinzips bestimmt.[25]

Möglicherweise lassen sich diese Unstimmigkeiten auflösen, indem man die humoristische Einstellung zwar wie Freud als einen Blick von oben nach unten, aber im Gegensatz zu Freud nicht als Blick des Über-Ich auf das Ich bestimmt. In seiner Topik, in der es keine andere Beobachtungsinstanz gab, hatte Freud nur einen einzigen Kandidaten für diesen Blick von oben, eben das Über-Ich.

Wenn wir aber, geschult am Bild der kindlichen Götter, davon ausgehen, dass es auch inferiore Beobachtungsinstanzen gibt, dann könnten wir einen anderen Typus eines Blicks von oben ins Auge fassen. Liebevoll nach unten blicken könnten wir demnach auch dann, wenn wir in ein Verhältnis zum Unter-Ich treten. Humorvoll gegen uns selbst wären wir dann, wenn wir uns selbst an die Stelle des Unter-Ich setzen beziehungsweise uns selbst so betrachten, wie wir es sonst mit den anderen Platzhaltern dieser Instanz zu tun pflegen. Und unsere Nachsicht gegenüber den Unzulänglichkeiten dieser inferioren Wesen, die auch wir selbst sein könnten, würde daher rühren, dass wir gelernt haben, auch Wesen, die wir als weniger einsichtig einschätzen als uns selbst, gefallen zu wollen. Menschen, die in ihren kulturellen Praktiken gewohnt sind, den Verpflichtungen durch niedrigere, ich-dystone Beobachtungsinstanzen nachzukommen, werden dadurch humorfähig. Und sie sind dadurch in der Lage, das »närrische« Verhalten anderer Leute nicht notwendigerweise als rücksichtsloses Verfolgen von Neigungen, als »Mikro-« oder »Makroaggression« und als finsteres, triebgesteuertes Genießen wahrnehmen zu müssen. Vielmehr können sie den anderen nun als jemanden begreifen, der selbst einer Verpflichtung – eben durch kindliche Götter – folgt. Das Glück des anderen wird damit als Versuch wahrnehmbar, einer sozialen Norm zu entsprechen – und darum kann es in der Folge als etwas solidarisch Teilbares empfunden und geteilt werden.

Wir können darum den Grundsatz formulieren: *Je kindlicher die Menschen ihre Götter konzipieren, desto erwachsener werden sie dadurch selbst* – humorvoller und gnädiger im Umgang mit den eigenen Leidenschaften wie auch denen der anderen. Der auch heute noch beobachtbare Umstand, dass sowohl mehr Humor als auch mehr Bereitschaft zur Nachsicht mit Kindern in jenen Kulturen besteht, in denen die Erinnerung an die kindlichen Götter sich deutlicher erhalten hat, scheint mit dieser Hypothese zusammenzustimmen.

Schluss

Das entscheidende politische Problem der nächsten Zukunft westlicher Gesellschaften wird die Frage sein, ob die Empörung und Verzweiflung der aufgrund neoliberaler Politik um elementare Lebensstandards gebrachten und zunehmend verarmenden Bevölkerungsgruppen einen Ausdruck finden kann – und zwar einen anderen als jenen, den rechtspopulistische Parteien ihr geben wollen. Dies wird auch eine Frage der Sprache sein – sowie der Behandlung von Menschen als Erwachsene und mündige Bürger.

Wenn es nicht gelingt, eine breite, fortschrittliche politische Bewegung der Linken zu bilden, wie sie in den Bewegungen von »Occupy Wall Street«, »los indignados«, »nuit debout«, »La France insoumise« (oder in manchen Programmen der daraus hervorgegangenen politischen Parteien beziehungsweise Kandidaten) jeweils zumindest in Ansätzen sichtbar zu werden schien, dann wird die populistische Rechte sich durchsetzen – weil sie die begründeten Interessen der immer weiter wachsenden verarmenden Mehrheiten, welche die etablierten Parteien lange Zeit verleugneten oder zu beschwichtigen versuchten und welche die Rechte fälschlicherweise zu vertreten verspricht, wohl zunehmend hinter sich bekommen wird. Oder aber es gelingt den neoliberalen Kräften, sich in dem von ihnen medial inszenierten politischen Kasperltheater gerade mit Hilfe des rechtspopulistischen »Krokodils« an der Macht zu halten. Dann werden sie die sich derzeit schon so massiv abzeichnende gesellschaftliche Produktion von Ungleichheit fröhlich weiter vorantreiben und zugunsten von Banken- und Konzerninteressen auch noch die letzten Reste demokratischer Souveränität beseitigen.

Sozialdemokratische und grüne Parteien haben in den letzten Jahren ihren Erfolg meist nur erreicht, wenn sie in ihrer Praxis das ökonomische Programm ihrer neokonservativen, neoliberalen Gegner verwirklichten. Um aber über diese Unterschiedslosigkeit hinwegzutäuschen, mussten sie kleine, vergleichsweise unbedeutende Fragen zu den zentralen Brennpunkten der Unterscheidung von ihren politischen Konkurrenten aufbauschen – wie zum Beispiel Fragen von »Diversity«, Homosexualität oder Transsexualität. So begrüßenswert es ist, wenn darauf geachtet wird, allen Minderheiten gleiche Rechte zu verschaffen, so infam wird dieses Engagement, wenn es dazu dient, von weitaus entscheidenderen Fragen abzulenken – entscheidender auch für diese Minderheiten selbst: Denn selbst wenn Fußgängerampeln in den liberalen, wohlhabenden Innenbezirken mancher Großstädte nun fröhlich mit Darstellungen homo- oder transsexueller Personen leuchten, so sind andererseits doch gerade die minoritären Gruppen oft am stärksten von den Kürzungen der Sozialbudgets, der steigenden Arbeitslosigkeit sowie den erhöhten sozialen Spannungen betroffen, welche durch die neoliberale ökonomische Politik solcher scheinbar kulturell progressiver Parteien notwendig verursacht werden.

Darüber hinaus aber ist die stets von oben kommende Propaganda für die »Anerkennung« oder »Inklusion« von immer neuen Benachteiligten ein äußerst wirksamer Versuch, jene Bereiche der Gesellschaft zu zerstören, in denen ohne Ansehen der Person gesprochen und gehandelt werden kann. Gerade unter dem Vorwand des Schutzes und der Einbeziehung von Minderheiten vernichtet scheinbar progressive, neoliberale Politik die Räume der Öffentlichkeit, des offenen Austausches von Argumenten und der Gleichheit. An den Universitäten, vor allem in den USA, ist dies in jüngster Zeit mit unfreiwilliger Komik geradezu karikaturhaft deutlich geworden.

Wenn Formen emanzipatorischen, »erwachsenen« Sprechens – gerade unter trügerischer Berufung auf die Emanzipation von Minderheiten und deren angebliche Empfindlichkeit – unterdrückt, diffamiert oder unverständlich gemacht werden, dann kehren sie bald nur noch in abstoßender, bewusst oder unbewusst abscheulich gestalteter Form wieder. Dies führt zu dem gegenwärtigen Zustand gleichsam »babylonischer Sprachentzweiung«: Teile der Eliten und die gehobenen Mittelschichten, die von der neoliberalen Politik entweder profitieren oder dies erhoffen, betreiben ein zunehmend verkrampfteres und elitäreres Saubersprechen; und alle anderen ergehen sich – vielleicht auch trotzig – in immer dumpferem und unflätigerem Gerülpse.

Man möchte sich hier an Bertolt Brecht erinnern fühlen, der (in

Anspielung auf Aristoteles) bemerkte, dass »der Kommunismus das Mittlere« ist. Eine Linke, die ihren Namen verdient, hat heute mehr denn je die Aufgabe, jenen mittleren Raum der Gesellschaft zu verteidigen und wiederherzustellen, der nicht nur der einer bestimmten, heute zunehmend im Verschwinden begriffenen Klasse, sondern potentiell der Raum für alle ist – und der darüber hinaus jenes Kraftzentrum der Gesellschaft bildet, in dem sie jene notwendige Gleichheit verhandeln und herstellen kann, ohne die es letztlich keine Demokratie gibt.

Indem die scheinbar um die Schwachen besorgte, aber gerade dabei doch immer nur die Stärksten bereichernde neoliberale Politik an die Schwäche und Empfindlichkeit der Bevölkerungen appelliert, zerstört sie die Selbstwahrnehmung der Menschen als mündige Bürgerinnen und Bürger; zugleich etabliert sie die Wahrnehmung des jeweils anderen ausschließlich als Bedrohung, Störenfried und »Dieb des Genießens«. Dem neoliberalen Interesse an der Privatisierung und verstärkten polizeilichen Überwachung des öffentlichen Raumes kommt dabei ein heimlicher, radikaler »Kulturpuritanismus« zu Hilfe. Verständnislos gegenüber allem, was die Individuen nicht als vollkommen ich-konform an sich selbst wahrnehmen können – wie Geschlecht, Begehren, Geselligkeit, zivilisiertes Rollenspiel, finsterere Genüsse, weiße Lügen, schwarze Wahrheiten, gespaltenes Sprechen, befreiendes Fluchen oder auch nur charmantes Scherzen und Glück im Allgemeinen –, hetzt dieser Puritanismus die Leute dazu auf, sich gegen alles, was im öffentlichen Raum mehr wäre als nichts, zu empören und dessen Liquidierung zu fordern. Wir beobachten eine radikale, gewaltsame »Entzauberung der Welt«: Alles, was das Leben lohnend macht; alle kleinen Freuden und Narrheiten; alles, was nur auch ein wenig Unterbrechung der Alltagsmechanismen und -ökonomien verspricht und den Menschen Gefühle der Souveränität und der Solidarität verschaffen könnte, soll beseitigt werden. Die Gesamtheit dieser oft kleinen, aber nicht unbeträchtlichen Dinge und Praktiken haben die Philosophen Georges Bataille und Michel Leiris als das »alltägliche Heilige« bezeichnet. Der neoliberale Kulturpuritanismus aber ruft zur umfassenden Liquidierung dieser Dinge und Praktiken auf. Er betreibt die Ersetzung »positiver Kulte« durch »negative«. Statt freudiger kleiner Handlungen des

Feierns sollen nur noch schmallippige Gesten der Enthaltung gelten: statt zu grüßen, lieber stumm bleiben; statt Nachkommenden
die Türe aufzuhalten, lieber sich blind stellen und unverbindlich
weitergehen; statt ein Kompliment zu machen, lieber schweigen;
statt parfümiert zu sein, lieber naturbelassen riechen; statt gesellig
eine Konversation einzuleiten, lieber stur und stumm vor sich hin
starren; statt gemeinsam ein Glas Wein zu trinken, lieber vereinzelt
abstinent bleiben.

Ein Beitrag der Philosophie zur Behebung dieses Elends könnte
darin bestehen, gegen die von der neoliberalen und kulturpuritani-
schen Propaganda geprägte Wahrnehmung des anderen eine
andere Möglichkeit der Wahrnehmung erkennbar und spürbar
werden zu lassen. Wenn wir zum Beispiel von den antiken Kulturen und ihren »kindlichen Göttern« etwas lernen können, dann
dies: dass wir fähig werden könnten, uns vielem Ichfremden gegenüber auch wohlwollender zu zeigen. Denn das, was – aus der
Sicht des Ich – von unten kommt, weil es weniger vernünftig und
weitblickend erscheint, muss nicht immer nur ein abzuwehrender,
asozialer Triebimpuls sein; es könnte vielmehr auch eine soziale
Verpflichtung sein – das Gebot einer zwar ein wenig kindlichen,
aber dennoch ihr Recht verdienenden, auf Geselligkeit zielenden
psychischen Beobachtungsinstanz.

Dies bedeutet in der Folge, jemanden, der »närrischen« oder
wenig angesehenen Handlungen nachgeht, nicht unbedingt als
Agenten finsteren Genießens empfinden und repressive Maßnahmen dagegen fordern zu müssen. Wenn wir den anderen nicht als
jemanden sehen, der nur seinen Neigungen nachgeht, sondern ihn
vielmehr als jemanden begreifen, der einer Pflicht folgt – und sei
es auch nur einer närrischen – dann werden wir seinem Tun wohlwollend gegenüberstehen. Dies wird es ermöglichen, einen öffentlichen Raum zu haben, der nicht nur aus isolierten, abstinenten und
polizeilich voneinander abgegrenzten Individuen besteht, sondern
einen, in dem die Individuen etwas voneinander haben können,
das sie allein nicht aufzubringen vermögen – einen öffentlichen
Raum der Erwachsenheit; das heißt: der Würde, der Großzügigkeit, der Bereitschaft zum Austausch und der Solidarität – und vor
allem: der politischen Selbstbestimmung.

Anmerkungen

1. Ewachsenensprache

1 Keine der hier folgenden Bemerkungen beansprucht besondere Originalität. Es geht mir nur um deren Gesamtbild sowie dessen Zusammenhang mit der Eingangsbeobachtung.

2 Siehe dazu Chossudovsky 2016; Glastra van Loon / Marijnissen 2016; Gowans 2016.

3 Siehe dazu http://www.sueddeutsche.de/politik/bundeswehr-in-schlechter-verfas sung-1.2762535 (Zugriff: 2017-03-27).

4 Siehe dazu http://www.free21.org/die-usa-wollen-staaten-die-im-chaos-versinken (Zugriff: 2017-03-17).

5 Zu dieser »postkolonialen« Strategie der Zonierung siehe Lea / Stenson (2007: 24): »… foreign multinationals concerned with oil, diamonds, timber make direct deals with various warlords who, for example, protect and secure exports in return for funding which enables them to sustain their regimes and ›criminal activities‹; vgl. Woodiwiss 2005; Badiou 2016; Mbembe 2017: 19 f.

6 Siehe dazu http://www.povertyusa.org/the-state-of-poverty/poverty-facts/; vgl. auch http://www.usnews.com/news/articles/2016-07-06/the-new-faces-of-us-poverty. Sinkende, wenngleich ebenfalls alarmierende Zahlen präsentiert http://www.world hunger.org/hunger-in-america-2015-united-states-hunger-and-poverty-facts/. Vgl. dazu auch die Fallbeschreibungen in http://www.humanosphere.org/ba sics/2015/10/poverty-in-the-u-s-its-is-worse-than-youre-led-to-believe/ (alle Quellen: Zugriff: 2016-12-26).

7 Siehe dazu https://en.wikipedia.org/wiki/Comparison_of_United_States_incarcera tion_rate_with_other_countries; vgl. https://www.washingtonpost.com/news/fact-checker/wp/2015/07/07/yes-u-s-locks-people-up-at-a-higher-rate-than-any-other-country/?utm_term=.56d0a76b810d; nach http://news.bbc.co.uk/2/shared/spl/hi/uk/06/prisons/html/nn2page1.stm sind es sogar 724 pro 100 000 (alle Quellen: Zugriff: 2016-12-26).

8 Obama, Barack: The President's Role in Advancing Criminal Justice Reform, in: 130 Harvard Law Review 811, 5.1.2017, siehe: http://harvardlawreview.org/2017/01/ the-presidents-role-in-advancing-criminal-justice-reform/ (Zugriff: 2017-01-14; meine Übersetzung, R. P.).

9 Siehe dazu Hoffmann: »Hentoff führt die Argumentation eines schwarzen Studenten an, der die Meinung, Schwarze seien so hilflos, daß sie vor [sprachlichen] Rassismen beschützt werden müßten, herablassender als die Schmähung Nigger empfände: ›He's been familiar with that kind of speech all his life, and he had never felt the need to run away from it. He'd handled it before and could again.‹« (Hoffmann 1996: 66; vgl. Hentoff 1992: 219)

10 Siehe dazu http://www.spiegel.de/wirtschaft/soziales/armut-in-deutschland-das-risiko-steigt-wieder-obwohl-die-wirtschaft-laeuft-a-1112646.html; http://www.spie gel.de/wirtschaft/soziales/kinderarmut-in-deutschland-hier-wohnen-deutsch lands-arme-kinder-a-1071196.html (Zugriffe: 2016-12-26).

11 Siehe dazu Piketty 2014: 11.
12 Siehe dazu https://psmag.com/the-imf-confirms-that-trickle-down-economics-is-indeed-a-joke-207d7ca469b«.uemmyxco1 (Zugriff: 2017-03-17).
13 Siehe dazu z. B. http://blog.arbeit-wirtschaft.at/eliten-und-ungleichheit/; vgl. Therborn 2013; Becker 2014; Piketty 2014; Wilkinson / Pickett 2016; Milanović 2017; Stiglitz 2017.
14 Siehe dazu Misik 2017; vgl. https://makroskop.eu/2017/02/wachstum-durch-frei handel-ein-mythos (Zugriff: 2017-03-17).
15 Siehe http://www.spiegel.de/wirtschaft/soziales/oxfam-8-milliardaere-sind-reicher-als-3-6-milliarden-menschen-a-1129932.html (Zugriff: 2017-01-30).
16 Fraser 2017; vgl. dazu auch Mark Lillas Begriff des »Identity Liberalism« (Lilla 2016).
17 Siehe dazu z. B. http://www.slate.com/articles/double_x/doublex/2016/12/_2016_ was_the_year_the_feminist_bubble_burst.html (Zugriff: 2016-12-29).
18 Diese Entwicklung lässt sich in vielen Feldern beobachten. Sehr fein bemerkt dies z. B. Insa Härtel in Bezug auf die Frage von Autorschaft in der Literatur: Gerade in dem Moment, als auch Frauen und Angehörige marginaler Gruppen in größerer Zahl Zugang zu dieser Position zu gewinnen schienen, setzte die postmoderne Literatur mit der Kritik am Begriff des Autors ein und blies die Fanfaren zu seiner Abschaffung oder zur Feststellung seines »Todes« (siehe Härtel 2009: 11).
19 Zu diesem Begriff siehe Pfaller 2008: 32.
20 Siehe dazu Rorty 1999; vgl. Lau 2000: 149 ff.; Fraser / Honneth 2003; Michaels 2006. Zu dieser Veränderung innerhalb der feministischen Theorie und Politik siehe die ausgezeichnete Darstellung bei Elisabeth Badinter (Badinter 2004).
21 Vgl. dazu Marx / Engels: »Wenn das Proletariat im Kampfe gegen die Bourgeoisie sich notwendig zur Klasse vereint, durch eine Revolution sich zur herrschenden Klasse macht und als herrschende Klasse gewaltsam die alten Produktionsverhältnisse aufhebt, so hebt es mit diesen Produktionsverhältnissen die Existenzbedingungen des Klassengegensatzes, die Klassen überhaupt, und damit seine eigene Herrschaft als Klasse auf. An die Stelle der alten bürgerlichen Gesellschaft mit ihren Klassen und Klassengegensätzen tritt eine Assoziation, worin die freie Entwicklung eines jeden die Bedingung für freie Entwicklung aller ist.« (Marx / Engels [1848]: 482) Zur republikanischen Forderung der Identität von Menschen- und Bürgerrechten siehe Milner 2017.
22 Siehe dazu Žižek: »British colonialism did many horrible things in India, but the worst among them was resuscitating the oppressive Hindu tradition of caste. Before British colonisation, the caste tradition was already disintegrating because of the influence of Islam. But British colonisers understood very quickly that the way to rule Indians was not to make them like us or to bring to them our modernity. No, a much better way to rule them was to resuscitate their own traditional, patriarchal, authoritarian structures. Colonialists did not want to create modernisers« (Žižek 2016a). Vgl. dazu Cannadine 2002.
23 Siehe dazu Marx / Engels [1848]: 366; Marx [1859]: 128. Zu dem gegen die Aufklärung des 18. Jahrhunderts in der Postmoderne gern erhobenen Vorwurf des Eurozentrismus betont Susan Neiman sehr richtig, dass gerade die Aufklärung die erste moderne Bewegung war, die Eurozentrismus und Rassismus bekämpfte. Sie erinnert an Kants Anerkennung für die Abwehr Chinas und Japans gegen die Europäer (siehe Kant [1795]: 215 f.) und bemerkt: »Wer China und Japan lobt, weil sie die raubgierigen Europäer von ihren Ländern fernhielten, dem kann kaum der Vorwurf gemacht werden, er wolle dem Rest der Welt blindlings westliche Lebens- und Denkweisen aufzwingen.« (Neiman 2014: 52)

24 Diese »Ethik des als ob« bildet deshalb, wie der Philosoph Alain erkannte, auch ein Ensemble von Glückstechniken, die seit der antiken Polis bekannt waren. Der öffentliche Raum, als Anreiz und Forum für diese schauspielerischen Leistungen, fungierte mithin sozusagen als Glücksmedium (siehe dazu Alain 1982). Die seit den neoliberalen Privatisierungen betriebene Zerstörung öffentlichen Raumes kann insofern auch als eine direkte Ursache für Neigung zu Klage und Beschwerde begriffen werden, welche die Postmoderne charakterisiert (siehe dazu Hughes 1994).

25 An anderer Stelle kommen Dusini und Edlinger dem wirklichen Zusammenhang sehr viel näher, wenn sie zum Beispiel schreiben: »Offenbar will man heute auch von staatlicher Seite jeden Anlass vermeiden, aufgrund dessen sich jemand beleidigt fühlen könnte, *auch wenn oder gerade weil* auf juridischer Ebene zugleich etwa Rassismus in Form verschärfter Asylgesetze insitutionalisiert bleibt.« (Dusini / Edlinger 2012: 37; meine Hervorhebung, R. P.) Es handelt sich hier und in vielen analogen Fällen nicht um ein »auch wenn«, sondern eben um ein »gerade weil«. Vgl. dazu Therborn 2013: 137 ff.; Milanović 2016: 238.

26 Ein anderes Beispiel aus der Beobachtung einer Bekannten zeigt ebenfalls in diese Richtung: In Südafrika sind HIV-infizierte Injektionsnadeln eine begehrte Ware auf dem Schwarzmarkt. Denn da nur HIV-Infizierte bestimmte staatliche *benefits* bewilligt bekommen, versuchen immer mehr Leute, sich mit Hilfe dieser Nadeln zu infizieren. (Ich bin Dora Stockreiter, Wien, dankbar für diese Beobachtung und ihre Mitteilung.)

27 Zur historischen Veränderung des Opferbegriffs von »Opfer bringen« zu »Opfer sein« nach 1945 sowie der Sehnsucht, Opfer zu sein, und dem entsprechenden Wettbewerb darum siehe Kohner-Kahler 2009.

28 Dies hat Cora Stephan bereits in den 1990er Jahren scharfsichtig bemerkt: »Die angeblich alle Frauen umfassende Frauenbewegung hat […] nur ihren eigenen Funktionärinnen nennenswert genützt […]; die Institution der Frauenbeauftragten hat die Frauenberufe um einen vermehrt.« (zitiert nach http://www.zeit.de/1998/08/frauen.txt.19980212.xml/seite-6 [Zugriff: 2016-12-30])

29 Vgl. dazu Lilla 2016: »When young people arrive at college they are encouraged to keep this focus on themselves by student groups, faculty members and also administrators whose full-time job is to deal with – and heighten the significance of – ›diversity issues‹.«

30 Siehe dazu http://www.washingtontimes.com/news/2016/jan/6/whoopi-goldberg-stop-calling-me-african-american/; http://www.mediaite.com/online/whoopi-goldberg-issues-a-ruling-on-what-to-call-black-people/; https://www.youtube.com/watch?v=FRnTovm26I4 (Zugriffe: 2017-01-01).

31 Siehe Lacan 1966: 515.

32 Siehe dazu Dusini / Edlinger 2012: 9 f.

33 Bemerkenswert hier eine Bemerkung Arthur Schopenhauers: »So wollen die Juden *Israeliten*, die Schneider *Kleidermacher* heißen, und kürzlich wurde vorgeschlagen, daß, weil das Wort *Litterat* in Mißkredit gerathen sei, diese Herren sich statt dessen *Schriftverfaßer* nennen sollten. Aber wenn eine an sich unverfängliche Benennung diskreditabel wird; so liegt es nicht an der Benennung, sondern am Benannten, und da wird die neue bald das Schicksal der alten haben.« (Schopenhauer 2009: 97) Freilich muss, um Missverständnisse zu vermeiden, klargestellt werden, dass hier unter dem »Benannten« wie in der Linguistik Ferdinand de Saussures das *Signifikat* zu verstehen ist – und nicht etwa der *Gegenstand*. Nicht die benannten Menschen sind schuld am Kreditverlust ihrer Bezeichnungen, sondern die anonyme Meinung über sie, welche das Bezeichnete dieser Bezeichnungen bildet.

34 Siehe dazu Dinsmore 2016: »Earlier this month, Oxford was in the headlines again

when it was claimed that students had been told not to utter ›he‹ or ›she‹ when referring to their peers and to opt for the gender-neutral ›ze‹. The Oxford University Students' Union denied that ›ze‹ was now mandatory, but only because doing so would offend trans students who wanted to be referred to as ›he‹ or ›she‹. The union nevertheless encourages all students, academics and speakers to state their pronouns in class and on campus. Just picture a professor with a beard having to say: ›Hello, I am male.‹«

35 Siehe https://is.muni.cz/el/1421/jaro2016/ETMB81/um/jakoubek_dizertace_Konec_mytu.pdf (Zugriff: 2017-03-16). Ich bin Tereza Kuldova, Oslo / Wien, dankbar für diesen Hinweis sowie für viele weitere zu diesem Kapitel.

36 Zum einen handelt es sich um eine gebrochene Metapher, da es im Sprechen eben nichts Sichtbares gibt. Andererseits ist es ein schwerwiegender Irrtum postmoderner Politiken, Sichtbarkeit für ein emanzipatorisches Ideal zu halten. In der Gesellschaftsordnung des Nationalsozialismus waren die ethnischen, religiösen oder sexuellen Minderheiten wohl am meisten »sichtbar« (dank entsprechender Zwangsabzeichen) – aber eben auch am meisten diskriminiert.

37 Siehe dazu Dusini / Edlinger 2012: 50; vgl. dazu die Äußerung der österreichischen Ministerin Gabriele Heinisch-Hosek: »Sprache schafft Wirklichkeit. Weibliche Formen unerwähnt zu lassen und Frauen damit auszublenden, das wäre ein völlig falsches Zeichen.« Zit. nach http://derstandard.at/2000003059367/Neuer-Kampf-um-eine-gendergerechte-Sprache (Zugriff: 2017-01-08).

38 Siehe Kant ([1798]: 444): »Höflichkeit (Politesse) ist ein Schein der Herablassung, der Liebe einflößt. Die Verbeugungen (Komplimente) und die ganze höfische Galanterie, samt den heißesten Freundschaftsversicherungen mit Worten, sind zwar nicht eben immer Wahrheit [...], aber sie betrügen darum doch auch nicht, weil ein jeder weiß, wofür er sie nehmen soll, und dann vornehmlich darum, weil diese anfänglich leeren Zeichen des Wohlwollens und der Achtung nach und nach zu wirklichen Gesinnungen dieser Art hinleiten.«

39 Siehe dazu Lévi-Strauss 1978; vgl. Lacan 1991: 36; 65.

40 Zum Begriff des »naiven Beobachters« siehe Pfaller 2002, Kapitel 9. Vgl. auch das Kapitel »Das Unter-Ich« in diesem Band.

41 Siehe dazu https://www.timeshighereducation.com/features/why-audit-culture-made-me-quit; http://www.truth-out.org/news/item/23156-henry-a-giroux-neoliberalism-democracy-and-the-university-as-a-public-sphere (Zugriffe: 2017-03-16); vgl. Giroux 2014; Power 1994 und 1997; Schwarz 2006; Strathern 2000.

42 Siehe dazu de Libera 2005.

43 Vgl. dazu Dusini / Edlinger 2012: 49 f.

44 Der Psychoanalytiker Avi Rybnicki hat einmal ein anschauliches Beispiel dafür gegeben, wie sich bei einem Kind die Entstehung eines Über-Ich bemerkbar macht. Solange noch keines vorhanden ist, sagt das Kind: »Ich darf das nicht.« Ist das Über-Ich da, sagt das Kind: »Ich tue das nicht.« (Avi Rybnicki, persönliche Mitteilung.)

45 https://www.theguardian.com/business/2013/jun/05/imf-underestimated-damage-austerity-would-do-to-greece (Zugriff: 2016-12-31).

46 Siehe dazu Guérot 2016 und 2016a.

47 http://eur-lex.europa.eu/legal-content/DE/TXT/PDF/?uri=OJ:C:2010:083:FULL&from=DE (Zugriff: 2016-12-31).

48 Siehe dazu Michael Hartmann: »Die Folgen für die politische Partizipation der Bevölkerung sind unübersehbar. Das untere Drittel der Bevölkerung verabschiedet sich zunehmend aus dem politischen Willensbildungsprozess. Bei den letzten Bundestagswahlen lagen die Prozentsätze der Wahlbeteiligung für die unterschiedlichen Teile der Bevölkerung weiter auseinander als je zuvor. Betrug die Differenz zwischen

den Wahlbezirken in den 1990er Jahren nur um die zehn Prozentpunkte, liegt sie jetzt um die 30 Prozentpunkte. […] In den USA lässt sich dieses Verhalten schon länger beobachten. Die oberen zehn Prozent der Bevölkerung gehen bei den Präsidentschafts- und Kongresswahlen zu vier Fünfteln wählen, das oberste Prozent sogar fast ohne Ausnahme, das untere Viertel dagegen gerade einmal zu einem Drittel.« Vgl. Therborn 2013; Milanović 2016. http://blog.arbeit-wirtschaft.at/eliten-und-ungleichheit/ (Zugriff: 2016-12-31).

49 Dies hat Nancy Fraser sehr treffend erkannt. Sie schreibt:»Darüber hinaus herrschte in den USA während all der Jahre, in denen die Industrieproduktion einbrach, ein dröhnender Dauerdiskurs über ›Vielfalt‹, ›Frauen-Empowerment‹ und ›den Kampf gegen Diskriminierung‹. Fortschritt wurde zunehmend mit fortschreitender Gleichheit identifiziert. Zum Maßstab der Emanzipation avancierte dadurch der Aufstieg von ›talentierten‹ Frauen, Minderheiten, Schwulen und Lesben in der kommerziellen *Winner-take-all*-Hierarchie – und nicht mehr deren Abschaffung.« (Fraser 2017); vgl. dazu auch die Kritik von Adolph Reed, der illusionslos feststellt:»Identity politics is neoliberalism«, und erklärt:»… within that moral economy a society in which 1 % of the population controlled 90 % of the resources could be just, provided that roughly 12 % of the 1 % were black, 12 % were Latino, 50 % were women, and whatever the appropriate proportions were LGBT people.« (Reed 2015)

50 Siehe dazu z. B. die Diskussion zu den Schlussfolgerungen aus Didier Eribons Buch »Rückkehr nach Reims« (Eribon 2016): https://www.taz.de/Kolumne-Bestellen-und-Versenden/!5343590/ (Zugriff: 2017-02-24).

51 Gerade die marginalen Gruppen werden durch die Politik der Ungleichheit weitaus massiver geschädigt, als es die Diversitätspolitik an ihnen jemals wiedergutmachen kann. Dies haben Winlow, Hall und Treadwell richtig erkannt (Winlow / Hall / Treadwell 2017: 142); vgl. auch Michaels 2006: 11 f.; Milanović 2017: 239 f.

52 Siehe dazu Ganser 2016.

53 Siehe dazu Cannadine 2002. Vgl. Mbembe 2017: 43.

54 Siehe dazu Dusini / Edlinger 2012: 69.

55 Zur diesbezüglichen Debatte siehe zum Beispiel Philosophie Magazin Nr. 02/2017. Es ist kein unbeträchtliches Verdienst des Buches von Achille Mbembe, durch seinen Titel »Critique de la raison nègre« diese Diskussion vollends aporetisch und in ihrer Absurdität kenntlich gemacht zu haben. Wenn man Pippi Langstrumpf verbessern möchte – wird man das dann ebenso mit Mbembe wagen (Mbembe 2017)?

56 Siehe dazu Abiola 2016.

57 Der Begriff des »Rassismus ohne Rassen« wurde von Étienne Balibar geprägt, siehe https://legrandsoir.info/un-racisme-sans-races.html (Zugriff: 2017-01-02).

58 So bemerken Campbell und Manning:»The socially down and out are so inferior to third parties that they are unlikely to campaign for their support, just as they are unlikely to receive it.« (Campbell / Manning 2014: 701)

59 Siehe Diederichsen 1995; vgl. Dusini / Edlinger 2012: 68.

60 Die starke Resonanz, die Didier Eribons Autobiographie erfahren hat, besitzt einen Grund in der Aktualität der Frage, die er sich stellt: Ob er nicht zugunsten seiner homosexuellen Identität seine Klassenidentität verraten habe (siehe Eribon 2016: 219). Dies ist nicht nur eine individuelle Frage; man kann sie auch ganzen Parteien stellen. In noch größerem Maßstab lautet dieselbe Frage, ob die Postmoderne nicht einen Verrat an der Moderne darstellt.

61 Chantal Mouffe erläutert diesen Prozess am Beispiel Österreichs wie folgt: Wenn zwei große Parteien einander immer ähnlicher werden und in die politische Mitte rücken, etwa durch Bildung einer sogenannten »großen Koalition« wie in Österreich

von 1987 bis 1999, dann führe dies zum Erstarken einer rechtspopulistischen Op-
positionspartei wie der FPÖ (siehe Mouffe 2007: 87: »Die Rechtsparteien hatten immer dann Zulauf, wenn zwischen den traditionellen demokratischen Parteien keine
deutlichen Unterschiede mehr erkennbar waren.«). Mouffe übersieht allerdings
die zusätzliche Bedingung, die »Überdeterminierung«, die hier am Werk ist. Denn
große Regierungskoalitionen gab es in Österreich auch von 1949 bis 1966, ohne dass
dies zu einem vergleichbaren Effekt geführt hätte. Der Unterschied besteht darin,
dass die großen Koalitionen der Nachkriegszeit in Wiederaufbau und Schaffung
von Wohlstand ein großes deklariertes Ziel und Glücksversprechen vorzuweisen
hatten; dies war bei den neoliberal agierenden Koalitionsregierungen der 1980er
und 1990er Jahre nicht mehr der Fall. Dieses Beispiel lässt sich verallgemeinern;
und es zeigt, dass »Hegemonie«, gesellschaftlicher Zusammenhalt und Integrations-
kraft nicht, wie Mouffe, Laclau und ihre Epigonen immer wieder betonen, von der
Existenz eines »konstitutiven Außen« abhängig sind, sondern vielmehr von der Triangulierung durch eine Fortschrittsperspektive. Dasselbe zeigt sich übrigens bei der
Integration von sogenannten »Gastarbeitern«: Bis in die 1990er Jahre tendierten die
Gastarbeiter in Österreich, wo Arbeitskräfte gesucht waren, zur Assimilation, da sie
Hoffnung hatten, ihre Kinder würden es einmal besser haben. Seit diese Hoffnung
durch steigende Arbeitslosigkeit und strukturelle Verarmung der unteren Gesellschaftsklassen erloschen ist, tendieren dieselben Gruppen zur Besinnung auf die eigenen ethnischen und religiösen Wurzeln; und zwar in einem Ausmaß, das über die
entsprechende frühere »Verwurzelung« sogar noch hinausgeht: Die Angehörigen
der zweiten oder dritten Generation sind nun »ethnischer« und »religiöser«, als es
ihre Eltern und Großeltern jemals waren – ein Phänomen, das in der Anthropologie
unter dem Begriff »Pizza-Effekt« bekannt ist (siehe dazu Sedgwick 2007). Man kann
es auch als Effekt »negativer Hegemonie« begreifen.

62 Siehe dazu auch das Kapitel »Enttäuschende Enttäuschte« über die Wahl von Do-
    nald Trump in diesem Band.

63 So meint zum Beispiel die Germanistin Susanne Hochreiter zum Ärger über gegen-
    derte Sprache: »Wenn man sich anschaut, wer sich am meisten darüber erbost, sind
    es nicht gerade Menschen, die soziale Ungleichheiten bekämpfen möchten« (sie-
    he: http://derstandard.at/2000051773350/Auf-der-Suche-nach-einer-Sprache-die-
    nicht-diskriminiert, Zugriff: 2017-02-22). Genau dieser Auffassung soll hier wider-
    sprochen werden: Der Ärger ist berechtigt, und er kommt nicht zuletzt von den
    Leuten, die an Gleichheit das stärkste Interesse haben. Sie sind zornig, eben weil die
    symbolische Pseudopolitik nichts in dieser Richtung leistet.

64 In dieser Fehlzuschreibung von PC zur Linken sind sich Befürworter wie Diede-
    richsen und rechte Kritiker bezeichnenderweise einig (siehe zu diesem Umstand
    Dusini / Edlinger 2012: 67–69).

65 Siehe dazu Žižek: http://www.stevesanterre.com/slavoj-zizek-political-correctness-
    actually-elected-donald-trump/ (Zugriff: 2017-02-24); Žižek 2017; Fraser 2017.

66 Marx [1841]: 371.

67 Gut begründeten Zweifel an dieser Annahme meldet die österreichische Schriftstel-
    lerin Karin Fleischanderl in einem schönen Essay an: »Und warum werde ich gerade
    dort, wo ich meine Geschlechtsidentität für meine Verhältnisse am weitesten zu-
    rückgelassen habe, nämlich im universitären / akademischen Bereich, am heftigsten
    daran erinnert, eine Frau zu sein?« (Fleischanderl 2012)

68 Zu dieser Auffassung siehe zum Beispiel diese Passage aus einer (nicht signierten)
    Kolumne der taz: »Wenn man sich mit dem Erfolg der Rechten auseinandersetzen
    will, muss man deshalb die AfD-Wähler zuallererst ernst nehmen als das, was
    sie sind: Leute, die ein Problem mit der modernen, offenen Gesellschaft haben«.

https://www.taz.de/Kolumne-Bestellen-und-Versenden/!5343590/ (Zugriff: 2017-04-03).

69 Doch selbst in diesen Problemzonen stimmt diese Annahme kaum. Siehe dazu die oft äußerst differenzierten und keineswegs bloß xenophoben Äußerungen von Betroffenen, die Winlow, Hall und Treadwell aufgezeichnet haben (siehe Winlow / Hall / Treadwell 2017: 91–99).

70 Siehe dazu http://derstandard.at/3258956/Kopf-des-Tages-Jose-Luis-Zapatero; http://www.faz.net/aktuell/krise-in-spanien-was-zapatero-hinterlaesst-1642795.html (Zugriffe: 2017-03-04); vgl. dazu De Paz Nieves / Moreno Rodriguez 2010: 7.

71 Hierin besteht meines Erachtens die Antwort auf die sehr treffende Frage von Winlow, Hall und Treadwell: »why has so much emphasis been placed on tolerating diversity and the creation of a just cultural order when so little emphasis has been placed on the creation of the just economic order we need to accommodate it?« (Winlow / Hall / Treadwell 2017: 142) Vgl. dazu auch Michéa 2014: 109.

72 Der »Querfront«-Vorwurf unterstellt nicht nur eine Interessensgemeinschaft von radikaler Linker und faschistischer Rechter, sondern auch dass dies unter der Hegemonie der Rechten geschehe; dass die Linken durch solche Engagements zu Helfershelfern der Rechten würden. Siehe dazu z. B. http://www.spiegel.de/politik/deutschland/querfront-debatte-war-hitler-links-augstein-kolumne-a-1068892.html; https://www.heise.de/tp/features/Daniele-Ganser-und-die-Querfront-3265822.html; http://www.nachdenkseiten.de/?p=33793 (Zugriffe: 2017-01-02).

73 So schreibt Emily Dinsmore in »Spiked« an die Britischen Studierenden: »In 2016, the cultural-appropriation meltdown went mainstream. At the University of Cambridge it seems students aren't even trusted to attend a fancy-dress party. An ›Around the World in 80 Days‹ themed party at Pembroke College was cancelled by the Junior Parlour Committee over fears that ›racist‹ costumes would offend students. You've reached peak authoritarianism when you're policing fancy dress.« (Dinsmore 2016)

74 Siehe Oehmke 2016; Campbell / Manning 2014: 694.

75 Zu den sozialen und kommunikationstechnischen Voraussetzungen der Selbstviktimisierung – das Vorhandensein einer dritten, eingreifenden Macht sowie den Zugang zu einer hysterisierbaren Medienöffentlichkeit – siehe Campbell / Manning 2016: 718.

76 Siehe dazu Patten 2016; Furedi 2016.

77 Siehe dazu Lukianoff / Haidt 2015; Campbell / Manning 2016: 716 f; Furedi 2016: 43; 146 ff. Man braucht übrigens nur an Alfred Hitchcocks Film »Marnie« zu denken, um sich klarzumachen, wie undurchführbar solche Forderungen letztlich sind: Traumatisierungen können ja auch durch Begleiterscheinungen des traumatischen Erlebnisses, wie zum Beispiel die Farbe Rot, wieder wachgerufen werden.

78 Ich bin Ernst Strouhal, Wien, dankbar für diese Überlegung und das dazugehörige Gespräch. Vgl. dazu Furedi 2016: 46.

79 Siehe dazu http://www.politik-lexikon.at/inklusion-exklusion/; vgl. dazu Farzin 2006; Kronauer 2013.

80 Siehe dazu Luhmann 1989: 160; vgl. Hillebrandt 1999.

81 Zu einer aktuellen Bestimmung der Prinzipien einer »offenen Gesellschaft« siehe Welzer 2017.

82 Ein schönes Beispiel zu diesem Unterschied hat Karl Marx, unter Verweis auf Gustave de Beaumont, geliefert: Wie er beobachtete, ist Religionsfreiheit in den USA lediglich »inklusiv« gefasst: Man kann »frei« wählen, welcher Religionsgemeinschaft man sich anschließen möchte. Sie ist aber nicht offen konzipiert: Es ist schwierig, gar keiner Religionsgemeinschaft anzugehören (siehe Marx [1843]: 351–3). Auch

in den europäischen Gesellschaften zeichnen sich seit der Postmoderne ähnliche Tendenzen der Schließung ab: Zu bestimmten ethischen Fragen werden bevorzugt Vertreter von großen, anerkannten Religionsgesellschaften befragt, eingeladen und angehört; nicht aber die – meist ohne Gruppenvertreter lebenden – Konfessionslosen. (Zum Unterschied zwischen gemeinschaftlich gefassten, dörflichen, »inklusiven« und gesellschaftlich gefassten, offenen, urbanen Konzeptionen von Solidarität siehe auch Pfaller 2017.)

83 Die in den USA gesetzlich verankerte Forderung, alles müsse immer auch Behinderten im gleichen Maß zugänglich sein, hat vor kurzem zur Beseitigung öffentlich zugänglich gemachten Materials der Universität Berkeley geführt; siehe https://www.insidehighered.com/news/2017/03/06/u-california-berkeley-delete-publicly-available-educational-content (Zugriff: 2017-05-12). Wenn der Staat hier nicht seine Verantwortung als Förderer wahrnimmt und für die Kosten solcher Zugänge einsteht, sondern sich lediglich in die Rolle des Kontrolleurs begibt, können solche vermeintlich fortschrittlichen Gesetze ein wirksames Instrument der Zensur sein. Um dies zu verhindern, sollte man die schöne Brecht'sche Regel »Keiner oder alle, alles oder nichts« in solchen Fällen wohl konsequent und mithin »verdoppelt« handhaben: Solange diese Regel noch nicht überall und für alles gilt, darf sie auch in keinem einzelnen Fall angewendet werden.

84 Siehe http://www.reuters.com/article/us-soccer-fifa-ethics-idUSKBN1860OS (Zugriff: 2017-05-11).

85 Hellsichtig in diesem Punkt Welzer, der bemerkt: »… heute lässt man Schulen und Lehrkörper verwahrlosen und nennt die Sparmaßnahmen ›Inklusion‹.« (Welzer 2017: 83)

86 Zitiert nach http://www.chicagotribune.com/news/local/breaking/ct-university-of-chicago-safe-spaces-letter-met-20160825-story.html (Zugriff: 2017-01-03); vgl. dazu Patten 2016.

87 Siehe Campbell / Manning 2014: 713.

88 Siehe Furedi 2016: 16; vgl. Unbedingte Universitäten (Hg.) 2010.

89 Siehe dazu http://www.zeit.de/2015/21/columbia-university-sexueller-missbrauch-prozess/komplettansicht (Zugriff: 2017-01-04).

90 Diese vermeintlich »radikale« Position stellt freilich zugleich eine extreme Verharmlosung wirklicher Vergewaltigungsverbrechen dar. Zur feministischen Kritik dieser Position siehe Badinter 2004: 23–40.

91 Siehe Mouffe 2007: 12; vgl. Stephan 2017. So treffend und berechtigt die Position von Mouffe in dieser Frage ist, möchte ich doch wenigstens kurz die entscheidenden Differenzen benennen, die meine Position von der Mouffes (sowie der Autoren, die man zur Laclau / Mouffe-Schule rechnen kann) trennen. Erstens lokalisiert Mouffe die Identität einer Gesellschaft in ihrem Imaginären (in der Vorstellung eines »Wir / Sie«, siehe Mouffe 2007: 12). Damit aber gehört auch der »Antagonismus«, den Mouffe zur Bedingung von Identität (bzw. zum Grund für die Unmöglichkeit einer »beruhigten«, endgültigen Identität einer Gesellschaft) erklärt, zum Imaginären, worin eine Gesellschaft sich ihr Außen vorstellt. Der Begriff ist damit verbraucht und nicht mehr geeignet, den höchst realen Antagonismus innerhalb einer Gesellschaft zu bezeichnen, der entweder zur Spaltung von Klassen oder aber zu deren Aufhebung führen kann (siehe dazu Althusser 1973: 48 f.). Bei Mouffe hingegen dient der »Antagonismus« lediglich dazu, mit Hilfe eines vorgestellten Außen verschiedene Lebensstile im Inneren der Gesellschaft miteinander ins Einvernehmen zu setzen. In demselben Maß, in dem Mouffe also den Antagonismus »ontologisiert« (siehe Mouffe 2007: 15), verharmlost und enthistorisiert sie ihn also auch. Zweitens ist Mouffe ungenau bei der Bestimmung des »relationalen Charakters« von

Identität (siehe Mouffe 2007: 23). Ob ein Element wie das sprachliche Zeichen nach Auffassung de Saussures seinen Wert von allen anderen Zeichen erhält, ist eine ganz andere Frage als die, ob etwas, um seine Identität auszubilden, ein »konstitutives Außen« (Mouffe 2007: 23) benötigt. Im ersten Fall handelt es sich um eine strukturale Beziehung mit beliebig vielen Elementen; im zweiten Fall dagegen um eine duale, imaginäre Beziehung eines Ich mit seinem Alter Ego, die notwendigerweise nur zwei Elemente umfasst. (Zu diesem zweiten Beziehungstyp und seiner »klassischen« Formulierung bei Ludwig Feuerbach siehe Althusser 1995: 176 ff.: »La théorie de l'horizon absolu, ou théorie de l'objet comme essence du sujet«.)

Dies hat, drittens, entscheidenden Einfluss auf die Schlussfolgerung. Für Mouffe, ähnlich wie für den pessimistischen, späten Freud, benötigt eine Gesellschaft, um sich zu vereinen, einen äußeren Feind (oder wenigstens die Vorstellung davon; siehe Mouffe 2007: 37; vgl. Freud [1930a]: 243). Die Zwei ermöglicht hier sozusagen die Eins. Ich hingegen begreife die notwendige Minimalallianz innerhalb einer Gesellschaft nicht als Wirkung des Imaginären, sondern des Symbolischen; mithin nicht als Wirkung der Zwei, sondern als Wirkung von Triangulierung. Das Hinzutreten einer dritten Blickposition verhindert gerade, dass sich zwei Rivalen auf der Ebene des dualen Imaginären – als unversöhnliche Feinde, nach dem Prinzip »Du oder Ich« – begegnen. Und diese Blickposition muss nicht in einer wirklichen Person oder einer wirklichen äußeren Gesellschaft verkörpert sein. Sie kann – wie sich zum Beispiel an der Funktionsweise von Höflichkeit erkennen lässt (siehe dazu das Kapitel »Weiße Lügen, schwarze Wahrheiten« in diesem Buch) – auch virtuell bleiben. Eine andere Möglichkeit von Triangulierung besteht in der Ausrichtung aller gesellschaftlichen Gruppen auf ein gemeinsames Vorhaben wie zum Beispiel Wohlstand für alle. (Und erst in dem Moment, als westliche Gesellschaften dieses Vorhaben in der Postmoderne mehr oder weniger unverhohlen aufgaben, entstanden die Fixierungen auf scheinbar unversöhnliche Identitäten.) Das bedeutet: Friede in einer Gesellschaft ist auch ohne realen äußeren Feind möglich. (Diese Auffassung wäre übrigens auch näher an Freud, vor allem dem Freud von »Totem und Tabu«, siehe Freud [1912–13].)

92 Siehe dazu Diederichsen 1996: 180; Dusini / Edlinger 2012: 69.

93 Siehe Furedi 2016: 15.

94 Siehe dazu Hoffmann 1996: 60: »[…] denn ob der Sprecher den Hörer im perlokutionären Sinn beleidigt, könne nur der Hörer beantworten, wenn überhaupt jemand.«

95 Siehe dazu z. B. Roland Barthes: »… l'unité du texte n'est pas dans son origine, mais dans sa destination … la naissance du lecteur doit se payer de la mort de l'auteur.« (Barthes 1984: 66 f.)

96 Siehe dazu Culler 1988: 73: »Lesen heißt, mit der Hypothese eines Lesers arbeiten …«

97 Siehe Althusser [1975].

98 Siehe Badinter 2004: 40. Freilich macht man sie in Wirklichkeit nicht einmal zu Kindern, sondern zu einem Klischee von Kindern: zu reflexionsunfähigen asexuellen Wesen, wohingegen Kinder ja, wie Sigmund Freud zum Entsetzen nicht nur seiner Zeitgenossen entdeckte (siehe Freud [1905d]), eine infantile Sexualität haben – ein Umstand, auf den auch Kipnis mit Recht verweist (Kipnis 2015).

99 Dies mag an die berühmte Bemerkung Freuds über das bescheidene Ziel der psychoanalytischen Behandlung erinnern: »hysterisches Elend in gemeines Unglück zu verwandeln« (Freud [1895d]: 312). Daraus ließe sich im Umkehrschluss eine recht brauchbare Definition von Neurose und Paranoia ableiten: Sie liegen dann vor, wenn diese Unterscheidung nicht gelingt.

100 Siehe Epiktet 2004: 11.
101 Zum puritanischen Hintergrund der *political correctness* siehe Geoffrey Hughes
     2010: 3, 9. Zu den religiösen Motiven der aktuellen »Säuberungen« des Alltags-
     lebens siehe Pfaller 2008.
102 Siehe dazu Berman 2009.
103 Siehe dazu Pfaller 2003; 2009a.
104 Siehe dazu Furedi 2016: 102 ff.
105 Siehe dazu Money (Hg.) 1965; Money / Erhardt 1975; Stoller 1968; vgl. Reiche 1997.
106 Siehe Grunberger / Dessuant 2000.
107 Siehe Freud [1905d]: 60. Vgl. dazu das Kapitel »Kindliche Götter« zum Begriff des
     »Unter-Ich« in diesem Band.
108 Zu diesem Begriff siehe Leiris [1938].
109 Freud [1912–13]; vgl. Pfaller 2008.
110 Siehe dazu das Kapitel »Kindliche Götter« zum Begriff des »Unter-Ich« in diesem
     Band.
111 Psychoanalytisch lässt sich dieser Sachverhalt wie folgt formulieren: Für den kul-
     turellen (sekundären) Narzissmus erscheinen die Gebote der zivilisierten Öffent-
     lichkeit, also der symbolischen Ordnung, als heteronome, autoritäre Anordnun-
     gen. Gerade das, was »symbolische Kastration«, also Überwindung narzisstischer
     Willkür, herstellt, wird fälschlich als »unkastrierte«, »urvaterhafte« Willkür und
     als finsteres Genießen wahrgenommen. Ein schönes Beispiel dieser narzisstischen
     Fehlwahrnehmung hat mir einmal eine befreundete Wiener Psychoanalytikerin
     gegeben: Wenn sie zu ihrer kleinen Tochter sage, sie solle die Hand nicht auf die
     heiße Herdplatte legen, dann glaube die Tochter, die Mutter verbiete es ihr nur
     deshalb, damit sie selbst ihre Hand dorthin legen und sich somit ein gewaltiges
     Genießen jenseits aller Verbote verschaffen könne. Dass es etwas Drittes geben
     könnte, nämlich einen Raum, in dem alle »kastriert« sind und an heißen Herd-
     platten schmerzlichen Schaden nehmen können, ist für den Narzissmus (in diesem
     Fall den primären, infantilen) nicht vorstellbar. Dies ist, wie Jacques Lacan bemerk-
     te, die Wirkung eines den Narzissmus prägenden, tyrannischen Über-Ich, welches
     das Ich gnadenlos und permanent mit dem Befehl »Genieße!« drangsaliert (sie-
     he Lacan [1972–73]: 10; vgl. dazu Pfaller 2011, Kapitel 10; Dusini / Edlinger 2012:
     186–191; sowie das Kapitel »Kindliche Götter« in diesem Band).
112 Siehe Furedi 2016: 18. Eine erste Bemerkung zu diesem Paradoxon liefert Freud: Je
     milder die Eltern waren, desto strenger wird das Über-Ich, denn sein Vorbild sind
     nicht die Eltern, sondern deren Über-Ich (siehe Freud [1933a]: 505).
113 Siehe Grunberger / Dessuant 2000: 203; 272.
114 Genau unter diesem Gesichtspunkt müssen auch die für die neoliberale Politik so
     charakteristischen totalen Rauchverbote betrachtet werden. Es sind, unter dem
     Anschein, Regulierungen zu sein, in Wahrheit Maßnahmen der *Deregulierung*: Das
     Prinzip des öffentlichen Raumes, dass man dort etwas unempfindlicher zu sein
     hat als im privaten Raum, wird dadurch außer Kraft gesetzt; der öffentliche Raum
     wird den Kriterien privater Ansprüche unterworfen. Man kann freilich auch im
     öffentlichen Raum Regelungen einführen, die dem friedlichen Auskommen aller
     Gruppen dienen und zum Beispiel Unterscheidungen zwischen Nichtraucher-
     und Raucherlokalen einführen. Aber sobald die Verbote total werden, räumen sie
     der privaten Empfindlichkeit das totale Primat über den öffentlichen Raum ein.
     Andere Empfindlichkeiten, zum Beispiel gegen anstößige Filme, religionskritische
     Reden oder abweichende Meinungen, nehmen sich daran gerne ein Beispiel und
     folgen bald nach.
115 Siehe dazu Kuldova 2017.

116 Siehe dazu Geoffrey Hughes 2010: 12.
117 Zur Aktualität der Frage nach der Erwachsenheit siehe die rezenten Veröffentlichungen von Neiman 2015; Furedi 2016 oder auch Zupanćić 2016 – Letztere mit dem wunderschönen Kapitel »Where Do Adults Come From?«

2. Enttäuschende Enttäuschte

1 Siehe dazu z. B.: http://www.alternet.org/news-amp-politics/poll-suggests-american-voters-are-stupid (Zugriff: 2017-05-01).
2 Siehe dazu http://inthesetimes.com/features/zizek_clinton_trump_lesser_evil.html; https://www.nytimes.com/2016/04/24/magazine/how-hillary-clinton-became-a-hawk.html?_r=0; http://www.salon.com/2016/04/27/democrats_this_is_why_you_need_to_fear_hillary_clinton_the_ny_times_is_absolutely_right_shes_a_bigger_hawk_than_the_republicanse/ (Zugriffe: 2017-03-15).
3 https://www.bostonglobe.com/opinion/2016/02/12/syria-thank-you-russia/UNKM xrzQvvAt8j4sJH03mJ/story.html (Zugriff: 2017-03-15).
4 Vgl. dazu https://www.heise.de/tp/features/Warum-ueberlaesst-man-es-Trump-die-Nato-fuer-obsolet-zu-erklaeren-3632354.html (Zugriff: 2017-03-17).
5 https://www.theguardian.com/commentisfree/2016/nov/09/donald-trump-white-house-hillary-clinton-liberals (Zugriff: 2017-03-15).
6 In der vorangegangenen Ausgabe hatte der »Falter« in seiner wöchentlichen Glosse »gut – böse – jenseits« Žižek aus den genannten Gründen für »jenseitig« erklärt. Siehe Falter, Nr. 45/16, 9. 11. 2016: 27.
7 Siehe dazu http://www.telegraph.co.uk/women/politics/i-dont-vote-with-my-vagina-why-susan-sarandon-is-not-backing-hil1/; http://www.salon.com/2017/03/04/susan-sarandon-was-right-she-warned-us-hillary-was-doomed-liberals-didnt-want-to-listen/ (Zugriffe: 2017-03-21).
8 Eine präzise und differenzierte Wählerstromanalyse hat Steve Phillips im Februar 2017 vorgelegt; https://www.nytimes.com/2017/02/21/opinion/move-left-demo crats.html?ribbon-ad-idx=3&rref=opinion&module=Ribbon&version=context&re gion=Header&action=click&contentCollection=Opinion&pgtype=article (Zugriff: 2017-03-15); vgl. dazu Kohlenberg 2016.

3. Weiße Lügen, schwarze Wahrheiten. Elemente erwachsener Verständigung

1 Austin 1962.
2 Siehe dazu Lévi-Strauss 1978.
3 Siehe dazu Žižek 2011a.
4 Zu den logisch möglichen Varianten dieser Szene siehe die virtuose Abhandlung, die Slavoj Žižek in seinem Buch »Absoluter Gegenstoß« vorgelegt hat (Žižek 2016: 563 ff.).
5 Siehe Mannoni 1985; Pfaller 2002.
6 Kant [1798]: 442.
7 Siehe dazu Rousseau 1959, Bd. 3: 7 f.; vgl. Berman 2009: 84.

8 Siehe Althusser 1977: 99.

9 Ein Fall übrigens, in dem das »esse est non percipi«-Prinzip durchaus gilt: Gerade um neoliberale Politik am wirksamsten verfolgen zu können, müssen viele gesell-schaftliche Akteure sich selbst als politisch progressive Kräfte fehlwahrnehmen. Ein Großteil der neoliberalen Einschnitte ins Sozialsystem konnte nur durch Sozialde-mokraten – wie Tony Blair oder Gerhard Schröder – vorgenommen werden und unter dem Vorwand emanzipatorischer Argumente.

10 Siehe Hobbes 1999: 111; Mandeville 1980: 80.

11 Mit Spinoza gesprochen, könnte man sagen: Diese Aussage ist wahr nach dem Maß-stab der ersten Erkenntnisgattung. Diese sagt mehr über das Subjekt aus als über den Gegenstand, über den das Subjekt zu sprechen meint. Siehe Spinoza 1990: 197.

12 Siehe Althusser [1969]: 133.

13 Brecht 1984: 1106.

14 Zur Unterscheidung zwischen der Ebene der Aussage und jener des Aussagens siehe auch das folgende Kapitel, »Anmaßende Bescheidenheit«.

15 Siehe Freud [1921c]: 107.

16 Kant [1798]: 445.

17 Dies würde der von Freud beschriebenen kindlichen Entwicklung entsprechen, worin Kinder zunächst aus Angst vor Liebesverlust nach den Anordnungen ihrer Eltern handeln; während sie später diese äußere Autorität »introjizieren«, ein Über-Ich aufrichten und aus sozusagen eigenem Antrieb »moralisch« zu handeln begin-nen (siehe Freud [1930a]: 251 f.).

18 Siehe Plinius 1978: 55.

19 Dies unterscheidet Kants Position in der Frage der religiösen Rituale so markant von jener Blaise Pascals, der sie in der Frage der Höflichkeit doch so ähnlich zu sein schien (siehe dazu Žižek 2014: 62; Pfaller 2016: 31–33). Der Grund liegt darin, dass Pascal, im Gegensatz zu Kant, religiöse Handlungen durchaus als »außen-geleitete« Praktiken wie die Höflichkeit begreift. Ihr Sinn liegt für ihn nicht in ihrem Verweis auf Innerlichkeit.

20 Siehe Kant [1793]: 821.

21 Siehe Pfaller 2002: 261–317; vgl. dazu auch das Kapitel »Kindliche Götter« in diesem Band.

22 Siehe Mannoni 2003.

23 Siehe Žižek 2011a.

24 War es nicht bezeichnend, dass während Powells Rede im UN-Sicherheitsrat die Reproduktion von Picassos »Guernica« im Foyer verhüllt werden musste – da andernfalls, so wurde befürchtet, das Bild einen unvorteilhaften Kommentar zu Powells Rede liefern würde? (Siehe dazu https://www.wsws.org/en/articles/2003/02/guer-f08.html (Zugriff: 2016-11-29)). Nur das Verhüllen des Bildes erlaubte Powell, die dünne Hülle aus Vorwänden zu präsentieren, welche der Angriff auf den Irak als seine Rechtfertigung erforderte.

25 Merkel, Reinhard: Der Westen ist schuldig, in: FAZ, 2.8.2013, http://www.faz.net/aktuell/feuilleton/debatten/syrien-der-westen-ist-schuldig-12314314.html?print PagedArticle=true«pageIndex_2 (Zugriff: 2016-12-17). Ebenso stellt sich die Frage, wer eigentlich jemals die Behauptung geglaubt haben könnte, die Giftgasangriffe im syrischen Bürgerkrieg von August 2013 und April 2017 seien von Regierungs-truppen durchgeführt worden. Siehe dazu http://www.labournetaustria.at/fritz-edlinger-zur-debatte-um-giftgaseinsaetze-in-syrien/ (Zugriff: 2017-05-04).

26 Vgl. dazu Louis Althussers knappe Definition des Materialismus: »sich keine Ge-schichten erzählen« (»ne pas se raconter d'histoire«, Althusser 1994: 247).

27 Das Ego akzeptiert hier offenbar alles, was dem Lustprinzip zuträglich ist und in-

sofern, nach dem Muster des alten Lust-Ich, als ichkonform erscheint. Der naive Beobachter ist demgegenüber ein kritischerer, mehr dem Realitätsprinzip verpflichteter Beobachter: Auch wenn er nur nach dem Augenschein urteilt, ist für ihn doch nur der *perfekte* Augenschein überzeugend.

28 Siehe dazu Alain 1982: 200: »Höflichkeit muß ebenso gelernt werden wie Tanzen. Wer nicht tanzen kann, meint, die Schwierigkeit bestehe darin, die Regeln zu kennen und sich ihnen entsprechend zu bewegen; aber das betrifft nur das Äußerliche der Sache; man muß es vor allem dahin bringen, die Steifheit und Befangenheit zu verlieren, das heißt, ohne Furcht zu tanzen.« – Diese Bemerkung kann buchstäblich auf die Probleme mit der *political correctness* angewendet werden: Viele Leute meinen, die Schwierigkeit bestünde darin, die Regeln korrekten Bezeichnens zu erlernen. Aber man muss vielmehr in der Lage sein, ohne Steifheit und ohne die für PC-Diskurse typische Verkrampftheit zu sprechen (in der sich übrigens auch eine Form der Verachtung ausdrückt) – und das geht oft nur, indem man die Regeln bricht. Eine schöne Veranschaulichung dazu liefert eine Szene in Don Siegels Film »Flucht von Alcatraz« (USA 1979) über die komplexe Kommunikation zwischen dem Protagonisten Frank Morris (dargestellt von Clint Eastwood), einem Weißen, und dem lebenslänglichen, unter den Gefangenen mit einer gewissen Autorität und Macht ausgestatteten schwarzen Insassen »English« (gespielt von Paul Benjamin). Beim Hofspaziergang der Gefangenen wird Marsh von English gefragt, warum er sich nicht neben ihn auf die Treppe gesetzt habe; ob er ein Negerhasser oder aber nur ein Feigling sei. Marsh antwortet ruhig und bedächtig, es sei nur geschehen, weil er eben ein Negerhasser sei – und setzt sich dabei zu English. Nur mit Hilfe dieser Spaltung zwischen dem ausgesagten, feindlichen Inhalt und dem mit der Aktion verbundenen solidarischen Akt des Aussagens lässt sich unter diesen Verhältnissen offenbar die prekäre Verbundenheit zwischen einem weißen und einem schwarzen Häftling ohne Verdacht der Heuchelei zum Ausdruck bringen.

29 Zu den Mythologien von Schwarz und Weiß in der Moderne siehe den schönen Band von Monika Wagner und Helmut Lethen (Hg.): Schwarz-Weiß als Evidenz (Wagner / Lethen 2015).

30 Vgl. zum Aristotelischen (logischen) Quadrat: http://logik.phl.univie.ac.at/~chris//skriptum/node68.html; zum »semiotischen Quadrat« siehe Ohno 2003: 163.

31 Das Wort »einige« wird hier im Sinn von »mindestens ein« gebraucht.

32 Jacques Lacan scheint diese unorthodoxe Lesart des sogenannten »Existenzquantors« (»mindestens ein …«) bzw. »einige«) betrieben zu haben. Siehe dazu William J. Urban: »The Aristotelian Roots of Lacan's Formulas of Sexuation«, http://www.swingtradesystems.com/lacan/lacan-and-aristotle.html (Zugriff: 2017-04-28).

33 Breton 1970: 10.

34 Dies hat verdienstvollerweise vor kurzem Thomas Raab unternommen (Raab 2017). Vgl. dazu auch Henniger (Hg.) 1966.

35 Zum schönen Titelblatt der Ausgabe von 1714 sowie einiger nachfolgender Ausgaben siehe http://oll.libertyfund.org/titles/mandeville-the-fable-of-the-bees-or-private-vices-publick-benefits-vol-2 (Zugriff: 2017-04-21).

36 Dt. Übers. nach https://de.scribd.com/doc/31076239/Mandeville-Bienenfabel-1705.

37 Man kann dies übrigens wohl mit einigem Recht auch von Althussers eigenem Unternehmen behaupten: Gegenüber einer sich erst langsam ihrer stalinistischen Vergangenheit begebenden Kommunistischen Partei Frankreichs, deren Theoretiker dabei waren, sich dem theoretischen Humanismus Sartres oder der Philosophie Hegels zuzuwenden, nahm Althusser den unmöglichen Standpunkt einer avancierten marxistischen Philosophie ein, die von Gaston Bachelard gelernt hatte und so-

wohl mit dem Stalinismus als auch mit dem theoretischen Humanismus sowie dem
Hegelianismus brach. Siehe dazu Pfaller 1997.
38 Siehe dazu Lilienthal / Philipp 2000; vgl. Friedlander 2013.
39 Siehe dazu Watzlawick 2005: 36. Selvini Palazzoli et al. 1977: 79; 155. Loriedo / Vella
    (1993: 94–106) betonen die Notwendigkeit, solche Interventionen als »gegenpara-
    dox« zu bezeichnen, da bereits ihr Objekt selbst »paradox« verfasst sei.
40 Zu diesem Unterschied zwischen logischem Widerspruch oder Gegensatz auf der
    einen Seite und Realrepugnanz zwischen physischen Kräften auf der anderen siehe
    Coletti 1975.
41 Siehe dazu Lacan 1966: 53; Evans 1997: 168–171.
42 Dies gilt übrigens auch für weiße Lügen. Auch sie durchkreuzen jene imaginäre
    Achse der Kommunikation, in der die Gesprächspartner sich für authentisch halten,
    wenn sie einander die Wahrheit oder die Meinung sagen.
43 An diesem Punkt kann die Unterscheidung zwischen »Sagen« und »Zeigen«, die
    Ludwig Wittgenstein in seinem »Tractatus« in den Sätzen 4.121–4.1212 einführt
    (Wittgenstein 1979: 43), als eine hilfreiche Parallele zu Lacans Schema L betrachtet
    werden.
44 Siehe Lacan 1966: 41.
45 Siehe dazu Pfaller 2012: 81–95.
46 Mießgang 2013.
47 Siehe dazu Pfaller 2016a.
48 Siehe dazu Signer 1997.
49 Siehe Greenblatt 1995: 36. Vgl. dazu Pfaller 2011: 54.
50 Siehe Berman 2009: 102–107.
51 Siehe Mießgang 2013: 23.
52 Siehe Mießgang 2013: 21.
53 Siehe dazu Pfaller 2009.
54 Siehe Marcuse 1980: 76 ff.
55 Siehe https://www.youtube.com/watch?v=AyRMLwJ4KjU&t=250s (Zugriff: 2016-
    11-29).
56 Siehe http://www.businessinsider.com/the-13-enhanced-interrogation-techniques-
    the-cia-used-on-detainees-2014-12?IR=T.
57 Siehe dazu Vogl 2010: 34.
58 Zu dem dieser Metapher zugrundeliegenden Gedanken des Ökonomen Simon Kuz-
    nets siehe Kuznets 1955; vgl. Piketty 2014: 11; Milanović 2016: 10 f.
59 Siehe dazu https://qz.com/965004/rhetoric-scholars-pinpoint-why-trumps-inarti-
    culate-speaking-style-is-so-persuasive/ (Zugriff: 2017-04-28).
60 Siehe http://www.brasscheck.com/heartfield/gallery.html (Zugriff: 2017-05-12).

4. Wie die anderen zu unseren Bestien werden.
Über die Produktion von Ressentiment in der Postmoderne

1 Siehe dazu Hughes 1994.
2 Peter Berger hatte 1970 unterschieden zwischen aristokratischen Kulturen der Ehre
   und der bürgerlichen Kultur der Würde (eine Unterscheidung, die ihrerseits Nietzsches Unterscheidung zwischen einer Ethik von »gut« und »schlecht« einerseits und
   der Moral von »gut und »böse« andererseits wieder aufzunehmen scheint); siehe
   Berger 1970. Zu weiteren Quellen siehe Campbell / Manning 2014: 711 f.

3 Siehe Campbell / Manning 2014: 712.

4 Diese Pflicht kann, wie Campbell / Manning subtil bemerken, sogar gegen die eigene moralische Überzeugung bestehen und über sie triumphieren: »*Believing his public reputation would otherwise suffer, Alexander Hamilton felt compelled to fight a duel even though he wrote that his ›moral and religious principles are strongly opposed to the practice of dueling‹*« (Campbell / Manning 2014: 717). Dieser scheinbar von außen kommende Zwang zum Duell oder auch zum Selbstmord bildet ein häufiges Motiv der Literatur – zum Beispiel von Arthur Schnitzlers Novelle »Lieutenant Gustl« (Schnitzler 2006). Diese nicht ichkonforme Verpflichtung kann und soll im Folgenden mit Hilfe der psychoanalytischen Theorie einer naiven Beobachtungsinstanz erklärt werden.

5 Campbell / Manning verweisen in diesem Zusammenhang (ähnlich wie vor ihnen Berger 1970) auf die Thesen von Norbert Elias über den Prozess der Zivilisation. siehe Campbell / Manning 2014: 713; vgl. Elias 1998.

6 Siehe Campbell / Manning 2014: 714.

7 Siehe Jacobs 1961.

8 Siehe Campbell / Manning 2014: 718.

9 Siehe Campbell / Manning 2014: 714.

10 Siehe Campbell / Manning 2014: 714 f.

11 Siehe Campbell / Manning 2014: 710.

12 So erschien die englische Originalausgabe von Hughes' »Culture of Complaint« bereits 1993 (Hughes 1994).

13 Zu diesen Beispielen siehe Campbell / Manning 2014: 705.

14 Siehe dazu Mannoni 1985; Pfaller 2002.

15 Siehe Campbell / Manning 2014: 717; vgl. oben, Stichwort »Ehre«.

16 Sennett 2001: 18.

17 Sennett 2001: 21.

18 Siehe dazu Pfaller 2011: 131–147.

19 Siehe Nietzsche [1887]: 226: »– Aber ihr versteht das nicht? Ihr habt keine Augen für etwas, das zwei Jahrtausende gebraucht hat, um zum Siege zu kommen?«

20 Zur Klassenlage in Deutschland nach dem Scheitern der bürgerlichen Revolution von 1848/49 siehe Machtan / Milles 1980.

21 Siehe dazu Engels 1962: 311 ff. sowie 1962a: 400; Trotzki 1994: 189 f.

22 Siehe https://www.freitag.de/autoren/lfb/nicht-gecheckt (Zugriff: 2017-05-01): »Der Privilegienbegriff wird in der Critical Whiteness im Grunde verkehrt herum verwendet: Nicht die Benachteiligung der einen, sondern die Vorteile der anderen sind das Problem. So heißt die Antwort nicht Freiheit – sondern Repression: ›Auf Privilegien zu verzichten, solange sie nicht allen zuteil werden, ist ein solidarischer Akt‹, hieß es etwa im Blog *mädchenmannschaft.net* zu den Vorwürfen an Feine Sahne Fischfilet.« – Hieran lässt sich sehen: Was sich gegenwärtig oft für kritisches politisches Bewusstsein hält, ist in Wahrheit ein neues, mit Rationalisierungen schwer bewaffnetes Spießertum.

23 Heine [1853]; Freud [1919h]: 259.

24 Siehe Nietzsche [1886]: 56: »eine Umwertung aller antiken Werte«; vgl. [1887]: 238.

25 Nietzsche [1886]: 137.

26 Siehe dazu Freud [1907b].

27 Zur Differenz zwischen der Position des Ressentiments und dem Fortleben seiner Werte siehe Scheler 2004: 17.

28 Nietzsche [1887]: 226.

29 Siehe Marx [1867]: 181; 185; 192.

30 Dieser Unterschied zwischen Scham und Schuld auf der einen und Ressentiment auf

der anderen Seite rührt wohl daher, dass Scham und Schuld auf gesellschaftlichen Normen beruhen: Man soll sich in bestimmten Situationen schämen oder schuldig fühlen (können). Hingegen soll man kein Ressentiment hegen (sondern sich dafür schämen).

31 Wenn der Unterschied zwischen einem Vermögen und seiner Leistung ein entscheidendes Merkmal von Subjektivität darstellt (wie auch Nietzsche kritisch gegen den Subjekt-Begriff anmerkt [1887]: 235), so wäre das Ressentiment einer De-Subjektivierung geschuldet. Dies wäre ein erster Hinweis, um das Ressentiment auf einen paranoischen Typ von Subjekt-Bildung zu beziehen. Denn die Paranoia ist, wie Freud lehrt, ein Versuch der Heilung von einer psychotischen De-Subjektivierung (siehe Freud [1911c]: 198).

32 Siehe Nietzsche [1887]: 235 f.: »Ebenso nämlich, wie das Volk den Blitz von seinem Leuchten trennt und letzteres als *Tun*, als Wirkung eines Subjekts nimmt, so trennt die Volks-Moral auch die Stärke von den Äußerungen der Stärke ab, wie als ob es hinter dem Starken ein indifferentes Substrat gäbe, dem es freistünde, Stärke zu äußern oder auch nicht. Aber es gibt kein solches Substrat; es gibt kein ›Sein‹ hinter dem Tun, Wirken, Werden; ›der Täter‹ ist zum Tun bloß hinzugedichtet – das Tun ist alles.«

33 Siehe Nietzsche [1887]: 236: »… was Wunder, wenn die … Affekte Rache und Haß diesen Glauben für sich ausnutzen …, *es stehe dem Starken frei*, schwach, und dem Raubvogel, Lamm zu sein – damit gewinnen sie ja bei sich das Recht, dem Raubvogel *es zuzurechnen*, Raubvogel zu sein …«.

34 Dies bedeutet nicht nur, dass das Ressentiment nachträglich durch Kollektivierung von Neid sozusagen nobilitiert wird; sondern auch, dass sowohl Neid als auch Ressentiment selbst verstanden werden müssen als Produkte spezifischer historischer gesellschaftlicher Bedingungen (so wie zum Beispiel auch das Aufmerksamkeitsdefizitsyndrom ADHS als Produkt einer bestimmten »ADHS-Kultur« begriffen werden muss; siehe dazu Türcke 2012).

35 Siehe Brecht 1984: 633.

36 Dies wäre die Erklärung von Slavoj Žižek (1999: 186): »Crucial for a successful ideology is the tension *within* its particular content between the themes and motifs that belong to the ›oppressed‹ and those which belong to the ›oppressors‹: ruling ideas are *never* directly the ideas of the ruling class. Let us take what is arguably the ultimate example, Christianity – how did it become the ruling ideology? By incorporating a series of motifs and aspirations of the oppressed (truth is on the side of the suffering and humiliated; power corrupts …) and rearticulating them in such a way that they became compatible with the existing relations of domination.«

37 In den von Octave Mannoni vorgeschlagenen Begriffen (Siehe Mannoni 1985: 9; 13) habe ich dieses Problem wie folgt gestellt: Gibt es so etwas wie eine »Dialektik des Aberglaubens«, die diesen immanent auf ein Bekenntnis hinauslaufen lässt und damit auf die Entstehung asketischer Ideale? (Siehe dazu Pfaller 2002: 146–159.)

38 Auch in dieser Hinsicht erscheint Nietzsches Position mehrdeutig und ungelöst. Während zum Beispiel für Spinoza das Aufkommen »trübsinniger Leidenschaften« und entsprechender reaktionärer Massen ein spezifisches, aber nicht unvermeidliches historisches Ergebnis darstellt (siehe dazu Balibar 1998; Loock 2002), scheint Nietzsche den Asketismus mitunter als eine strukturelle Notwendigkeit zu betrachten: als ob die »Priestererzählung« den unvermeidlichen Überbau jeglicher Form menschlichen Lebens darstellte. (Siehe zum Beispiel Nietzsche [1887]: 227: »Der Gang dieser Vergiftung scheint unaufhaltsam«; sowie ebd. 305: »Es muß eine Nezessität ersten Ranges sein, welche diese *lebensfeindliche* Spezies immer wieder wachsen und gedeihen macht – es muß wohl ein *Interesse des Lebens selbst* sein,

daß ein solcher Typus des Selbstwiderspruchs nicht ausstirbt.«) Eine Gesellschaft ohne asketische Ideale würde unter dieser Perspektive als eine unmögliche Gesellschaft ohne jeglichen Überbau erscheinen. Das epistemologische Problem hier besteht darin, dass die Theorie, wenn sie versucht, das Paradoxon einer lebensstärkenden Feindseligkeit gegen das Leben zu entschlüsseln, in die Falle geht, *zu viel zu erklären*; das heißt eine unvermeidliche Notwendigkeit hinter dem zu vermuten, was eben noch als Paradoxon oder gar als eine Unmöglichkeit erschienen war.

39 Siehe dazu Pfaller 2011: 131–147.

40 Der Umstand, dass das Fernsehen als eine Form religiösen Verhaltens anzusehen ist, wurde zu Recht von einer Reihe von Autoren sowohl im Feld der Religionswissenschaften und Theologien als auch der Medienwissenschaften bemerkt. Siehe dazu Albrecht 1993, Gebauer 2002, Jochum 2000, Thomas 1996.

41 Es ist diese Form bekenntnishaften Christentums, die Slavoj Žižek gegen postmoderne Beliebigkeit ins Feld geführt und zu verteidigen versucht hat (siehe Žižek 2003; 2004 und 2004a).

42 Siehe dazu Fink 1997: 84.

43 Zu dieser Konstruktion eines »Lust-Ich« siehe Freud [1925h]: 374 f.; vgl. auch [1915c]: 97, Anm. 2.

44 Siehe Mannoni 1985.

45 Siehe Pfaller 2002: 57–62.

46 Siehe Pfaller 2002: 163.

47 Siehe Mannoni 1985: 13.

48 Zu dieser Unterscheidung siehe Assmann 2003: 11. Aus diesem Grund haben Gelehrte aus monotheistischen Kulturen so erstaunt die Frage gestellt, ob denn die Griechen jemals wirklich an ihre Götter geglaubt hätten (zu dieser Frage und der pointierten Antwort von Friedrich Engels siehe Pfaller 2002: 16 f.).

49 Der Film »Das Fest des Huhnes« von Walter Wippersberg (Österreich 1992) bringt dies auf sehr feine und amüsante Weise zur Darstellung.

50 Siehe dazu Humphrey / Laidlaw 1994: 1.

51 Siehe dazu Pfaller 2008: 75 f.

52 Siehe dazu Benjamin 1980: 811 f.

53 Für eine ausführlichere Darstellung dieser »perspektivischen Illusion« und ihrer Kritik durch Ludwig Wittgenstein in dessen Bemerkungen zu James George Frazer, siehe Pfaller 2002: 74–91.

54 Siehe dazu Evans 1997: 91 f.

55 Zu dieser Formulierung siehe Miller 1994: 80; Žižek 1993: 203.

56 Tertullian 2008: 80 ff.

57 Siehe dazu Lacan [1959–60]: 223; vgl. Evans 1997: 92.

58 Siehe dazu Freud [1921c]: 106.

59 Siehe dazu Freud [1911c]: 183 ff.

60 Siehe Freud [1927d]. Ich möchte später in diesem Buch eine von Freuds Erklärung verschiedene topische Überlegung vorschlagen. Siehe dazu das Kapitel »Kindliche Götter«.

61 Siehe dazu Nietzsche [1887]: 272, wo er von den »Glückswürfen« spricht, »die das große Kind des Heraklit, heiße es Zeus oder Zufall, spielt«.

62 Zum Begriff des »sartorischen« Über-Ich siehe Copjec 1994: 65–116. Die Bezeichnung »sartorisch« verweist ursprünglich auf besondere Sorgfalt bei der Bekleidung. Copjec zeigt, wie die historische Selbstbeschränkung der Männer auf funktionale Kleidung nicht allein der *Nützlichkeit*, sondern auch der *Pflicht* geschuldet war – und insofern als Wirkung des Über-Ich begriffen werden muss. Für eine historische

Darstellung dessen, wie der »Be Yourself!«-Imperativ des Über-Ich nach 1968 populäre Verbreitung fand, siehe Berman 2009.

63 Siehe Nietzsche [1887]: 233; 253.

64 Das ästhetische Gegenstück dieser Haltung ist das Prinzip der ebenfalls aktuell boomenden kosmetischen Chirurgie: niemanden durch irgendetwas zu stören. Hier wird Schönheit in ausschließlich negativen Begriffen bestimmt.

65 Siehe Whitehead 1978: 105.

66 Siehe dazu Berkel (Hg.) 2009.

67 Siehe Epiktet 2004: 11.

68 Dies ist, wie Sigmund Freud gezeigt hat, zum Beispiel möglich durch Nachträglichkeit: Wenn irgendein kontingentes Ereignis nachträglich mit einer bestimmten Bedeutung besetzt wird – zum Beispiel, wenn der Übergang vom Lustprinzip zum Realitätsprinzip im Nachhinein als »Kastration«, als Verlust ursprünglichen, grenzenlosen Genießens interpretiert wird.

69 Siehe dazu https://derstandard.at/3056079/Londoner-Polizei-wegen-Toetung eines-unschuldigen-Brasilianers-angeklagt (Zugriff: 2017-04-14).

70 Siehe Pfaller 2011: 114 f.

71 The Appointment / Ein Hauch von Sinnlichkeit. USA 1969, Regie: Sidney Lumet; Darsteller: Omar Sharif, Anouk Aimée.

72 Nietzsche [1887]: 268.

73 Siehe Nietzsche [1887]: 223.

5. Die anmaßenden Gesten der Bescheidenheit. Über Gespaltenheiten im erwachsenen Sprechen

1 Dieses Kapitel basiert auf dem Text eines Vortrags, den ich beim Philosophicum Lech in Österreich im September 2013 gehalten habe. Der Lebendigkeit zuliebe habe ich Elemente der gesprochenen Form und der Rede ans Publikum beibehalten.

2 Siehe dazu Moeschl 2015: 34–44.

3 Epikur schreibt: »Es gibt auch im kargen Leben ein Maßhalten. Wer dies nicht beachtet, erleidet Ähnliches wie derjenige, der in Maßlosigkeit verfällt.« (Epikur: Über das Glück, Zürich: Diogenes, 1995: 71)

4 Siehe Iuvenalis, Decimus Iunius / Persius Flaccus, Aulus: Juvenal and Persius. With an engl. transl. by G. G. Ramsay, London: Heinemann, 2009: 164; dt.: Juvenal: Satiren. Übers., Einf. u. Anhang v. Harry C. Schnur, Stuttgart: Reclam, 2007: 91.

5 Brecht 1984: 653.

6 Siehe zu dieser Frage Kapitel 10 in meinem Buch: »Wofür es sich zu leben lohnt. Elemente materialistischer Philosophie«: 148–159: Vernünftiger Umgang mit Vernunft. Die Rationalität der Verdoppelung.

7 Siehe Althusser, Louis: Der Gegenstand des ›Kapital‹, in: L. Althusser, E. Balibar, Das Kapital lesen, Reinbek: Rowohlt 1972, Bd. I: 94 – Bd. II: 267; hier: 156.

8 Siehe Freud [1925h]: 371–378.

9 Siehe Lacan: 145.

10 Siehe Freud [1927d].

11 Siehe Hughes 1994.

12 Siehe dazu Žižek 1993: 203.

13 Ich bin Ernst Strouhal, Wien, dankbar für dieses Beispiel und dessen Diskussion.

14 Ich habe diese Paradoxien des Neides ausführlicher dargelegt in den Kapiteln 7 und 8 meines Buches »Wofür es sich zu leben lohnt« (Pfaller 2011: 101–130).

15 Siehe dazu Althusser [1969]: 140.
16 Der Wiener Philosoph Konrad Paul Liessmann hat dieses Paradoxon in seinem
   Einladungsschreiben für das »Philosophicum Lech« 2013 sozusagen als Herausforderung an die Vortragenden formuliert. http://www.philosophicum.com/editorial-
   zum-17-philosophicum-2013-ich-der-einzelne-in-seinen-netzen.html.
17 Siehe Pfaller 2012.
18 Siehe dazu z. B. Nietzsche [1887]: 306 f.

6. Der zweifelhafte Schatz der Identität

1 Der Titel entstammt einem – soweit ich weiß unveröffentlichten – Gedicht meines
   Freundes Carl Hegemann. Er hat es mir einmal mündlich vorgetragen.
2 Vgl. dazu zum Beispiel den Befund von Cora Stephan, die nüchtern feststellt: »Die
   Frauenbewegung hat nur ihren Funktionärinnen genützt« (Stephan 1993: 26).
3 Die klarsten Formulierungen zu dieser Frage stammen einmal mehr von Slavoj
   Žižek, siehe Žižek 2011: 127; vgl. dazu Fraser / Honneth 2003.
4 Siehe dazu Nietzsche [1886]: 180: »Mag man es als die Folge eines ungeheuren Ata-
   vismus begreifen, daß der gewöhnliche Mensch auch jetzt noch immer erst auf eine
   Meinung über sich *wartet* …«; Deleuze 1985: 14: »Der Sklave ist es, der die Macht
   nur als Gegenstand einer Anerkennung, Materie einer Repräsentation, Einsatz eines
   Wettstreits begreift und der sie folglich, am Ende eines Kampfes, von einer bloßen
   Zuschreibung durch herrschende Werte abhängen läßt.«.
5 Zum Irreführenden der Etikettierung von Konflikten als »kulturell« oder »religiös«
   siehe auch Meyer 2002; Balibar 2012.
6 Das hat vor kurzem Karin Fleischanderl in einem Kommentar hellsichtig kritisiert
   (Fleischanderl 2012, siehe auch: http://derstandard.at/1350261586642/Wozu-ist-
   das-Binnen-I-gut Zugriff: 2013-01-04). Sie schreibt: »Aus allen diesen Gründen kann
   ich nicht umhin, das Binnen-I, das -a bei Magistra und das -in bei Doktorin als Ver-
   höhnung zu empfinden. Warum muss ich mir unablässig einen Stempel aufdrücken
   lassen, warum muss ich mir unablässig sagen lassen, dass ich eine Frau bin, eine Frau,
   eine Frau, eine Frau, wo mich doch niemand (weder ich noch ein anderer) und schon
   gar nicht das Binnen-I, das -a bei Magistra und das -in bei Doktorin von den offen-
   kundigen Nachteilen des Frauseins befreien kann, wo ich das Frausein abstreifen
   müsste, um in den Besitz von Geld, Macht oder Prestige zu kommen? Will mich
   jemand ärgern, indem er mir das (mit jedem Brief an die Frau Doktorin) unter die
   Nase reibt? Frau Doktorin – allein das Doppeltgemoppelte klingt, als würde sich
   jemand per Übertreibung über meinen Titel lustig machen wollen. (Während das
   Binnen-I klingt, als hätten wir die Mühen der Geschlechterdifferenz endgültig hinter uns gelassen und wären alle zu Schwestern geworden: HerausgeberInnen, Lehre-
   rInnen, BundesministerInnen …) Und warum werde ich gerade dort, wo ich meine
   Geschlechtsidentität für meine Verhältnisse am weitesten zurückgelassen habe,
   nämlich im universitären / akademischen Bereich, am heftigsten daran erinnert,
   eine Frau zu sein?«
7 Siehe dazu Pfaller 2012.
8 Žižek 2011: 140.
9 Siehe dazu auch Meyer 2002: 25, der betont, dass die Moderne nicht identisch sei
   mit der Kultur des Westens, sondern gerade durch den im 17. und 18. Jahrhundert
   vollzogenen Bruch mit dieser Kultur entstand.
10 Sennett [1974]: 336.

11 Mannoni 1985: 9 ff.
12 Siehe dazu Pfaller 2002: 163.
13 Zur Unterscheidung zwischen »Primär-« und »Sekundärreligionen« siehe Sunder-meier 1999; vgl. dazu Assman 2003: 11.
14 Siehe dazu Pfaller 2002: 85 ff.
15 Siehe Weber [1905]: 94.
16 Siehe dazu Freud [1920g]: 220; Lacan [1959–60]: 231.
17 Zu dieser Frage siehe z. B. den schönen Band von Andreas / Frankenberg (Hg.) 2013.
18 Siehe Althusser [1969]: 103.
19 Siehe Althusser [1969]: 143.
20 Siehe Butler 1991: 190 ff.; vgl. dazu Fischer-Lichte 2004: 36 ff.
21 Siehe Sennett [1974].
22 Sennett [1974]: 336.
23 Zum Begriff der Homogenisierung des anderen siehe Pfaller 2012: 8; 88.
24 Zu dieser »multikulturellen« Variante des Rassismus in der Postmoderne siehe Etienne Balibar: Gibt es einen »Neo-Rassismus«?, in: Balibar / Wallerstein 1992: 23–38.
25 Um dafür nur ein Beispiel zu geben: In einer Rezension zu dem Buch »Boys don't cry« von Jack Urwin heißt es: »Jack Urwin hat genug davon. Es reicht ihm nicht, dass der starke Mann heute auch mal weinen oder Elternzeit nehmen darf, sondern er fragt, warum Männer überhaupt stark sein müssen. Warum messen wir Menschen noch immer an Stereotypen, wo es uns ohne doch viel besser ginge?« – Genau das ist eben die Frage: Ginge es uns ohne Stereotypen wirklich besser? Beobachten wir gerade in der Postmoderne nicht genau das Gegenteil: zahllose Verzweifelte, denen jegliche Stereotypen abhandengekommen sind; und andererseits Massen an Fanati-kern, die sich lieber noch an ein idiotisches Stereotyp klammern, anstatt gar keines zu haben? (Zu dem Zitat siehe: https://www.perlentaucher.de/buch/jack-urwin/boys-don-t-cry.html; Zugriff: 2017-05-01.)
26 Sennett [1974]: 22.
27 Žižek 1993: 203.
28 Siehe Grunberger / Dessuant 2000: 107; 120 f.; 203.
29 Freud [1921c]: 122.
30 Siehe Freud [1905d]: 78.
31 Siehe dazu Deleuze / Guattari 1977: 65 ff.
32 Engels 1973.
33 Siehe Deleuze / Guattari 1977: 30 ff.; 74; 377.
34 Siehe dazu Madam, I'm Adam. The Organization of Private Life, hg. v. Piet Zwart Institute u. Kunstuniversität Linz, Bereich Experimentelle Gestaltung, Rotterdam, Linz, 2003
35 Siehe dazu Pfaller 2012.

7. Täuschungen bekommen Getäuschte.
Männer erklären Frauen Dinge: Aus modernem Amüsement wird postmoderner Ernst

1 Solnit 2015: 14.
2 Siehe dazu Solnit 2015: 27: »Ich finde es wunderbar, wenn mir jemand etwas erklärt, was mich interessiert und womit er oder sie sich auskennt, ich mich hingegen nicht; die Unterhaltung gerät erst dann in eine Schieflage, wenn man mir etwas erklärt, womit ich mich auskenne, der oder die Erklärende jedoch nicht.«
3 Dieser Typ sachhaltigen Erklärens existiert übrigens auch unter Männern. Männer erklären auch anderen Männern gerne Dinge. Möglicherweise hat die Kommunikation unter Frauen oft andere, eher auf die subjektive, psychologische Seite gerichtete Ziele. Ein kluger Freund erzählte mir einmal: »Wenn ich ein Problem habe und davon erzähle, bekomme ich von einem Mann einen Lösungsvorschlag. Von einer Frau hingegen bekomme ich Empathie.« Vgl. dazu auch Grawert-May 1992: 30.
4 Siehe dazu Vilar 1997: 32 ff.; vgl. Illouz 2012: 152 f.
5 Siehe dazu Solnit 2015: 11: »Die Leute dort waren alle älter als wir und auf eine distinguierte Weise dröge, alt genug, um uns zwei Frauen um die vierzig als die jungen Damen des Abends durchgehen zu lassen.«
6 Renard 1986: 6.
7 Solnit kennzeichnet ihr Erlebnis in der Folge nicht nur als Beispiel eines allgemeinen Musters, sondern stellt es gleich in eine Reihe von anderen, größeren Phänomenen: das männliche Erklären führe über das Zum-Schweigen-Bringen von Frauen bis hin zu ihrer Vergewaltigung und Ermordung (siehe Solnit 2015: 18; 29). Zu dieser diskursiven Strategie siehe Campbell / Manning 2014: 699.
8 Zu diesem Begriff siehe Pfaller 2008: 29; 115–192; 2009a.
9 Siehe dazu Lacan 1958: 130; 132.
10 Zur sokratischen Ironie siehe Drühl 1998: 16 ff.; vgl. Taylor 1999: 59 ff.
11 Siehe https://www.youtube.com/watch?v=4GvD_NQrLFo (Zugriff: 2017-03-18).
12 Übers. n. http://www.songtexte.com/uebersetzung/johnny-cash/jackson-and-june-carter-cash-deutsch-1bd63d14.html.
13 Siehe: https://www.youtube.com/watch?v=7MFJ7ie_yGU.
14 Siehe https://www.youtube.com/watch?v=iHYqKEAehPU.
15 https://www.youtube.com/watch?v=amK4U4pCTB8 (alle Zugriffe: 2017-03-18). Ich bin Tereza Kuldova, Oslo / Wien, dankbar für den Hinweis auf dieses wertvolle Material.
16 Siehe Nietzsche [1886]: 82: »Mann und Weib im ganzen verglichen, darf man sagen: das Weib hätte nicht das Genie des Putzes, wenn es nicht den Instinkt der *zweiten* Rolle hätte.«
17 Zur Unterscheidung zwischen der Ebene der Aussage (*énoncé*) und jener des Aussagens (*énonciation*) siehe Lacan 1980: 145; vgl. dazu das Kapitel »Anmaßende Bescheidenheit« in diesem Band.
18 Wenn Karl Marx in seiner bekannten Eintragung in das *confession book* seiner Tochter Jenny unter der Frage »your favorite virtue« in der Rubrik »in man« mit »*strength*«, in der Rubrik »in woman« hingegen mit »*weakness*« antwortet, so ist dies vielleicht nicht nur die Perpetuierung eines patriarchalen Rollenverständnisses, sondern könnte vielmehr auch ein subtiles politisches Bewusstsein der jeweiligen rollenspezifischen Machtmittel darstellen. (Siehe https://de.wikipedia.org/wiki/Karl_Marx, Zugriff: 2017-03-19).
19 Siehe dazu Sennett [1974]: 92–121.

20 Siehe Huizinga 1956; vgl. Pfaller 2002: 92–145.
21 Zu diesem Mechanismus siehe den Abschnitt »Die kleinen Freuden der Unge-
    täuschten« in meinem Buch »Zweite Welten« (Pfaller 2012: 96–125).
22 Ein Beispiel dazu ist auf dem Cover dieses Buches zu sehen.
23 Siehe dazu Mannoni 1969: 9.
24 Ich habe diese Schlussfolgerung aus Mannonis Theorie in einem früheren Buch aus-
    führlich begründet, siehe Pfaller 2002.
25 Siehe dazu das Kapitel »Kindliche Götter« in diesem Buch.
26 Siehe dazu Weigel 2016.
27 Dusini / Edlinger 2012.
28 Siehe Mannoni 2006: 19.
29 Zur Kritik an dieser liberalen bzw. neoliberalen Auffassung des öffentlichen Raumes
    siehe Michéa 2014; Žižek 2004.

8. Kindliche Götter. Das Unter-Ich:
Beschreibung einer inferioren Beobachtungsinstanz

1 Erasmus 1987: 33.
2 Der »monotheistische« Vorsokratiker Xenophanes bemerkte kritisch: »Homer und
   Hesiod haben den Göttern alles zugeschrieben, was bei den Menschen schändlich ist
   und getadelt wird: zu stehlen, die Ehe zu brechen und sich gegenseitig zu betrügen.«
   (Xenophanes von Kolophon, Frgm. 11, Sextus adv. math. IX, 193, siehe Kirk u. a.
   1994: 183 ff.)
3 Siehe Veyne 1987; vgl. dazu die schlaue Antwort von Engels 1973: 14; siehe dazu
   Pfaller 2002: 16 f.
4 Siehe Durkheim 1994: 52 ff.
5 Auch der Genius, dem Giorgio Agamben eine schöne Studie gewidmet hat (Agamben
   2005), gehört zu diesen kindlichen Gottheiten, mit denen nie ganz leicht auszukom-
   men ist. Seine eifrige Beseitigung aus der Welt der Kunst seit den 1990er Jahren durch
   diverse Initiativen wie Konzeptkunst und dokumentarische Kunst zeugt von jenem
   fanatischen protestantischen Geist, von dem Max Weber treffend bemerkte, dass er
   seiner eigenen religiösen Natur nicht gewahr sei (siehe Weber [1905]: 203).
6 Siehe Assmann 2003: 11.
7 Siehe dazu https://news.vice.com/article/orlando-gunman-omar-mateen-father-sed
   dique-mir-mateen-punish-gay-people (Zugriff: 2016-06-18).
8 Siehe dazu Nietzsche: »[...] ›Torheit‹, ›Unverstand‹, ein wenig ›Störung im Kopfe‹, so viel haben auch die Griechen der stärksten, tapfersten Zeit selbst bei sich
   zugelassen als Grund von vielem Schlimmen und Verhängnisvolllen – Torheit,
   nicht Sünde! versteht ihr das? … Selbst aber diese Störung im Kopfe war ein Problem – ›ja, wie ist sie auch nur möglich? woher mag sie eigentlich gekommen
   sein, bei Köpfen, wie wir sie haben, wir Menschen der edlen Abkunft, des Glücks,
   der Wohlgeratenheit, der besten Gesellschaft, der Vornehmheit, der Tugend?‹ – so
   fragte sich jahrhundertelang der vornehme Grieche angesichts jedes ihm unver-
   ständlichen Greuels und Frevels, mit dem sich einer von seinesgleichen befleckt
   hatte. ›Es muß ihn wohl ein Gott betört haben‹, sagte er sich endlich, den Kopf
   schüttelnd … Dieser Ausweg ist typisch für Griechen … Dergestalt dienten damals
   die Götter dazu, den Menschen bis zu einem gewissen Grade auch im Schlimmen zu rechtfertigen, sie dienten als Ursachen des Bösen – damals nahmen sie

nicht die Strafe auf sich, sondern, wie es vornehmer ist, die Schuld ...« (Nietzsche [1887]: 835)

9 Siehe Benveniste 1969, Bd. II: 188 ff.; Freud [1912–13]: 311.

10 Hierin besteht nach meiner Auffassung der präzise theoretische Sinn des Freud'schen Begriffs der »Sublimierung«, siehe dazu Pfaller 2009.

11 Siehe Freud [1919h]: 259.

12 Zu dieser Bewertungsfunktion und ihren kulturgeschichtlich unterschiedlichen Ausprägungen siehe Nietzsche: »Diese Griechen haben sich die längste Zeit ihrer Götter bedient, gerade um sich das ›schlechte Gewissen‹ vom Leibe zu halten, um ihrer Freiheit der Seele froh bleiben zu dürfen: also in einem umgekehrten Verstande, als das Christentum Gebrauch von seinem Gotte gemacht hat.« (Nietzsche [1887]: 280)

13 Dies würde wohl auch dem Begriff der »Instanz« zu seinem vollen Recht verhelfen. Denn damit würde Freuds topische Unterscheidung erst das leisten, was Unterscheidungen tun müssen – nämlich Dinge von gleicher Natur zu unterscheiden: in diesem Fall beobachtende Instanzen. Andernfalls droht die psychoanalytische Topik leicht in ähnlichen theoretischen Verirrungen zu landen wie die klassische politische Ökonomie mit ihrer »trinitarischen Formel« des Reichtums (»Kapital – Boden – Arbeit«), über die Karl Marx spottete, sie sei ungefähr so sinnvoll wie die Unterscheidung zwischen Notariatsgebühren, roten Rüben und Musik (siehe Marx 1984: 822).

14 In dieselbe Kategorie gehören auch Dinge, die unter Redewendungen wie »man sagt ...«, oder »man trägt heute dies ...«, oder auch »man könnte glauben ...« fallen (vgl. dazu die für die Illusion der Spiels charakteristische Formel »on dirait« bei Octave Mannoni, siehe Mannoni 2006: 18). Das »man« ist hier immer von der Art, wie Martin Heidegger es despektierlich verortet (siehe Heidegger 1993: 113 ff.) – eine gegenüber dem Ich als inferior lokalisierte Beobachtungsinstanz; ein »naiver Beobachter« (siehe dazu Pfaller 2002). Insofern meine hier angestellten Überlegungen das Gesichtsfeld dieser Instanz betreffen, verstehe ich sie als Beitrag zum Thema, »Sagen, was *man* sieht«.

15 Siehe dazu Immanuel Kants und Richard Sennetts Beschreibungen des notwendigerweise *schauspielerischen* Auftretens im öffentlichen Raum (Kant [1798]: 442; Sennett [1974]: 60 ff.).

16 Siehe Mannoni 1985: 9 ff.

17 Hier zeigt sich die Zweigesichtigkeit dieses Bereichs, dem, wie bereits Freud bemerkte, sowohl das Unheimliche wie das Komische angehören (siehe dazu Pfaller 2008: 251–272). Der typische Blick Cary Grants in den Komödien wie z. B. »Unternehmen Pettycoat« (»Operation Pettycoat«, USA 1959, Regie: Blake Edwards) bezeichnet – nach der Seite des Komischen hin – genau diese Haltung eines erstaunten wie erheiterten, durchaus fatalistischen Hinnehmens im Sinn des »Ich weiß zwar, dennoch aber«.

18 Siehe Freud [1912–13]: 292.

19 Freud, ibid.

20 Freud [1927d]: 282.

21 Freud [1927d]: 281.

22 Siehe Freud [1930a]: 252 f.

23 Siehe Freud [1933a]: 505.

24 Freud [1927d]: 281.

25 Siehe Freud [1921c]: 107.

Dank an:

Christine Abbt, Katharina Baumhakel, Johannes Binotto, Markus Bodenwinkler, Ute Burkhardt-Bodenwinkler, Elisabeth Bronfen, Mateja Bucar, Pavel Büchler, Nastassja Cernko, Mladen Dolar, Diana Dressler, Vadim Fishkin, Thomas Forrer, Jennifer Friedlander, Gabor Fujer, Thomas Gratzer, Stian Grogaard, Georg Gröller, Sabrina Habel, Conny Habbel, Marlene Haderer, Mona Hahn, Insa Härtel, Carl Hegemann, Rudolf Helmstetter, Beate Hofstadler, Paul Horn, Thomas Hübel, Ursula Hübner, Eva Kadlec, Olaf Knellessen, Diana Koloini, Jela Krecic, Henry Krips, Daniela Kuka, Katharina Lacina, Kurt Loidl, Sverker Lundin, Fred Luks, Mario Lüscher, Jso Maeder, Thomas Macho, Susanne Mann, Gregor Moder, Peter Moeschl, Melissa Moore, Martin Music, Camilla Nielsen, Ivana Novak, Alexandra Ötzlinger, Michael Pfister, René Pollesch, Sonja Prinoth, Judith Ransmayr, Alexander Roesler, Beatrix Roidinger, August Ruhs, Susanne Schmieden, Franz Schuh, Jutta Skokan, Walter Stach, Ulf Stengl, Knut Stene-Johansen, Karl Stockreiter, Ernst Strouhal, Malou Thilges, Walter Tomsu, Herbert Tumpel, Christiane Voss, Asta Vrecko, Klaus Wiesmüller, Benno Wirz, Slavoj Žižek, Alenka Zupančić und – allen voran – Tereza Kuldova.

Bibliographie

Abiola, Hafsat
2016 Europa erzeugt die Flüchtlinge selbst! In: Die Zeit, 1.8.2016; http://www.zeit.
de/kultur/2016-07/westafrika-freihandelsabkommen-eu-fluechtlinge-hafsat-abiola/
komplettansicht (Zugriff: 2017-02-24)

Agamben, Giorgio
2005 Genius, in: Ders., Profanierungen. Frankfurt am Main: Suhrkamp: 7–17

Alain
1982 Die Pflicht glücklich zu sein (Propos sur le bonheur), Frankfurt am Main: Suhrkamp

Albrecht, Horst
1993 Die Religion der Massenmedien, Stuttgart, Berlin, Köln: Kohlhammer

Allen, Keith / Burridge, Kate
2006 Forbidden Words. Taboo and the Censoring of Language, Cambridge et al.:
Cambridge University Press

Althusser, Louis
[1969] Ideologie und ideologische Staatsapparate (Anmerkungen für eine Untersuchung). In: Ders., Ideologie und ideologische Staatsapparate, Hamburg / Westberlin: VSA 1977: 108–153
1973 Antwort an John Lewis. In: H. Arenz, J. Bischoff, U. Jaeggi (Hg.), Was ist revolutionärer Marxismus? Kontroverse über Grundfragen marxistischer Theorie
zwischen Louis Althusser und John Lewis, Westberlin: VSA: 35–76
[1975] Ist es einfach, in der Philosophie Marxist zu sein?. In: Ders., Ideologie und
ideologische Staatsapparate, Hamburg / Westberlin: VSA 1977: 51–88
1994 Écrits philosophiques et politiques, Tome I, Paris: Stock / IMEC
1995 Écrits philosophiques et politiques, Tome II, Paris: Stock / IMEC

Assmann, Jan
2003 Die Mosaische Unterscheidung oder Der Preis des Monotheismus, München:
Hanser

Austin, John L.
1962 How to Do Things with Words, Oxford: Clarendon Press

Badinter, Elisabeth
2004 Die Wiederentdeckung der Gleichheit. Schwache Frauen, gefährliche Männer
und andere feministische Irrtümer. (Orig.: Fausse route, Paris: Odile Jacob, 2003),
München: Ullstein

Badiou, Alain
2016 Wider den globalen Kapitalismus. Für ein neues Denken in der Politik nach
den Morden von Paris, Berlin: Ullstein

Balibar, Étienne
1998 Spinoza and Politics, übers. v. Peter Snowdon, London: Verso
2012 Saeculum. Culture, religion, idéologie, Paris: Galilée

Balibar, Étienne / Wallerstein, Immanuel
1992 Rasse – Klasse – Nation: ambivalente Identitäten, 2. Aufl., Hamburg: Argument

Bartel, Rainer et al. (Hg.)
2008 Heteronormativität und Homosexualitäten, Innsbruck et al.: Studien Verlag

Barthes, Roland
    1984 Essais Critiques IV: Le bruissement de la langue, Paris: Seuil
    1988 Der Baum des Verbrechens. In: Das Denken des Marquis de Sade, Frankfurt
    am Main: Fischer
Bataille, Georges
    [1957] Der heilige Eros (L'Érotisme), Frankfurt am Main, Berlin: Ullstein 1986
    1993 Die Tränen des Eros, München: Matthes & Seitz
Becker, Matthias Martin
    2014 Mythos Vorbeugung. Warum Gesundheit sich nicht verordnen lässt und Un-
    gleichheit krank macht, Wien: Promedia
Béjin, André
    1984 Le mariage extra-conjugal d'aujourd'hui. In: Communications, 35: Sexualités
    occidentales. Dirigé par Philippe Ariès et André Béjin, Paris: Seuil: 169–180
Benjamin, Walter
    1980 Kant als Liebesratgeber. In: Ders.: Gesammelte Schriften, Bd. IV, Frankfurt am
    Main: Suhrkamp: 811 f.
Benveniste, Émile
    1969 Le vocabulaire des institutions indo-européennes, Paris: Éds. de Minuit
Berger, Peter
    [1970] 1983 On the Obsolescence of the Concept of Honour. In: Stanley Hauerwas,
    Alasdair MacIntyre (Hg.), Revisions: Changing Perspectives in Moral Philosophy,
    Notre Dame (Indiana): Notre Dame University Press: 172-81
Berkel, Irene (Hg.)
    2009 Postsexualität. Zur Transformation des Begehrens, Gießen: Psychosozial-Ver-
    lag
Berman, Marshall
    2009 The Politics of Authenticity: Radical Individualism and the Emergence of Mod-
    ern Society, London / New York: Verso
Bok, Sissela
    1989 Lying. Moral Choice in Public and Private Life, New York: Vintage Books
Brecht, Bertolt
    1984 Die Gedichte von Bertolt Brecht in einem Band, Frankfurt am Main: Suhrkamp
Bremmer, Jan / Roodenburg, Herman (Hg.)
    1999 Kulturgeschichte des Humors. Von der Antike bis heute, Darmstadt: Wissen-
    schaftliche Buchgesellschaft
Breton, André
    1970 Anthologie de l'humour noir, Paris: Pauvert
Brock, Bazon
    2008 Lustmarsch durchs Theoriegelände – Musealisiert euch, Köln: Dumont
Butler, Judith
    1991 Das Unbehagen der Geschlechter, Frankfurt am Main: Suhrkamp
    1995 Conscience Doth Make Subjects of Us All. In: Althusser, Balibar, Macherey and
    the Labor of Reading, Yale French Studies, No. 88: 6–26
Campbell, Bradley / Manning, Jason
    2014 Microaggression and Moral Cultures. In: Comparative Sociology, Volume 13,
    Issue 6: 692–726
Cannadine, David
    2002 Ornamentalism: How the British Saw Their Empire, Oxford: Oxford University
    Press
Castiglione, Baldessare
    1996 Der Hofmann. Lebensart in der Renaissance, Berlin: Wagenbach

Chossudovsky, Michel
2016 America's ›Humanitarian War‹ against the World;
http://www.globalresearch.ca/americas-humanitarian-war-against-the-world/
5539814 (Zugriff: 2016-12-26)
Cicero
1855–1893 Brutus oder Von den berühmten Rednern. In: Langenscheidtsche Biblio-
thek sämtlicher griechischen und römischen Klassiker, Bd. 86: Cicero, IX, Berlin und
Stuttgart: Langenscheidt
1986 De oratore. Über den Redner, lat. u. deutsch, Stuttgart: Reclam
2004 Orator. Der Redner, lat. u. deutsch, Stuttgart: Reclam
Colletti, Lucio
1977 Marxismus und Dialektik. In: Ders., Marxismus und Dialektik, Frankfurt am
Main, Berlin, Wien: Ullstein: 5-41
Copjec, Joan
1994 Read My Desire. Lacan against the Historicists, Cambridge, MA / London, England: The MIT Press
Dahrendorf, Ralf
1997 Die Globalisierung und ihre sozialen Folgen werden zur nächsten Herausforderung einer Politik der Freiheit. An der Schwelle zum autoritären Jahrhundert.
In: Die Zeit, 14.11.1997; http://www.zeit.de/1997/47/thema.txt.19971114.xml/kom
plettansicht (Zugriff: 2017-04-11)
De Paz Nieves, Carmen / Moreno Rodriguez, Guillermo
2010 Progressive Politik in einer Zeit der Polarisierung und Wirtschaftskrise. Aktuelle Situation und Perspektiven der Spanischen Sozialistischen Arbeiterpartei; http://
library.fes.de/pdf-files/id/ipa/07516-20101015.pdf (Zugriff: 2017-03-04)
Deleuze, Gilles
1985 Nietzsche und die Philosophie, Frankfurt am Main: Syndikat / EVA
Deleuze, Gilles / Guattari, Félix
1977 Anti-Ödipus. Kapitalismus und Schizophrenie I, Frankfurt am Main: Suhrkamp
Descartes, René
1949 Briefe 1629–1650, hg. v. Max Bense, Köln, Krefeld: Staufen
Diederichsen, Diedrich
1993 Freiheit macht arm. Das Leben nach Rock 'n' Roll 1990–93, Köln: Kiepenheuer
& Witsch
1995 Wer ist die Gehirnpolizei? In: Spex. Köln, Oktober 1995: 53
1996 Politische Korrekturen, Köln: Kiepenheuer & Witsch
Dinsmore, Emily
2016 The 10 Maddest Things Done by Students This Year. In: Spiked, 27.12.2016;
http://www.spiked-online.com/newsite/article/the-10-maddest-things-done-by-
students-this-year/19141«.WGpToCPhA9d (Zugriff: 2017-01-02)
Drühl, Sven
1998 Sokratische Ironie. In: Pädagogische Korrespondenz, Heft 22, Sommer 1998:
14–24; http://www.pedocs.de/volltexte/2014/8531/pdf/PaedKorr_1998_22_Druehl
_Sokratische_Ironie.pdf (Zugriff: 2017-03-22)
Durkheim, Émile
1988 Über soziale Arbeitsteilung. Studie über die Organisation höherer Gesellschaften, Frankfurt am Main: Suhrkamp
1994 Die elementaren Formen des religiösen Lebens, Frankfurt am Main: Suhrkamp
Dusini, Matthias / Edlinger, Thomas
2012 In Anführungszeichen. Glanz und Elend der Political Correctness, Berlin:
Suhrkamp

Ebner-Eschenbach, Marie von
  2015 Die Aufrichtigkeit. Parabeln und Dialoge, Berlin: Hofenberg
Elias, Norbert
  1998 Über den Prozeß der Zivilisation. Soziogenetische und psychogenetische Untersuchungen, 2 Bde., Frankfurt am Main: Suhrkamp
Engels, Friedrich
  1946 Herrn Eugen Dührings Umwälzung der Wissenschaft [»Anti-Dühring«], Moskau: Verlag für fremdsprachige Literatur
  1962 Dialektik der Natur, Einleitung. In: Karl Marx / Friedrich Engels: Werke, Berlin / DDR: Dietz, Bd. 20: 311–327
  1962a Über den Verfall des Feudalismus und das Aufkommen der Bourgeoisie. In: Karl Marx / Friedrich Engels: Werke, Berlin / DDR: Dietz, Bd. 21: 392–401
  1973 Der Ursprung der Familie, des Privateigentums und des Staates, 11. Aufl., Berlin: Dietz
Epiktet
  2004 Handbüchlein der Moral. Griechisch / Deutsch, übers. u. hg. v. Kurt Steinmann, Stuttgart: Reclam
Erasmus von Rotterdam
  1987 Das Lob der Narrheit, Zürich: Diogenes
Evans, Dylan
  1997 An Introductory Dictionary of Lacanian Psychoanalysis, London, New York: Routledge
Farzin, Sina
  2006 Inklusion Exklusion. Entwicklungen und Probleme einer systemtheoretischen Unterscheidung, Bielefeld: transcript
Federhofer, Marie-Theres
  2001 ›Urbanitas‹ als Witz und Weltläufigkeit. Zur Resonanz einer rhetorischen Kategorie im 17. und 18. Jahrhundert. In: Nordlit 9 (2001): 3–27; (siehe auch http://www.hum.uit.no/nordlit/9/1Federhofer.html; Zugriff: 2012-03-19)
Fink, Bruce
  1997 A Clinical Introduction to Lacanian Psychoanalysis. Theory and Technique, Cambridge, MA / London, England: Harvard University Press
Fischer-Lichte, Erika
  2004 Ästhetik des Performativen, Frankfurt am Main: Suhrkamp
Fleischanderl, Karin
  2012 Wozu ist das Binnen-I gut? In: Der Standard, 16. 11. 2012; http://derstandard.at/1350261586642/Wozu-ist-das-Binnen-I-gut (Zugriff: 2017-02-24)
Fraser, Nancy
  2017 Für eine neue Linke oder: Das Ende des progressiven Neoliberalismus. In: Blätter für deutsche und internationale Politik, 2/2017: 71–76; https://www.blaetter.de/archiv/jahrgaenge/2017/februar/fuer-eine-neue-linke-oder-das-ende-des-progressiven-neoliberalismus (Zugriff: 2017-02-24)
Fraser, Nancy / Honneth, Axel
  2003 Umverteilung oder Anerkennung? Eine politisch-philosophische Kontroverse, Frankfurt am Main: Suhrkamp
Freud, Sigmund
  [1895d] Studien über Hysterie [Auszug: Zur Psychotherapie der Hysterie]. In: Ders., Studienausgabe, Erg.-Bd., 4. Aufl. Frankfurt am Main: Fischer 1994: 37–98
  [1905d] Drei Abhandlungen zur Sexualtheorie. In: Ders. Studienausgabe, Bd. V, Frankfurt am Main: Fischer 1989: 37–146

[1907b] Zwangshandlungen und Religionsübungen. In: Ders., Studienausgabe, Bd. VII, Frankfurt am Main: Fischer 1989

[1912-13] Totem und Tabu. In: Ders., Studienausgabe, Bd. IX, Frankfurt am Main: Fischer 1993: 287-444

[1914c] Zur Einführung des Narzißmus. In: Ders., Studienausgabe, Bd. III, Frankfurt am Main: Fischer 1989: 37-68

[1915c] Triebe und Triebschicksale. In: Ders., Studienausgabe, Bd. III, Frankfurt am Main: Fischer 1989: 75-102

[1919h] Das Unheimliche. In: Ders., Studienausgabe, Bd. IV, Frankfurt am Main: Fischer 1989: 241-274

[1920g] Jenseits des Lustprinzips. In: Ders., Studienausgabe, Bd. III, Frankfurt am Main: Fischer 1989, S. 213-272

[1921c] Massenpsychologie und Ich-Analyse. In: Ders., Studienausgabe, Bd. IX, Frankfurt am Main: Fischer 1993, S. 61-134

[1925h] Die Verneinung. In: Ders., Studienausgabe, Bd. III, Frankfurt am Main: Fischer 1989: 371-378

[1927d] Der Humor. In: Ders., Studienausgabe, Bd. IV, 7. Aufl., Frankfurt am Main: Fischer 1989: 275-282

[1927e] Fetischismus. In: Ders., Studienausgabe, Bd. III, Frankfurt am Main: Fischer 1989: 379-388

[1921c] Massenpsychologie und Ich-Analyse. In: Ders., Studienausgabe, Bd. IX, Frankfurt am Main: Fischer 1993: 61-134

[1930a] Das Unbehagen in der Kultur. In: Ders., Studienausgabe, Bd. IX, Frankfurt am Main: Fischer 1993: 191-270

[1933a] Neue Folge der Vorlesungen zur Einführung in die Psychoanalyse. In: Ders., Studienausgabe, Bd. I, Frankfurt am Main: Fischer 1989: 448-608

Furedi, Frank
2005 Where Have All the Intellectuals Gone? Confronting 21st Century Philistinism, London / New York: Continuum
2016 What's Happened to the University? A Sociological Exploration of Its Infantilisation, Milton: Taylor & Francis

Ganser, Daniele
2016 Illegale Kriege: wie die NATO-Länder die UNO sabotieren: eine Chronik von Kuba bis Syrien, Zürich: Orell Füssli

Gebauer, Gunter
2002 Fernseh- und Stadionfußball als religiöses Phänomen. Idole, Heilige und Ikonen am ›Himmel‹ von Fangemeinden. In: Herzog, Markwart (Hg.), Fußball als Kulturphänomen. Kunst – Kult – Kommerz, Stuttgart: 305-314

Giroux, Henry A.
2014 Neoliberalism's War on Higher Education, London: Haymarket Books

Glastra van Loon, Karel / Marijnissen, Jan
2016 The Doctrine of Humanitarian War;
http://www.spectrezine.org/war/humanitarian.htm (Zugriff: 2016-12-26)

Gowans, Stephen
2016 The Revolutionary Distemper in Syria That Wasn't; https://off-guardian.org/2016/10/23/31166/ (Zugriff: 2016-12-26)

Grawert-May, Erik
1992 Die Sucht, mit sich identisch zu sein. Nachruf auf die Höflichkeit, Berlin: Rotbuch

Gross, Peter
1994 Die Multioptionsgesellschaft, Frankfurt am Main: Suhrkamp

2001 Multioptionsgesellschaft und Selbstverwirklichung. In: Das schöne, neue
Leben. Schriftenreihe »Praktische Psychologie«, hg. v. Dieter Korczak, Bd. XXIV,
Hagen: ISL-Verlag, 2001: 63–74

Grunberger, Béla / Dessuant, Pierre
2000 Narzißmus, Christentum, Antisemitismus. Eine psychoanalytische Untersuchung, Stuttgart: Klett-Cotta

Guérot, Ulrike
2016 Warum Europa eine Republik werden muss! Eine politische Utopie, Bonn: Dietz
2016a Wie die EU demokratischer werden kann; http://derstandard.at/20000
49931683/Wie-die-EU-demokratischer-werden-kann (Zugriff: 2016-12-31)

Gurjewitsch, Aaron:
1999 Bachtin und seine Theorie des Karnevals, in: Bremmer / Roodenburg (Hg.)
1999: 109–126

Härtel, Insa
2009 Symbolische Ordnungen umschreiben. Autorität, Autorschaft und Handlungs-
macht, Bielefeld: transkript

Hartmann, Jutta et al. (Hg.)
2007 Heteronormativität. Empirische Studien zu Geschlecht, Sexualität und Macht,
Wiesbaden: Verlag für Sozialwissenschaften

Harvey, David
2003 The Right to the City. In: International Journal of Urban and Regional Research,
vol. 27.4, December: 939–41

Heidegger, Martin
1993 Sein und Zeit, 17. Aufl., Tübingen: Niemeyer

Heine, Heinrich
[1853] Götter im Exil. In: Ders., Sämmtliche Werke. Fünfter Band: Vemischte Schriften. (Erste Abtheilung.) Fünfte Auflage, Philadelphia: Verlag von Schäfer und Koradi,
1867: 42-63

Henniger, Gerd
1966 Brevier des schwarzen Humors, München: dtv

Hentoff, Nat
1992 »Speech Codes« on the Campus and Problems of Free Speech. In: Berman, Paul
(Hg.), Debating PC. The Controversy over Political Correctness on College Cam-
puses, New York: 215-224

Hillebrandt, Frank
1999 Exklusionsindividualität. Moderne Gesellschaftsstruktur und die soziale Konstruktion des Menschen, Opladen: Leske & Budrich

Hobbes, Thomas
1999 Leviathan. Oder Stoff, Form und Gewalt eines kirchlichen und bürgerlichen
Staates, Frankfurt am Main: Suhrkamp

Hoffmann, Arne
1996 Political Correctness. Zwischen Sprachzensur und Minderheitenschutz, Mar-
burg: Tectum Verlag

Hughes, Geoffrey
2010 Political Correctness. A History of Semantics and Culture, Malden, MA et al.:
Wiley-Blackwell

Hughes, Robert
1994 Nachrichten aus dem Jammertal (The Culture of complaint). Wie sich die Amerikaner in ›political correctness‹ verstrickt haben, München: Kindler

Huizinga, Johan
1956 Homo Ludens. Vom Ursprung der Kultur im Spiel, Reinbek: Rowohlt

Humphrey, Caroline / Laidlaw, James
1994 The Archetypal Actions of Ritual. A Theory of Ritual Illustrated by the Jain Rite of Worship, Oxford: Clarendon Press
Hutfless, Esther / Widholm, Roman
2011 Identifizierungen, Wien, Berlin: Turia & Kant
Illouz, Eva
2012 Warum Liebe weh tut. Eine soziologische Erklärung, Frankfurt am Main: Suhrkamp
Jacobs, Jane
1961 The Death and Life of Great American Cities, New York: Random House
Jeges, Oliver:
2012 Generation Maybe hat sich im Entweder-oder verrannt. In: Die Welt, 23.3.2012; http://www.welt.de/debatte/kommentare/article13939962/Generation-Maybe-hat-sich-im-Entweder-oder-verrannt.html (Zugriff: 2013-03-18)
Jochum, Christian
2000 Fernsehen als Religion, Innsbruck (kath.-theolog. Dipl.-Arb.)
Kant, Immanuel
[1790] 1977 Kritik der Urteilskraft. In: Ders., Werkausgabe, Bd. X, Frankfurt am Main: Suhrkamp
[1798] 1978 Anthropologie in pragmatischer Hinsicht. In: Ders., Werkausgabe, Bd. XII, Frankfurt am Main: Suhrkamp: 399–690
Kipnis, Laura
2015 Sexual Paranoia Strikes Academe. In: The Chronicle of Higher Education, 27.2.2015; siehe http://laurakipnis.com/wp-content/uploads/2010/08/Sexual-Paranoia-Strikes-Academe.pdf (Zugriff: 2017-02-07)
Kirk, Geoffrey S. / Raven, John E. / Schofield, Malcolm
1994 Die vorsokratischen Philosophen. Einführung, Texte und Kommentar, Stuttgart / Weimar: Metzler
Klemperer, Victor
1985 LTI. Notizbuch eines Philologen, Leipzig: Reclam
Kohlenberg, Kerstin
2016 Kampf um echte Männer. In: Die Zeit, Nr. 40, 28.10.2016: 6; siehe http://www.zeit.de/2016/40/tv-duell-donald-trump-hillary-clinton/komplettansicht (Zugriff: 2017-01-30)
Kohner-Kahler, Christian
2009 Müde Helden. Subjektivierungsprozesse in ängstlichen Zeiten. In: texte. psychoanalyse. ästhetik. kulturkritik, Heft 4/2009, 29. Jg.: 32–55
Kramer, Olaf
2010 Goethe und die Rhetorik, Berlin et al.: de Gruyter
Kraxberger, Sabine
2010 Solidaritätskonzepte in der Soziologie. Siehe http://momentum-kongress.org/cms/uploads/documents/Beitrag_Kraxberger8_3_2011_5523.pdf (Zugriff: 2013-09-16)
Kronauer, Martin
2013 Inklusion/Exklusion: Kategorien einer kritischen Gesellschaftsanalyse der Gegenwart. In: Ataç, Ilker / Rosenberger, Sieglinde (Hg.), Politik der Inklusion und Exklusion, Göttingen: Vienna University Press: 21–34.
Kuldova, Tereza
2017 Forcing ›Good‹ and the Legitimization of Informal Power. Philanthrocapitalism and Artistic Nationalism among the Indian Business Elite. In: Internationales Asienforum, Nr. 49: 1–2

Kuldova, Tereza / Varghese, Mathew A. (Hg.)
2017 Urban Utopias: Excess and Expulsion in Neoliberal South Asia, New York: Palgrave Macmillan

Kuznets, Simon
1955 Economic Growth and Income Inequality. In: The American Economic Review, Vol. 45, No. 1 (März 1955): 1–28; siehe https://edisciplinas.usp.br/pluginfile.php/306155/mod_resource/content/1/Kusnetz%20%281955%29%20Economic%20Growth%20and%20income%20inequality.pdf (Zugriff: 2017-05-05)

Lacan, Jacques
[1959–60] Das Seminar, Buch VII: Die Ethik der Psychoanalyse, Weinheim, Berlin: Quadriga, 1996
[1964] Das Seminar. Buch XI. Die vier Grundbegriffe der Psychoanalyse, 2. Aufl., Olten, 1980
1966 Écrits, Paris: Seuil
[1972–73] Le Séminaire, livre XX, Encore, Paris: Seuil 1975
1991 Schriften, Bd. I, 3. Aufl., Weinheim, Berlin: Quadriga

Lange, Klaus-Peter
1968 Theoretiker des literarischen Manierismus. Tesauros und Pellegrinis Lehre von der ›Acutezza‹ oder von der Macht der Sprache, München: Fink

Lau, Mariam
2000 Die neuen Sexfronten. Vom Schicksal einer Revolution, Berlin: Alexander Fest Verlag

Lea, John / Stenson, Kevin
2007 Security, Sovereignty, and Non-State Governance ›From Below‹. In: Canadian Journal of Law and Society 22(2): 9–27

Leiris, Michel
[1938] Das Heilige im Alltagsleben. In: Ders., Die eigene und die fremde Kultur, 2. Aufl., Frankfurt am Main: Syndikat 1979: 228–238

Lévi-Strauss, Claude
1978 Die Wirksamkeit der Symbole. In: Ders., Strukturale Anthropologie, Bd. I, Frankfurt am Main: Suhrkamp: 204–225

de Libera, Alain
2005 Der Universalienstreit. Von Platon bis zum Ende des Mittelalters, München: Fink

Liessmann, Konrad Paul
2004 Spähtrupp im Niemandsland. Kulturphilosophische Diagnosen, Wien: Zsolnay
2010 Das Universum der Dinge. Zur Ästhetik des Alltäglichen, Wien: Zsolnay

Lilla, Mark
The End of Identity Liberalism;
https://www.nytimes.com/2016/11/20/opinion/sunday/the-end-of-identity-liberalism.html?_r=0 (Zugriff: 2017-03-22)

Loock, Reinhard
2002 Spinozas menschliche Knechtschaft – Nietzsches Ressentiment. In: Achim Engstler, Robert Schnepf (Hg.), Affekte und Ethik. Spinozas Lehre im Kontext, Hildesheim, Zürich, New York: Olms: 279–296

Loriedo, Camillo / Vella, Gaspare
1993 Das Paradox in Logik und Familientherapie, Mainz: Matthias-Grünewald-Verlag

Luhmann, Niklas
1989 Gesellschaftsstruktur und Semantik. Studien zur Wissenssoziologie der modernen Gesellschaft, Band 3, Frankfurt am Main: Suhrkamp

Lukianoff, Greg / Haidt, Jonathan
2015 The Coddling of the American Mind. In: The Atlantic, September 2015;
https://www.theatlantic.com/magazine/archive/2015/09/the-coddling-of-the-ame-
rican-mind/399356/ (Zugriff: 2017-02-22)

Machtan, Lothar/Milles, Dietrich
1980 Die Klassensymbiose von Junkertum und Bourgeoisie: zum Verhältnis von gesellschaftlicher und politischer Herrschaft in Preußen-Deutschland 1850–1878/79,
Frankfurt am Main et al.: Ullstein

Mandeville, Bernard
1980 [1705] Die Bienenfabel oder Private Laster, öffentliche Vorteile. [The Grumbling Hive or Knaves turn'd Honest.], Frankfurt am Main: Suhrkamp

Mannoni, Octave
1985 Clefs pour l'Imaginaire ou l'Autre Scène, Mayenne: Seuil
2006 Das Spiel der Illusionen oder das Theater aus der Sicht des Imaginären. In:
Maske und Kothurn. Internationale Beiträge Zur Theater-, Film- und Medienwissen-
schaft, 52. Jg., Heft 1: Mit Freud, Wien: Böhlau: 17–36

Marcuse, Herbert
1980 Der eindimensionale Mensch. Studien zur Ideologie der fortgeschrittenen In-
dustriegesellschaft, 15. Aufl., Neuwied / Berlin: Luchterhand
1980a Triebstruktur und Gesellschaft. Ein philosophischer Beitrag zu Sigmund
Freud, Frankfurt am Main: Suhrkamp

Marx, Karl
[1843] Zur Judenfrage. In: Karl Marx / Friedrich Engels: Werke, Bd. 1, Berlin: Dietz,
1976: 347–377
[1859] Zur Kritik der Politischen Ökonomie. In: Karl Marx / Friedrich Engels: Werke, Bd. 13, Berlin: Dietz, 1985: 3–160
[1867] Das Kapital. Kritik der politischen Ökonomie. Erster Band. Buch I: Der Pro-
duktionsprozeß des Kapitals. In: Karl Marx / Friedrich Engels, Werke, Bd. 23, Berlin:
Dietz, 1984
1984 Das Kapital. Kritik der politischen Ökonomie, Dritter Band. Buch III: Der Ge-
samtprozeß der kapitalistischen Produktion. In: Karl Marx / Friedrich Engels, Werke,
Bd. 25, Berlin: Dietz

Marx, Karl / Engels, Friedrich
[1848] Manifest der kommunistischen Partei. In: Karl Marx / Friedrich Engels, Werke, Bd. 4, 6. Aufl., Berlin: Dietz, 1972: 459–493

Mbembe, Achille
2017 Kritik der schwarzen Vernunft, Berlin: Suhrkamp

McLuhan, Marshall
[1964] Die magischen Kanäle. ›Understanding Media‹, Düsseldorf / Wien: Econ 1968

Meyer, Thomas
2002 Identitätspolitik. Vom Mißbrauch der kulturellen Unterschiede, Frankfurt am
Main: Suhrkamp

Michaels, Walter Benn
2006 The Trouble with Diversity. How We Learned to Love Identity and Ignore Inequality, New York: Metropolitan Books

Michéa, Jean-Claude
2014 Das Reich des kleineren Übels. Über die liberale Gesellschaft, Berlin: Matthes
& Seitz

Mießgang, Thomas
2013 Die Kultur der Unhöflichkeit. Berlin: Rogner & Bernhard

Milanović, Branko
    2016 Die ungleiche Welt. Migration, das Eine Prozent und die Zukunft der Mittel-
    schicht, Berlin: Suhrkamp
    2017 The higher the inequality, the more likely we are to move away from democracy;
    https://www.theguardian.com/inequality/2017/may/02/higher-inequality-move-
    away-from-democracy-branko-milanovic-big-data?CMP=share_btn_fb   (Zugriff:
    2017-05-04)
Miller, Jacques-Alain
    1994 Extimité. In: Lacanian Theory of Discourse, hg. v. M. Bracher et al., New York,
    London: New York University Press: 74–87
Milner, Jean-Claude
    2017 L'enjeu de la République: le rapport droits de l'homme / droits du citoyen;
    http://www.mezetulle.fr/lenjeu-de-republique-rapport-droits-homme-droits-citoy
    en (Zugriff: 2017-06-10)
Misik, Robert
    2016 Die Theorie, die Demokratie killt. In: Falter 47/2016: 14–15
Moeschl, Peter
    2015 Privatisierte Demokratie. Zur Umkodierung des Politischen, Wien, Berlin:
    Turia & Kant
Money, John (Hg.)
    1965 Sex Research: New Developments, New York et al.: Holt, Rinehart & Winston
Money, John / Erhardt, Anke A.
    1975 Männlich – Weiblich. Die Entstehung der Geschlechtsunterschiede, übers. v.
    Anke Ehrhardt u. Gunter Schmidt, Reinbek: Rowohlt
Mouffe, Chantal
    2007 Über das Politische. Wider die kosmopolitische Illusion, Frankfurt am Main:
    Suhrkamp
    2008 Das demokratische Paradox, Wien: Turia & Kant
    2014 Agonistik. Die Welt politisch denken, Berlin: Suhrkamp
Münkler, Herfried
    2011 Der erste Politiker. Interview. In: Hohe Luft Philosophie-Magazin, Ausgabe 1
    (2011): 48–52
Neiman, Susan
    2015 Warum erwachsen werden? Eine philosophische Ermutigung, München: Han-
    ser Berlin
Nietzsche, Friedrich
    [1886] Jenseits von Gut und Böse. In: Ders., Werke, Bd. III, hg. v. K. Schlechta,
    Frankfurt am Main u. a.: Ullstein 1984: 9–206
    [1887] Zur Genealogie der Moral. Eine Streitschrift. In: Ders., Werke, Bd. III, hg. v.
    K. Schlechta, Frankfurt am Main u. a.: Ullstein 1984: 207–346
    [1888] Der Antichrist. Fluch auf das Christentum. In: Ders., Werke, Bd. III, hg. v.
    K. Schlechta, Frankfurt am Main u. a.: Ullstein 1984: 607–714
Oehmke, Philipp
    2016 Das PC-Monster. In: Der Spiegel 49/2016: 132–138
Ohno, Christine
    2003 Die semiotische Theorie der Pariser Schule, Band 1, Würzburg: Königshausen
    & Neumann
Patten, Chris
    2016 Der wissenschaftliche Geist ist in Gefahr. In: Der Standard, Kommentar der
    Anderen, 17. 3. 2016;

http://derstandard.at/2000033120251/Der-wissenschaftliche-Geist-ist-in-Gefahr (Zugriff: 2017-03-18)

Pfaller, Robert

1997 Althusser – Das Schweigen im Text. Epistemologie, Psychoanalyse und Nominalismus in Louis Althussers Theorie der Lektüre, München: Fink

2002 Die Illusionen der anderen. Über das Lustprinzip in der Kultur, Frankfurt am Main: Suhrkamp

2003 From Sexual Liberation to Sexual Harassment: An Analysis of Discourse / Von der sexuellen Befreiung zur sexuellen Belästigung: eine Analyse der Diskurse. In: Madam, I'm Adam. The Organization of Private Life, hg. v. Piet Zwart Institute u. Kunstuniversität Linz, Bereich Experimentelle Gestaltung, Rotterdam / Linz: 23–31

2008 Das schmutzige Heilige und die reine Vernunft. Symptome der Gegenwartskultur, Frankfurt am Main: Fischer

2009 Die Sublimierung und die Schweinerei. Theoretischer Ort und kulturkritische Funktion eines psychoanalytischen Begriffs. In: Psyche. Zeitschrift für Psychoanalyse und ihre Anwendungen, hg. v. W. Bohleber, 63. Jg., Heft 7, Juli 2009: 621–650

2009a Strategien des Beuteverzichts. Die narzisstischen Grundlagen aktueller Sexualunlust und Politohnmacht. In: Irene Berkel (Hg.), Postsexualität. Zur Transformation des Begehrens, Gießen: Psychosozial-Verlag: 31–48

2011 Wofür es sich zu leben lohnt. Elemente materialistischer Philosophie, Frankfurt am Main: Fischer

2012 Zweite Welten. Und andere Lebenselixiere, Frankfurt am Main: Fischer

2016 The Althusserian Battlegrounds. In: Agon Hamza, Frank Ruda (Hg.), Slavoj Žižek and Dialectical Materialism, Basingstoke: Palgrave Macmillan: 23–42

2016a Wie wäre es, wenn Fäuste sprechen könnten? Dada und die Philosophie. In: Genese Dada. 100 Jahre DADA ZÜRICH, Zürich: Cabaret Voltaire: 95–101

2017 Epilogue: The Promise of Urbanity – How the City Makes Life Worth Living. In: T. Kuldova / M. A. Varghese (Hg.), Urban Utopias, Basingstoke: Palgrave: 269–278

Piketty, Thomas

2014 Capital in the Twenty-First Century, Cambridge, MA; London, England: The Belknap Press of Harvard University Press

Plinius Secundus d. Ältere, C.

1978 Naturkunde. Lateinisch – Deutsch, Buch XXXV. Farben – Malerei – Plastik (C. Plinii Secundi: Naturalis Historiae, Libri XXXVII. Liber XXXV), hg. u. übers. von R. König in Zus.arb. m. G. Winkler, Lizenzausgabe Darmstadt

Power, Michael

1994 The Audit Explosion, London: Demos

1997 The Audit Society. Rituals of Verification, Oxford: Oxford Univ. Press

Quintilian

1948 Institutio oratoria, with an english translation by H. E. Butler, Cambridge, MA: Harvard Univ. Press / London: William Heinemann Ltd.

Quintilianus, Marcus Fabius [Quintilian]

1988 Ausbildung des Redners. Zwölf Reden, hg. u. übers. v. H. Rahn, Bd. 1, 2. Aufl., Darmstadt: Wissenschaftliche Buchgesellschaft

Raab, Thomas

2017 Neue Anthologie des schwarzen Humors, Wiesbaden: marix

Ramage, Edwin S.

1973 Urbanitas. Ancient Sophistication and Refinement, Norman, Oklahoma: University of Oklahoma Press

Reed, Adolph
  2013 Marx, Race and Neoliberalism. In: New Labor Forum 22(1) 49–57; https://lib
  com.org/files/Marx,%20Race%20and%20Neoliberalism%20-%20Adolph%20Reed.
  pdf (Zugriff: 2017-03-16)
  2015 Identity Politics is Neoliberalism, interview by Ben Norton;
  http://bennorton.com/adolph-reed-identity-politics-is-neoliberalism/
  (Zugriff: 2017-03-16)
Reich, Wilhelm
  1995 Der Einbruch der sexuellen Zwangsmoral, Köln: Kiepenheuer & Witsch
Reiche, Reimut
  1997 Gender ohne Sex. Geschichte, Funktion und Funktionswandel des Begriffs
  ›Gender‹. In: Psyche, Heft 51: 926–957
Renard, Jules
  1986 Die Maîtresse, München: Klaus G. Renner
Rousseau, Jean-Jacques
  1959 Œuvres complètes, 5 Bde., Paris: Gallimard
Sade, D. A. F. de,
  1979 Die hundertzwanzig Tage von Sodom oder Die Schule der Ausschweifung,
  Dortmund: Die bibliophilen Taschenbücher
Salecl, Renata
  2011 The Tyranny of Choice, London: Profile Books
Scheler, Max
  2004 [1912] Das Ressentiment im Aufbau der Moralen, 2. Aufl., Frankfurt am Main:
  Klostermann
Schiller, Friedrich
  [1793] Über Anmut und Würde. In: Ders., Sämtliche Werke, Bd. 8: Philosophische
  Schriften, Berlin: Aufbau 2005: 168–204
Schnitzler, Arthur
  2006 Lieutenant Gustl. Hg. und kommentiert von Ursula Renner, Frankfurt am
  Main: Suhrkamp
Schopenhauer, Arthur
  2009 Die Kunst, alt zu werden, oder Senilia, München: Beck
Schwarz, Christine
  2006 Evaluation als modernes Ritual. Zur Ambivalenz gesellschaftlicher Rationali-
  sierung am Beispiel virtueller Universitätsprojekte, Hamburg: LIT
Sedgwick, Mark
  2007 Islamist Terrorism and the ›Pizza Effect‹. In: Perspectives on Terrorism, vol. 1,
  No. 6 (2007);
  http://www.terrorismanalysts.com/pt/index.php/pot/article/view/19/41   (Zugriff:
  2017-03-15)
Selvini Palazzoli, Mara / Boscolo, L. / Cecchin, G. / Prata, G.
  1985 Paradoxon und Gegenparadoxon: ein neues Therapiemodell für die Familie mit
  schizophrener Störung, Stuttgart: Klett-Cotta
Sennett, Richard
  [1974] Verfall und Ende des öffentlichen Lebens. Die Tyrannei der Intimität,
  12. Aufl., Frankfurt am Main: Fischer 2001
  1977 The Fall of Public Man, New York: Knopf
  [1980] Autorität, Berlin: Berlin Taschenbuch Verlag 2008
Signer, David
  1997 Fernsteuerung. Kulturrassismus und unbewußte Abhängigkeiten, Wien: Pas-
  sagen

Solnit, Rebecca
   2015 Wenn Männer mir die Welt erklären, Hamburg: Hoffmann und Campe
Spinoza, Benedict de
   1976 Die Ethik. Nach geometrischer Methode dargestellt, Hamburg: Meiner
Staas, Christian
   2017 Political Correctness. Vom Medienphantom zum rechten Totschlagargument.
   Die sonderbare Geschichte der Political Correctness. In: Die Zeit, Nr. 4/2017,
   19.1.2017;
   http://www.zeit.de/2017/04/politicial-correctness-populismus-afd-zensur/kom
   plettansicht (Zugriff: 2017-02-22)
Stephan, Cora
   1993 Emma in den Wechseljahren. Ein vorläufiger Abgesang auf die Frauenbewegung. In: Wir wollten alles ... was haben wir nun? Eine Zwischenbilanz der Frauenbewegung, hg. v. Ursula Nuber, Zürich: Kreuz-Verlag: 24–32
   2017 Wer Streit vermeidet, erntet nicht Frieden. In: Neue Zürcher Zeitung, 24.2.2017;
   https://www.nzz.ch/feuilleton/wer-streit-vermeidet-erntet-nicht-frieden-ld.147353
   (Zugriff: 2017-03-04)
Stiglitz, Joseph
   2017 Reich und Arm. Die wachsende Ungleichheit in unserer Gesellschaft, München: Pantheon
Stoller, Robert J.
   1968 Sex and Gender. On the Development of Masculinity and Femininity, London:
   The Hogarth Press et al.
Strathern, Marilyn (Hg.)
   2000 Audit Cultures. Anthropological studies in accountability, ethics and the acade-
   my, [EASA series in Social Anthropology], London: Routledge
Sundermeier, Theo
   1999 Was ist Religion? Religionswissenschaft im theologischen Kontext, Gütersloh:
   Gütersloher Verlagshaus
Swift, Jonathan
   1844 [1729]: Ein bescheidener Vorschlag im Sinne von Nationalökonomen, wie Kin-
   der armer Leute zum Wohle des Staates am Besten benutzt werden können. In: Ders.,
   Swift's humoristische Werke. Erster Band: Vermischte prosaische Schriften. Übers. v.
   Franz Kottenkamp, Stuttgart: Scheible, Rieger & Sattler: 29–42
Taylor, Christopher C. W.
   1999 Sokrates, Freiburg et al.: Herder
Tertullian [Tertullianus, Quintus Septimius]
   2008 De spectaculis. Über die Spiele. Lateinisch/Deutsch. Übers. u. hg. v. Karl Wilhelm Weber, Stuttgart: Reclam
Therborn, Göran
   2013 The Killing Fields of Inequality, Cambridge: Polity Press
Thomas, Günter
   1996 Medien – Ritual – Religion. Zur religiösen Funktion des Fernsehens, Frankfurt
   am Main: Suhrkamp
Trotzki, Leo (Trockij, Lev. D.)
   1994 Literatur und Revolution, Essen: Arbeiterpresse-Verlag
Türcke, Christoph
   2012 Hyperaktiv! Kritik der Aufmerksamkeitsdefizitkultur, München: Beck
Ullrich, Wolfgang
   2005 Was war Kunst? Biographien eines Begriffs, Frankfurt am Main: Fischer

Unbedingte Universitäten (Hg.-Kollektiv)
    2010 Was passiert? Stellungnahmen zur Lage der Universität, Zürich: diaphanes
Veyne, Paul
    1987 Glaubten die Griechen an ihre Mythen? Ein Versuch über die konstitutive Ein-
    bildungskraft, Frankfurt am Main: Suhrkamp
Vilar, Esther
    1997 Der dressierte Mann. Das polygame Geschlecht. Das Ende der Dressur, 7. Aufl.,
    München: dtv
Vogl, Joseph
    2010 Das Gespenst des Kapitals, 3. Aufl., Zürich: Diaphanes
Watzlawick, Paul
    2005 Vom Unsinn des Sinns oder Vom Sinn des Unsinns, München, Zürich: Piper
Weber, Max
    [1905] Die protestantische Ethik und der Geist des Kapitalismus. In: Ders., Gesam-
    melte Aufsätze zur Religionssoziologie I, Tübingen: Mohr 1988: 1–206
Weigel, Moira
    2016 Political correctness: how the right invented a phantom enemy. In: The Guard-
    ian, 30. 11. 2016;
    https://www.theguardian.com/us-news/2016/nov/30/political-correctness-how-the-
    right-invented-phantom-enemy-donald-trump (Zugriff: 2017-02-22)
Welzer, Harald
    2017 Wir sind die Mehrheit. Für eine offene Gesellschaft, Frankfurt am Main:
    Fischer
    2017a Identitätspolitik: Krankheit oder Kur? In: Philosophie Magazin 02/2017:
    58–61
Whitehead, Alfred North
    1978 Process and Reality. An Essay in Cosmology, New York: The Free Press
Wiener, Oswald
    1972 Die Verbesserung von Mitteleuropa, Roman, Reinbek: Rowohlt
Wilde, Oscar
    1997 A Woman of No Importance. In: Collected Works of Oscar Wilde. The Plays,
    the Poems, the Stories and the Essays including De Profundis, Hertfordshire: Words-
    worth Editions: 533–588
Wilkinson, Richard / Pickett, Kate
    2016 Gleichheit. Warum gerechte Gesellschaften für alle besser sind, 5. Aufl., Berlin:
    Haffmans / Tolkemitt
Winlow, Simon / Hall, Steve / Treadwell, James
    2017 The Rise of the Right: The English Defence League and the transformation of
    working-class politics, Bristol: Policy Press
Wittgenstein, Ludwig
    1980 Philosophische Untersuchungen, 2. Aufl., Frankfurt am Main: Suhrkamp
Woodiwiss, Michael
    2005 Gangster Capitalism: The United States and the Global Rise of Organized
    Crime, London: Constable
Zagrebelsky, Gustavo
    2016 Gegen die Diktatur des Jetzt, Berlin: Matthes & Seitz
Žižek, Slavoj
    1993 Tarrying with the Negative, Durham: Duke Univ. Press
    1998 Ein Plädoyer für die Intoleranz, Wien: Passagen
    2001 Die Tücke des Subjekts, Frankfurt am Main: Suhrkamp

2002 Kulturkapitalismus. In: Ders., Die Revolution steht bevor. Dreizehn Versuche über Lenin, Frankfurt am Main: Suhrkamp: 117–126

2003 Die Puppe und der Zwerg. Das Christentum zwischen Perversion und Subversion, Frankfurt am Main: Suhrkamp

2004 Passion In The Era of Decaffeinated Belief; http://www.lacan.com/passion.htm (Zugriff: 2017-04-12)

2004a »I am a Fighting Atheist: Interview with Slavoj Zizek«, Interview by Doug Henwood, Intro by Charlie Bertsch. In: Bad Subjects, Issue »59, February 2002; http://eserver.org/bs/59/zizek.html (Zugriff: 2017-04-12)

2004b Leidenschaft in Zeiten der Political Correctness. In: Der Standard, 13. 4. 2004, Album A4

2006 The Parallax View, Cambridge, MA, London, England: The MIT Press

2011 Gewalt. Sechs abseitige Reflexionen, Hamburg: Laika

2011a Good Manners in the Age of WikiLeaks. In: London Review of Books, Vol. 33, No. 2, 20. 1. 2011: 9–10; https://www.lrb.co.uk/v33/n02/slavoj-zizek/good-manners-in-the-age-of-wikileaks (Zugriff: 2017-04-03)

2014 Absolute Recoil. Towards a New Foundation of Dialectical Materialism, London / New York: Verso, dt. Ausgabe »Absoluter Gegenstoß. Versuch einer Neubegründung des dialektischen Materialismus«, Frankfurt am Main: Fischer 2016

2016 Die schlimme Wohlfühlwahl. In: Die Zeit, Nr. 45/2016, 27. 10. 2016; http://www.zeit.de/2016/45/hillary-clinton-donald-trump-positionierung-us-wahl (Zugriff: 2017-03-03)

2016a Migrants, Racists and the Left. Interview. In: Spike Review, Mai 2016; http://www.spiked-online.com/spiked-review/article/migrants-racists-and-the-left/18395«.V9XVPiOLQTG (Zugriff: 2016-09-11)

2017 Mehr Selbstkritik, bitte! In: Neue Zürcher Zeitung, 3. 2. 2017; https://www.nzz.ch/feuilleton/zukunft-nach-trump-mehr-selbstkritik-bitte-ld.143572 (Zugriff: 2017-02-24)

Zupančić, Alenka

2016 Sex and Ontology, im Erscheinen (unpubl. Manuskript)

Register

Robert Pfaller
Wofür es sich zu leben lohnt.
Elemente materialistischer Philosophie
Band 18903

Unsere Kultur hat sich den Zugang zu Glamour, Großzügigkeit und Genuss versperrt – wir vermeintlich abgebrühten Hedonisten rufen schnell nach Verbot und Polizei, beim Rauchen, Sex, schwarzem Humor oder Fluchen. Alles Befreiende oder Mondäne dieser Praktiken geht dabei verloren. Robert Pfaller untersucht in seinem neuen Buch, warum es so gekommen ist und was sich dahinter verbirgt. In Analysen u. a. zum pornographischen Pop, zu den Lektionen des Neids, zum schmutzigen Frühling, zur Rationalität des Verdoppelns und zur finsteren Seite der Tischmanieren entlarvt er die aktuellen Tendenzen der Kultur und benennt ihren politischen Preis.

»Pfallers Analyse ist so klug wie witzig,
unsere Gesellschaft wirkt, aus dem Winkel, aus
dem er sie beschreibt, verbissen, humorlos, auf eine
zwanghafte Weise bedrohlich. Ein überraschendes
Lese- und Denkvergnügen.«
Eva Menasse

Fischer Taschenbuch Verlag

Robert Pfaller
Kurze Sätze über gutes Leben
Band 18917

Nach dem großen Erfolg von Robert Pfallers Studie »Wofür
es sich zu leben lohnt« sind in dem vorliegenden Band alle
Interviews in Originalfassung versammelt, die rund um die
Themen dieses philosophischen Bestsellers kreisen: Genuss und
Verbot, Rauchen und Neoliberalismus, Glück, Neid und –
natürlich – die Liebe. Eine Vertiefung und Weiterentwicklung
seiner Ideen, aber auch eine Einführung in Robert Pfallers
Gedankenwelt.

»… liest sich ebenso amüsant wie
provokant und ist eine verständliche Einführung
in die Philosophie des Materialismus«
Emotion

»Lektüregenuss garantiert, bei leicht
lebensverändernder Wirkung. Hilft bei: Sinnsuche,
Melancholie, Lebenshunger.«
MDR FIGARO

»Es sind tatsächlich kurze Sätze, die eine Stärke
Pfallers bilden. Er ist ein guter Aphoristiker, und das ist oft
die Kunst, eine Wahrheit gelassen auszusprechen«
Franz Schuh, Die Zeit

Das gesamte Programm gibt es unter
www.fischerverlage.de

fi 18917 / 1

Robert Pfaller
**Das schmutzige Heilige
und die reine Vernunft**
Symptome der Gegenwartskultur
Band 17729

Elegante Gesten, bestechende Formen, Müßiggang, An-
hänglichkeit an Rauchwaren, laszive Bitten um Feuer, unan-
ständige Worte und Witze: das sind die alltäglichen Erschei-
nungsformen des »schmutzigen Heiligen«. Warum aber
muss sich eine »reine Vernunft« heute so heftig gegen diese
Dinge wehren, die vor wenigen Jahren noch als mondän
empfunden wurden? Wie vernünftig ist eine Vernunft, die
sich in ästhetischer Hinsicht um ihre Lust, und in politischer
um ihre Beute bringt?

»Die Stärke von Robert Pfallers Studie ist es,
ein diffuses Lebensgefühl zu benennen und zu erklären.
[…] ein zeitgemäßes und wichtiges Statement.«
Paul-Philipp Hanske, Süddeutsche Zeitung

»geistreich scharf geschliffen«
Rainer Just, Die Presse

Fischer Taschenbuch Verlag

Robert Pfaller
Zweite Welten. Und andere Lebenselixiere
270 Seiten. Gebunden

Die erste Welt ist die Welt unseres wirklichen Lebens mit allen Mühen, Frustrationen und Kompromissen. Die zweite Welt ist die der Träume, Wünsche und Illusionen. Wie hängen beide zusammen? Robert Pfaller untersucht die komplizierte Dialektik von Realität und Wunsch und entfaltet sie an so unterschiedlichen Themen wie dem Staunen, der Illusion, der Komödie oder der Serie »Sex and the City«. Seine Diagnose: Wenn wir keine Phantasie mehr haben, aus der wir erleichtert ins Leben flüchten können, gerät uns das Leben selbst zu einem ausweglosen Alptraum.

»… schlüssig und faszinierend.«
Barbara Dobrick, SWR

»Es ist Pfallers lustvolles und konsequentes
Insistieren auf der eigenen (Lebens-)Melodie, die seine
umfassende Kulturkritik als Gesellschaftskritik
anschaulich macht.«
Carola Wiemers, Deutschlandradio

Das gesamte Programm gibt es unter
www.fischerverlage.de

fi 1-059034 / 1

After you get what you want, you don't want it
Wunscherfüllung, Begehren und Genießen
Herausgegeben von Beate Hofstadler und Robert Pfaller
Band 03591

Robert Pfaller, Autor des Bestsellers »Wofür es sich zu leben lohnt«, hat mit Beate Hofstadler einen Band zur Ehrung des bekannten Wiener Psychoanalytikers August Ruhs herausgegeben.

Das Werk Sigmund Freuds wird zu Unrecht für abgeschlossen gehalten. In Wahrheit entstehen immer noch neue Erkenntnisschübe, Fragmente, Korrespondenzen und Paralipomena – von prominenten Helfern und Helferinnen aus den Gebieten: Action Painting, Verkehrswesen, Heilkunde, Metzgerei, Dämonologie, konzeptuelle Photographie, Tauschhandel, Hospitalität, Prosopopoia, Wunschmaschinenbau, Ekklesiastik, Maskerade, Montage, Anmaßung, Phrenologie, Geheimniskrämerei, Graphomanie, Genealogie, Fabulatorik, Blendwerkkonstruktion, Hamsterkunde und Zauberei.

Mit Beiträgen u. a. von Isolde Charim, Sibylle Lewitscharoff, Robert Pfaller, Christoph Ransmayr, Elisabeth Roudinesco, Edith Seifert, Walter Seitter und Slavoj Žižek.

Das gesamte Programm gibt es unter
www.fischerverlage.de

fi 03591 / 1